# ¿QUIÉN MANDA AQUÍ?

# ¿QUIÉN MANDA AQUÍ?

LA IMPOTENCIA
ANTE LA ESPIRAL DE VIOLENCIA EN MÉXICO
Y AMÉRICA LATINA

## JAVIER MORENO

DEBATE

El papel utilizado para la impresión de este libro ha sido fabricado a partir de madera procedente de bosques y plantaciones gestionadas con los más altos estándares ambientales, garantizando una explotación de los recursos sostenible con el medio ambiente y beneficiosa para las personas.

**¿Quién manda aquí?**
*La impotencia ante la espiral de violencia en México y América Latina*

Primera edición: febrero, 2025

D. R. © 2024, Javier Moreno

D. R. © 2024, derechos de edición mundiales en lengua castellana:
Penguin Random House Grupo Editorial, S. A. de C.V.
Blvd. Miguel de Cervantes Saavedra núm. 301, 1er piso,
colonia Granada, alcaldía Miguel Hidalgo, C. P. 11520,
Ciudad de México

penguinlibros.com

Penguin Random House Grupo Editorial apoya la protección del *copyright*. El *copyright* estimula la creatividad, defiende la diversidad en el ámbito de las ideas y el conocimiento, promueve la libre expresión y favorece una cultura viva. Gracias por comprar una edición autorizada de este libro y por respetar las leyes del Derecho de Autor y *copyright*. Al hacerlo está respaldando a los autores y permitiendo que PRHGE continúe publicando libros para todos los lectores.

Queda prohibido bajo las sanciones establecidas por las leyes escanear, reproducir total o parcialmente esta obra por cualquier medio o procedimiento, incluyendo utilizarla para efectos de entrenar inteligencia artificial generativa o de otro tipo, así como la distribución de ejemplares mediante alquiler o préstamo público sin previa autorización. Si necesita fotocopiar o escanear algún fragmento de esta obra diríjase a CeMPro (Centro Mexicano de Protección y Fomento de los Derechos de Autor, https://cempro.org.mx).

ISBN: 978-607-385-461-0

Impreso en México – *Printed in Mexico*

# CONTENIDO

*Prefacio* ............................................................................. 9

1. ¿Y qué chingados? Mientras no hubiera muertos… ......... 15
2. Le echamos ganas, pero nos salió lo de siempre ............. 51
3. ¿Poner a un civil? No, esto aquí no se puede .................. 79
4. Mira, con el *narco* no te metas ....................................... 115
5. Se desata la guerra ........................................................ 135
6. Yo no soy yo. Y el caballo no es mío .............................. 159
7. Muchachos, mañana les mando por sancocho .............. 181
8. Yo sé del poder del Estado ............................................ 203
9. El pañuelito de la Virgen María ..................................... 241
10. Depende del tipo de presidente… ................................ 255
11. Sólo lo saben los criminales ......................................... 281

*Epílogo* ........................................................................... 309
*Agradecimientos* .............................................................. 319

## PREFACIO

Éste es un libro más personal de lo que habría deseado. Las razones son varias. Para empezar, nace de la fusión de dos fascinaciones. La primera, por el poder mismo, por su ejercicio, por cómo se alcanza, por cómo se pierde, por los escasos beneficios que suele producir y los grandes abusos que acostumbra a permitir. La segunda, por América Latina.

Llegué a México en 1994. Era la primera vez que pisaba el continente americano. En aquel entonces, Ciudad de México se llamaba "el DF", por Distrito Federal. Bastó poner un pie en la capital mexicana y absorber la energía combinada de millones de personas, de su vitalidad, de sus esperanzas de futuro y de su creatividad para experimentar una descarga eléctrica cuya intensidad jamás había sentido en Europa. Ya no hubo vuelta atrás.

Mi primer trabajo allí fue como jefe de Redacción de *El País* México, que acababa de nacer. Aquel año había empezado con el levantamiento zapatista en Chiapas. Poco después asesinaron a Luis Donaldo Colosio, candidato presidencial del PRI, el partido único que llevaba décadas gobernando el país. Se trató de la señal más violenta de la descomposición del régimen, así como de los apuros que aquello iba a acarrear. Le siguió la muerte a tiros del secretario general de la misma formación política en septiembre. La catastrófica devaluación del peso mexicano en diciembre derrumbó los mercados financieros y las economías del resto de

América Latina. Si alguna vez en la vida hay que citar a Lenin, ésta es la ocasión: hay años que parecen décadas.

Regresé a España en 1997. Desde entonces no he dejado de volver a América con harta frecuencia. Primero, como director de *El País* entre 2006 y 2014, para entrevistar a presidentes en ejercicio, verme con ellos una vez que dejaron sus cargos, mantener contactos, conversar y discutir con amigos las vicisitudes del continente, sus altibajos, sus ilusiones tantas veces frustradas. En julio de 2018, a tiempo para presenciar el triunfo electoral de Andrés Manuel López Obrador, volví a instalarme en México, esta vez como director de la edición América del periódico.

Han sido pues tres décadas de vinculación intelectual y sentimental con América Latina; de conocimiento personal —y en numerosas ocasiones, de amistad— con decenas de altos cargos, intelectuales, empresarios y líderes sociales del continente; de trato con artistas y escritores; de mesas redondas en festivales literarios o ferias del libro, de Arequipa a Guadalajara pasando por Bogotá, Cartagena, Ciudad de México o Querétaro; de veladas hasta altas horas de la madrugada; de abundantes tragos, por supuesto. Las conversaciones con todos ellos han dotado de perspectiva y profundidad a los hechos que durante todo este tiempo sacudieron a sus respectivos países. Este libro les debe mucho. Siete expresidentes, además, accedieron a hablar para este proyecto sobre cómo habían ejercido el poder (o cómo sufrieron los límites a éste): Michelle Bachelet, Fernando Henrique Cardoso, Dilma Rousseff, César Gaviria, Juan Manuel Santos, Vicente Fox y Felipe Calderón.

Treinta años de ejercicio del periodismo ayudan ciertamente a establecer algunas pautas en América Latina. Descubre uno esquemas dolorosos que se repiten en el tiempo. Fenómenos a los que tanto ciudadanos como gobernantes asisten como a un desastre natural, un incendio o un huracán, sin poder hacerles frente ni saber bien qué organizar o a quién acudir, y cuya recurrencia tampoco nadie parece ser capaz de anticipar, mucho menos evitar. Catástrofes que de forma súbita engullen a sociedades enteras, obligadas luego a purgar las malas decisiones de otros durante más tiempo del que pueden soportar.

Sobre todo lo anterior he querido reflexionar. Al contrario que muchos otros, este libro no propone solución alguna. Como periodista, mi campo de especialidad es quejarme. Tampoco consiste en una recopilación de entrevistas o de declaraciones. Agradezco la disposición de los expresidentes a participar en este proyecto, pero sospecho que a alguno le pueda disgustar el resultado. En todo caso, escuché con atención sus explicaciones (aunque algunos nunca hicieron lo que sostienen que hicieron). Y traté, con honestidad, de entender sus razones, de apreciar los dilemas a los que se enfrentaron y las salidas por las que optaron, que muchas veces se reducían a dos: una mala y otra peor. Este relato nace de la fricción entre aquello que hicieron y aquello que deberían haber hecho (la particular impotencia del poder en América Latina).

Se alimenta también de otras convicciones. La principal de ellas consiste en la negativa a aceptar la excepcionalidad como premisa intelectualmente válida. Las circunstancias (sociales, económicas) en el continente son, qué duda cabe, excepcionales. Pero de ahí no se colige de forma automática que lo que no resulta válido o aceptable o permisible en otros lugares sí lo es en México, Colombia o cualquiera de las otras naciones cuyos ciudadanos aspiran, de forma legítima, a vivir en paz y en una democracia estable. Aseverar, como hace el presidente Fox, que el Ejército mexicano está lleno de "cabrones" que se asocian con las bandas criminales para ganar más y vivir mejor puede parecer atrevido. Pero es también una afirmación certera. Sostener a continuación que hay que convivir con ellos, sin embargo, resulta inaceptable.

Al escribir este relato, he evitado forzar una continuidad allí donde no la hay. He tratado también de sortear otra tentación: la causalidad —causas y efectos, unos hechos que siguen a otros de forma necesaria—, esto es, el exorbitante poder de inteligibilidad que otorga la reconstrucción *a posteriori* de los hechos. Marx pasó a mejor vida. Pero tampoco salen mucho mejor parados aquellos historiadores para los que su disciplina consiste meramente en una fatalidad seguida de un sucedido (Herbert Fischer fue quizá quien lo expresó de forma más jocosa: *one damm thing after another*).[1] Jocosa, pero inservible. Al menos para los objetivos de este libro.

He procurado asimismo no pisar terreno académico, otro pantano de susceptibilidades fáciles. Esto no es una historia de la violencia en América Latina en los últimos 30 años (cuyo desglose ocuparía incontables páginas). El establecimiento con precisión de las causas, los antecedentes, los detonantes, remotos o directos, y las consecuencias de todo ello, sobrepasaría con amplitud mis capacidades intelectuales. Tampoco consiste en una enciclopedia de la ingobernabilidad en el continente. Digo todo lo anterior con la vaga esperanza de evitar que alguien me acuse luego de no haber escrito el libro que nunca me propuse escribir.

Así que, añadiendo capa sobre capa, he escrito más bien de forma cumulativa, confiando en que aquéllas ayuden a la percepción y al conocimiento de lo acontecido. No he elegido necesariamente los sucesos más relevantes. Pero sí he querido trenzar con ellos un tapiz que muestre la complejidad de las redes y de los entramados entre las estructuras de poder, los aparatos del Estado —sus complicidades, sus pactos y sus reglas no escritas— que a lo largo de décadas han hecho posible lo imposible: la atmósfera de violencia y el reguero de desmanes que atormentan a México. Y cada vez más a gran parte del continente.

El texto tiende hilos de forma constante con el pasado. La militarización y la mortandad homicida en México o el reciente in-

---

[1] Se traduce como *una maldita cosa después de otra*. Avishai Margalit, "The Philosopher of Sensibility", prefacio a Isaiah Berlin, *The Power of Ideas*, Princeton University Press, Princeton, p. xxii, 2013.

tento de golpe de Estado en Brasil resultan más difíciles de comprender sin tener en cuenta algunos hechos sucedidos hace 20 o 30 años, el espacio que cubre este libro. Muchas cosas cambiaron en ese periodo. En especial los niveles de violencia. Colombia mejoró (en algunas cosas). México no. El resto, por lo general, ha ido también a peor, sin que sucesivos gobiernos fueran capaces de revertir el proceso. Lo que se cuenta aquí sobre otros países ilumina y ayuda a entender en parte lo que está sucediendo en México. Y lo que está sucediendo en México —la degradación de la vida pública, la franca bancarrota moral de las instituciones, la descomposición política— supone, a la vez, un serio aviso para aquéllos. América Latina lleva demasiado tiempo navegando corriente abajo por el río del desgobierno, rumbo al océano de la inestabilidad y el estallido social. Son aguas profundas. Y peligrosas. Incluso para un continente acostumbrado al sufrimiento.

# 1

## ¿Y QUÉ CHINGADOS?
## MIENTRAS NO HUBIERA MUERTOS...

**EL COMIENZO** de un buen relato histórico consiste, hasta cierto punto, en un artificio: resulta necesario elegir un momento y un lugar precisos. Éste lo hace en México. Los centenares de miles de muertos y desaparecidos en las tres últimas décadas, la violencia cada vez más desquiciada, así como la impotencia de las autoridades para frenar este viaje al horror envían un aviso amargo al resto del continente. Aunque podría comenzar también en muchas partes de América Latina. El cuento de los reveses y los fracasos de sus gobernantes se despliega sobre una vasta cartografía. Existe un cierto acuerdo al respecto. Los gobiernos les han fallado a sus ciudadanos de forma repetida, dejando tras de sí un reguero de promesas incumplidas, de desigualdad, de pobreza, de violencia, de interrogantes y de enigmas sin resolver sobre muchas de las decisiones —racionales e irracionales— que tomaron. Se podría decir que no tuvieron la voluntad o que no dispusieron del poder suficiente para cambiar la realidad política. Se podrían decir también cosas más desagradables. Esta historia aspira a explorar algunas de esas faltas o desaciertos. Y arranca, como todos los relatos, buenos o malos, en un lugar y en un momento precisos: Guanajuato, un domingo de primavera de 2019.

En apariencia, Guanajuato es uno de esos lugares de México donde nunca pasa nada. De hecho, durante muchos años no pasó nada, o no pasó nada destacable, afirmación de la que quizá muchos guanajuatenses discreparán, seguramente con buenas razones. La industria es potente. La arquitectura de la época colonial atrae a miles de turistas cada año. El estado es reducido en superficie y en población. Sin playas. Ni paradisiacas ni de las otras. En resumen: una reconfortante medianía. De repente, sin embargo, empezaron a pasar cosas inquietantes. Se dice que uno se arruina de dos maneras. Poco a poco, primero. Y luego de golpe. Lo mismo sucedió con los muertos en Guanajuato. Al principio hubo unos pocos. Después, en una sucesión vertiginosa, se acumularon asesinatos masivos, atrocidades, mutilaciones, calcinamientos y fosas clandestinas.[1]

Cuando aquel domingo aterricé en León, la ciudad más poblada de la entidad, había oscurecido ya. Un coche con conductor cuyo servicio habíamos contratado desde Ciudad de México me esperaba para llevarme al rancho del expresidente Vicente Fox, a unos 45 minutos del aeropuerto. Circularíamos de noche. Pensé en las cifras de la violencia de Guanajuato. No las tenía en la cabeza en ese momento. Sólo sabía que eran muy elevadas. Cuando escribo estas líneas sí las tengo delante. Más de 3 200 personas murieron asesinadas en 2022. Si Guanajuato (con algo más de seis millones de habitantes) fuese un país, se situaría entre los más violentos del mundo. Pensé también en que habíamos contratado el servicio de coche con conductor sin referencias y sin preguntar a nadie. A ciegas. Quizás había sido una mala idea.

Era la segunda vez que viajaba a Guanajuato. La primera fue también para ver a Fox, en los años noventa del siglo pasado. Por aquel entonces él era gobernador del estado. En los círculos

---

[1] Los datos de violencia en Guanajuato proceden de un análisis de la organización Impunidad Cero. Alejandro Santos Cid, "Guanajuato se retuerce: una matanza y ocho mujeres desaparecidas en menos de una semana", *El País*, 13 de marzo de 2023, en https://elpais.com/mexico/2023-03-13/guanajuato-se-retuerce-una-matanza-y-ocho-mujeres-desaparecidas-en-menos-de-una-semana.html#:~:text=Al%20menos%203.260%20personas%20fueron,no%20fueron%20ni%20siquiera%20denunciados.

políticos de Ciudad de México se le empezaba a ver como el personaje que podía aglutinar a un frente amplio de oposición para poner punto final a siete décadas de régimen del partido de Estado, el PRI, y convertirse en presidente de la República. Como así sucedió en las elecciones del año 2000.

Aquella primera visita transcurrió según lo esperado por ambas partes en estas ocasiones. Nos mostraron la ciudad. Tuvimos una conversación con el gobernador (al que, por separado, también entrevistamos para *El País*). Conocí a Marta Sahagún, en aquel momento su portavoz y años después su esposa. Tanto Fox como Sahagún y sus funcionarios nos explicaron las grandes virtudes de la entidad: industriosa, acogedora, segura. Todo ello era más o menos verdad. El asunto de la seguridad llamaba especialmente la atención. En aquellos años, la Ciudad de México, donde yo vivía, atravesaba un momento complicado. Por comparación, Guanajuato parecía un balneario. Pensé en todo lo anterior mientras el conductor, que no pronunció una palabra en todo el trayecto, me llevaba al rancho de Fox.

La segunda vez que le vi fue en España. En 1997 yo había dejado mi responsabilidad como jefe de Redacción de *El País* en México y regresé a Madrid, a la sección de Internacional. Un día llegué al periódico y le dije al jefe de sección que traía una entrevista con Vicente Fox.

—¿Quién es Vicente Fox?

—El próximo presidente de México

—Ya. Otro que tal.

Ese "otro que tal" no hacía referencia a Fox, sino a mí. Los periodistas solemos mostrar una tendencia irrefrenable a vender los temas con más convicción de la que éstos a veces ameritan. Los jefes suelen ser escépticos (hacen bien). Supongamos que uno trae una entrevista con un gobernador de una región en un país extranjero. El jefe no ha oído hablar nunca ni del gobernador ni de la región. Así que las posibilidades de publicar —o el espacio que se le asigna, de hacerlo— se reducen de forma drástica. En esta ocasión, yo sí estaba convencido de que el gobernador de Guanajuato tenía muchas posibilidades de convertirse en presidente de México. La entrevista se publicó. Entre otras cosas, Fox decía en ella lo siguiente, en referencia al entonces presidente de la República, Ernesto Zedillo, del Partido Revolucionario Institucional (PRI), que llevaba casi 70 años en el poder:

> Es absolutamente falso que sea un democratizador. Si llegó ahí es porque trae compromisos con la dinastía, con la mafia. Eso le obliga a entregar el poder a uno de su misma clase [en referencia al partido del régimen, el PRI]. [De lo contrario], se destaparía la cloaca y Chapa sería un chiste en comparación con lo que saldría en el Ejército y en las instituciones.[2]

La frase resulta un galimatías para cualquiera que no conozca los entresijos de la política mexicana de aquellos años. Es decir, para la mayoría de los lectores de este libro. Así que quizá resulte conveniente explicar quién era Chapa (el apellido de alguien). Y qué hizo ese alguien para cobrar semejante protagonismo en la entrevista con Fox. No sólo para saber del personaje, que en sí mismo ameritaría un libro. O para comprender qué estaba diciendo Fox. También, o, sobre todo, para comenzar ya en este primer capítulo a cartografiar la "cloaca" en cuestión —tanto en México como en el resto de América Latina—, sus profundidades, sus conexiones, así como su sorprendente capacidad de sobrevivir a sucesivos presidentes o incluso a cambios completos de régimen político. Calibrar cuánto daño ha ocasionado a la causa democrática. O cuánto lastre ha supuesto al combate contra la delincuencia organizada, cuyo crecimiento y expansión pone en riesgo cada vez más territorios en todo el continente.

---

[2] Javier Moreno, "El candidato del cambio democrático en México", *El País*, 27 de mayo de 1997, en https://elpais.com/diario/1997/05/27/internacional/864684017_850215.html.

∴

**PABLO CHAPA BEZANILLA** fue fiscal especial para investigar el asesinato en 1994 de un político de alto nivel, el secretario general del PRI, el partido de Estado desde la Revolución mexicana de principios del siglo XX. José Francisco Ruiz Massieu fue acribillado en el centro de la Ciudad de México el 28 de septiembre de 1994. Sucedió en la calle justo detrás de la Redacción del periódico. Un amigo que recuerda mejor que yo sostiene que, tras oír la noticia por la radio, entró en mi cuarto a despertarme: "Oye, que tienes chamba".[3]

De camino al periódico me detuve en el hotel en cuya puerta habían sucedido los hechos. A Ruiz Massieu, malherido, se lo habían llevado al Hospital Español, donde fallecería. Sobre la calle, atascada de policías y de sus coches, que hacían sonar las sirenas, comenzó a descender de forma irreal —o así me lo pareció a mí en ese momento— un silencio de pesadumbre, estupefacción y temor que se extendió por la ciudad primero, y por el resto del país después.

El candidato presidencial del PRI había muerto también a tiros en marzo. El año anterior, un cardenal había sido cosido a balazos en el aeropuerto de Guadalajara.[4] Ruiz Massieu, además, era excuñado —y muy cercano— del por entonces aún presidente de la República, Carlos Salinas de Gortari. México se adentraba en un pantano desconocido.

---

[3] Tarea, trabajo en el español de México. En general, he preferido mantener ciertos términos —*chamba*, *lana*, *plata*, *berraco*— en un reflejo de la riqueza del idioma cuando he considerado que, por el contexto, ello no dificulta la comprensión.

[4] En realidad, Chapa Bezanilla fue nombrado fiscal especial para investigar los tres casos: los asesinatos de Ruiz Massieu, de Colosio y del cardenal Juan Jesús Posadas. Ello creó la impresión, por un tiempo, de que las tres muertes estaban relacionadas entre sí, o de que había vínculos de algún tipo entre los respectivos asesinos. Con el tiempo se vio que no era el caso.

Unos meses después, tras acusarle del crimen, Chapa Bezanilla encarceló a Raúl Salinas de Gortari, el hermano del ya expresidente (quien había acabado su mandato poco antes). Ello causó a la vez un enorme escándalo y un gran regocijo. Por fin caía alguien poderoso. Con Raúl Salinas en la cárcel, el 8 y el 9 de octubre de 1996 agentes de la fiscalía llevaron una retroexcavadora al jardín del presunto asesino en busca de pruebas para sostener su acusación. Encontraron un cadáver. Metieron los huesos en un saco y se los llevaron para confirmar su identidad. Si eran los de un diputado que andaba desaparecido desde el asesinato de Ruiz Massieu, entonces Salinas era culpable, según los investigadores. Así que el fiscal tenía todo el interés en que aquel cadáver fuera el del muerto adecuado.

En la Redacción contemplábamos atónitos el operativo por televisión en directo. Destacaba la aparente falta de profesionalidad de los agentes de policía, que desenterraban los huesos, o restos, o lo que fuere —nadie lo sabía— a palazos y a continuación los arrojaban sin orden ni propósito en un mismo saco. Incluso en aquellos años, antes de que las series de televisión, como CSI y otras, estimulasen el gusto por el rigor forense y la precisión en la recogida de muestras, lo del jardín de Salinas ya nos pareció desaseado, como mínimo. Todo ello sucedía bajo una lluvia inacabable. Los chorros de luz de unos focos servían tanto para ayudar a los que excavaban como para iluminar el improvisado set, desde el que los camarógrafos retransmitían la escena a millones de ciudadanos. Chapa Bezanilla dirigía la operación en cuclillas. Con una gorra, o cachucha, con las letras PGR (Procuraduría General de la República) bien grandes calada hasta las orejas, el fiscal especial encarnaba la imagen misma del policía sagaz, la eficacia de la maquinaria policial y judicial del Estado. Planos cortos de su rostro en televisión cada tanto se encargaban de resaltarlo. Y de paso puntuaban con eficacia el relato visual.

Algunos detalles, sin embargo, emborronaban la estampa. La búsqueda del cadáver había partido de una denuncia anónima, aportada por una supuesta vidente conocida como *La Paca*. Escribo "supuesta" aunque entiendo que "supuesta vidente" tiene el mismo peso ontológico que "falso milagro": presupone que existen videntes verdaderas y que se obran milagros auténticos. Así que a partir de ahora será Paca la vidente, a secas (y todos los milagros, falsos). A ésta la acompañaba la amante española de Raúl, originaria de Sevilla para ser más precisos. Guiados por la vidente, los agentes de la fiscalía localizaron el lugar exacto donde debían excavar. Todos, la Paca, la amante española y, *nota bene,* incluso el autor del anónimo que había desencadenado el operativo —y que no debía ser tan anónimo, pues— fueron recompensados con generosidad por las autoridades.

Meses después se supo que los huesos no pertenecían a la persona asesinada que la fiscalía esperaba, un resultado tétrico, hilarante y absolutamente previsible. Que, por el contrario, habían sido desenterrados previamente de un cementerio de la ciudad. Que habían sido vueltos a enterrar —*sembrados*, en la jerga periodística mexicana— en el jardín de Raúl Salinas. Que los huesos pertenecían al consuegro de Paca la vidente (al parecer aquí ya había dejado de ser tan vidente, pues no vio venir el desenlace del enredo), y que todo había consistido en una burda fabricación del fiscal del caso, Pablo Chapa Bezanilla, para sostener su acusación contra el hermano del expresidente[5]. Ése era el nivel técnico y científico del que presumían las instituciones de procuración de justicia en uno de los asesinatos más graves y con mayor impacto en la sociedad que México había conocido en décadas. Conviene anotar que todo eso sucedió hace 30 años. Pero conviene también contarlo de nuevo ahora porque establece un patrón de comportamiento que se ha repetido una

---

[5] En otra investigación, se le encontraron a Raúl Salinas decenas de millones de dólares en una cuenta en Suiza. Desde entonces, el descubrimiento de dinero oculto en el extranjero de políticos y asociados (hijas, padres o madres, esposas, abogados) se ha convertido en un patrón recurrente en la política mexicana.

y otra vez en las últimas décadas y sin cuya comprensión acontecimientos traumáticos recientes, de extrema violencia, resultan imposibles de aprehender, como se verá luego. El presidente de la República, por entonces Ernesto Zedillo, destituyó a Chapa Bezanilla el día 2 de diciembre. También a su jefe, el fiscal general.[6] No hizo arrestar a Chapa Bezanilla. Simplemente lo despidió. Y Chapa se esfumó del país.

Casi año y medio después, un sábado de mayo de 1997, ya de vuelta en Madrid, me llamaron temprano de la Redacción. Que si podía acercarme a la Audiencia Nacional. Habían detenido a un mexicano. Resultó ser Pablo Chapa Bezanilla. Había aterrizado el día anterior en un vuelo procedente de Japón, donde al parecer estuvo escondido. Apenas 10 días después tenía yo la cita con Fox, también en la capital española. Por eso Chapa Bezanilla había vuelto a la primera plana del interés general en México. Resurgieron las esperanzas de desenredar la madeja de videntes, huesos sembrados, acusaciones falsas y cuentos sin número. Sobre todo, renacieron las esperanzas de *saber la verdad*: quién había ordenado los asesinatos, quién había arruinado la investigación con tanta truculencia, quién se beneficiaba de ello.

Cuando Fox me dijo que, de llegar al poder, lo que se sabría del Ejército y de las instituciones policiales y judiciales iba a ser un chiste comparado con lo de Chapa, yo asumí que lo decía en serio. Y en retrospectiva, pienso que él también. Tres décadas después se puede afirmar que Fox llevaba razón. Y también que estaba muy equivocado. Lo que vino a suceder, en efecto, dejó la tragicomedia de Chapa Bezanilla a la altura de un mero vodevil de bulevar. Pero ello no fue consecuencia de las acciones de Fox como presidente de México. Ni mucho menos en el sentido que él había profetizado.

---

[6] Antonio Lozano Gracia. El presidente Zedillo lo había nombrado pese a pertenecer al partido opositor PAN, conservador, como gesto de transparencia en el ambiente político irrespirable que vivía el país tras el asesinato del cardenal, el magnicidio de Colosio y la muerte a tiros de Ruiz Massieu. Lozano, a su vez, eligió a Chapa Bezanilla para llevar los tres casos.

• • •

**POCO ANTES DE TODO** aquello, a mediados de los años ochenta, ocurrieron cosas en México que no habían pasado nunca. Al menos cuatro de ellas fueron determinantes para lo que habría de suceder después. Una, Estados Unidos cerró con cierto éxito la denominada *ruta del Caribe*, por la que la droga de Suramérica llegaba a su territorio. Los fardos transitaban ahora por tierra. Por México. Dos, como consecuencia de lo anterior, el negocio creció de forma exponencial. Tres, el Estado mexicano no anticipó el problema, ni estaba preparado para hacerle frente. Y cuatro, el sistema de partido único que había controlado el país durante siete décadas —también el tráfico de drogas, de forma indirecta— daba sus últimos coletazos y pereció de muerte más o menos natural con el triunfo en las urnas de Fox en el año 2000.

Como cualquier obituario solvente podría haber señalado, una vida tan larga no se apaga sin graves consecuencias. De todo tipo. Quizá la más notable fue la siguiente. Las bandas de narcotraficantes que durante décadas se habían arreglado —entre sí y con el Estado— comenzaron a volverse contra este último (y con posterioridad a guerrear entre ellas mismas). Penetraron las instituciones a las que Fox se había referido en la entrevista que le hice y corrompieron a agentes del orden, tanto del Ejército como de las distintas policías. En breve: reventaron las cuadernas del régimen. Una vez quebradas éstas, la lógica y la demencia de la guerra sembró el país de muertos y desaparecidos: centenares de miles en los siguientes 30 años.

Centenares de miles resulta un número incomprensible. Una cifra que, en realidad, nadie puede pensar en su totalidad, ni visualizar o concebir. ¿Qué había pasado en estos 30 años? ¿Y cómo había podido suceder? ¿Por qué Guanajuato —todo México en realidad y cada vez más gran parte de América Latina— se deshilacha ante la impotencia de las autoridades frente a la violencia? ¿En qué preciso momento descarriló todo? Volver a Guanajuato para ver a Fox parecía un sarcasmo de mal gusto: aquel balneario de los noventa ocupaba ahora el primer puesto en la lista de estados más violentos del país.

Más que un sarcasmo, a muchos en México les parecería una estupidez. Un mal punto de partida. "¿Por dónde se va a Londres?", le preguntan unos jóvenes a un viejito en una aldea en Gales. El abuelo le da muchas vueltas y finalmente les responde: "¿Saben qué? Yo no empezaría desde aquí". ¿Empezar con Fox en Guanajuato? En público, el expresidente se muestra campechano, hablador, elocuente y casi siempre equivocado en sus razonamientos. Muchos le reconocen su franqueza. Pero su prestigio como exmandatario está lejos de suscitar unanimidad. Menos consenso aún recaban sus opiniones sobre asuntos de actualidad, algunas de ellas poco temperadas.

Con todo y ese lastre intelectual, por llamarlo de alguna manera, Fox fue presidente en un momento crucial para la democracia mexicana. Tuvo seguramente la primera y última ventana de oportunidad real para cambiar la dinámica de violencia por la que México se despeñaría poco después. Y la desperdició. O quizá lo intentó y no pudo. O no le dejaron. O sí quiso. Primero un rato, digamos. Y luego ya no. Sus críticos señalaron siempre su inconstancia en política, sus frecuentes cambios de línea, su falta de consistencia. Él mismo considera que su principal logro fue, con su triunfo electoral, liquidar la dictadura perfecta (la descripción de Mario Vargas Llosa del régimen del PRI que hizo fortuna), acabar con el presidencialismo y encarrilar el sistema hacia la democracia.

"Fox nunca supo qué es ser presidente", me dijo un día en Madrid alguien que sí sabía lo que es ser presidente de México. "Podría haberlo dejado el primer día y presumir: ya lo hice". Con todo, una conversación con Fox no necesitaba tanta justificación, pensé durante el trayecto a su rancho, quizá porque yo mismo también tenía dudas de que el encuentro fuera a resultar de utilidad, o fuera a resultar de alguna utilidad. Las dudas se despejaron muy pronto.

Llegué al rancho San Cristóbal al filo de las once de la noche. La hacienda funciona también como complejo hotelero. No lograba imaginar quién venía hasta aquí a pasar unos días de vacaciones. A menos que, como descubrí después, acuda uno a alguna actividad relacionada con el Centro Fox, adjunto al rancho, o parte del rancho. Su página web afirma que éste se compromete con "la formación de líderes compasivos a través de valores sociales para la creación de un mundo mejor". "Líderes compasivos" sonaba bien. El texto decía también que con sus programas se pueden obtener las herramientas para el emprendimiento más importante (el de tu "propia vida"), y acababa con una exhortación: "¡Súmate a la causa!", aunque no supe bien de qué causa se trataba.

Al día siguiente acudí caminando, apenas cinco minutos, a la cita con el expresidente. Era lunes por la mañana. A lo largo del corredor principal, con oficinas a lado y lado, transpiraba una intensa actividad política. Jóvenes con ropa informal —y un remoto aire de escuela preparatoria estadounidense— entraban y salían de los despachos, mantenían conversaciones entre ellos, también por teléfono, las puertas abiertas. Nos sentamos en una oficina con dos butacas enormes y cómodas. Las voces de fuera se mezclaban con las nuestras y temí que la grabadora no registrase la conversación con claridad. Hice una prueba y vi que sí. La charla fue larga y distendida.

Yo quería conocer detalles de las fricciones que Fox mantuvo con su sucesor en la Presidencia de la República (ambos del mismo partido conservador). El enfrentamiento con Felipe Calderón en 2006, el año en que estalló todo, cuando uno dejaba el cargo y el otro lo asumía, fue precisamente a cuenta del combate contra las bandas de traficantes de drogas. Mejor dicho: fue a cuenta *de la utilización del Ejército* para combatir a estas organizaciones criminales. Fue también destemplado y difícil de entender. O difícil de entender en aquel momento para aquellos que fueron testigos directos: miembros tanto del gabinete entrante como del saliente, algunos de los cuales compartieron conmigo sus relatos. Fox había dado un impulso notable a la campaña electoral de su sucesor,[7] pese a que él prefería otro candidato. Calderón nunca le tuvo simpatía. Tampoco a sus políticas, según revelaría en un libro, *Decisiones difíciles,* publicado en 2020.[8] Siempre las juzgó desvaídas, desorientadas, faltas de firmeza.

También me interesaba averiguar los detalles de cómo había elegido Fox a su secretario de la Defensa Nacional (el cargo militar más importante en el país), así como a sus principales colaboradores en el área de seguridad. La gran explosión de violencia que aún sufre México se incubó durante su mandato. Aunque estalló, por razones diversas, como se verá, en el siguiente. Lo que habían hecho los militares y los responsables de la seguridad pública durante esos 12 años —así como lo que no habían hecho y por qué no lo habían hecho— resulta fundamental para entender los apuros en los que se ve México en 2025. También es importante para arrojar alguna luz sobre el deterioro de la seguridad en numerosos países más al sur, desde Centroamérica hasta Ecuador.

• • •

**LAS ÉPOCAS FELICES,** dice Hegel, son sólo páginas en blanco en los libros de historia.[9] Muchos consideran al gran filósofo alemán un idiota —o algo peor— por afirmaciones como ésa. Las otras páginas, las que no están en blanco, las que recogen épocas

---

[7] Salvador Camarena y Jorge Zepeda Patterson, *El presidente electo. Instructivo para sobrevivir a Calderón y su gobierno*, Planeta, México, p. 147, 2007.

[8] Felipe Calderón Hinojosa, *Decisiones difíciles*, Penguin Random House, México, 2020.

[9] Yo no he leído todo Hegel, pero *sir* Isaiah Berlin sí. Utilizó esta cita en "Benjamin Disraeli, Karl Marx and the Search for Identity": "Happy periods, Hegel said, are blank pages in the volume of History", incluido en la compilación *Against the Current,* Princeton University Press, Princeton, 2013.

infelices o desgraciadas, rezuman sufrimiento, violencia, decenas de miles de muertos o desaparecidos. A ello contribuyeron con entusiasmo los discípulos más radicales y asilvestrados del filósofo, tanto de derechas como de izquierdas, cuyas dictaduras no se amohinaron ante la crueldad, la ruina y la destrucción que la aplicación de su inflexible visión de la realidad ocasionó a la realidad misma, a los ciudadanos, a sus vidas y a su futuro.[10] Tanto éstos como su maestro replicarían que ellos también rechazan la violencia innecesaria. Aunque la usaron sin dudar un instante para conseguir sus objetivos políticos: violencia *necesaria*, digamos.

Se podría afirmar, sin exceso de audacia argumentativa, que los libros de historia de América Latina apenas contienen épocas felices. Ni páginas en blanco. El relato de la región se ha escrito casi siempre con una letra retorcida, un cuento en hartas ocasiones ininteligible y casi siempre doloroso. La mayor parte de las dictaduras se derrumbó con el tiempo. Los males que siguen afligiendo a los latinoamericanos son ahora el resultado de una conjunción de gobernantes malos, regulares y buenos (unos pocos), lastrada la acción de estos últimos por la endeblez de las instituciones democráticas y el inconstante ejercicio del imperio de la ley.

Casi todo el mundo habla de violencia como si se tratase de un fenómeno único (también yo en este libro, a veces). Pero lo cierto es que se trata de una aberración con fuerte sabor local: viene con más variedades que las aguas de fruta. Además de dispar, la ola de violencia que anega esta vez América Latina es especialmente cruel, si acaso caben grados en la maldad. Y cuando se observa de cerca, resulta aterradora: decenas de miles de muertos y desaparecidos al año; territorios más o menos extensos controlados por bandas criminales; excesos (ese gran eufemismo) de las fuerzas del orden; ejecuciones extrajudiciales y violaciones masivas de los derechos humanos. Sufrir ese zarpazo es el temor con el que

---

[10] Isaiah Berlin, "Realism in Politics", *The Power of Ideas*, Princeton University Press, Princeton, p. 163, 2000.

muchos millones de ciudadanos en todo el continente se levantan cada día. O peor, que lo padezcan sus familiares cercanos, sus hijos, sus hermanos o sus padres.

Muchas de las ciudades del continente han figurado de forma prominente en los últimos años en las listas de las más violentas del mundo, sin contar las zonas de guerra. Las ocho primeras del listado de 2021 fueron mexicanas.[11] Casi 40 de las 50 primeras se encuentran en América Latina. Ecuador, un país que hasta ahora pocos asociaban con este tipo de violencia —la que se da en México, en gran parte de Centroamérica o en Colombia—, decretó el estado de alarma en el último ciclo electoral tras el asesinato a tiros de uno de los candidatos presidenciales. Los presuntos pistoleros se escaparon luego de la cárcel ayudados por sus patronos (y probablemente por algunos agentes del orden).

En enero de 2024, con el nuevo presidente instalado, una ola de violencia sin precedentes engulló al país, enclaustró a los ciudadanos en sus casas o negocios, con las fuerzas de seguridad y las bandas criminales disputándose las calles a balazos, todos contra todos. Daniel Noboa consideró que el país que preside está en "guerra" con las organizaciones delictivas y de tráfico de drogas. Con 45 homicidios por cada 100 000 personas, Ecuador fue el año pasado uno de los países más peligrosos del mundo.[12]

Centenares de cargos políticos —o aspirantes a ellos— han muerto de forma violenta en América Latina en las últimas décadas. No a manos de sus rivales, o por encargo de éstos, como era tradición. Los verdugos pertenecen ahora a grupos crimi-

---

[11] Según la compilación del Consejo Ciudadano para la Seguridad Pública y la Justicia Penal (CCSPJP), una organización mexicana, fundada por organizaciones empresariales y universitarias con el fin de colaborar con las autoridades en asuntos de seguridad pública.

[12] Juan Diego Quesada, "La violencia en Ecuador, un problema nuevo muy antiguo", *El País*, 13 de enero de 2024, en https://elpais.com/america/2024-01-13/la-violencia-en-ecuador-un-problema-nuevo-muy-antiguo.html.

nales cuyo quehacer principal fue o sigue siendo el tráfico de drogas, pero que han extendido su negociado a más ámbitos. Cobran impuestos mediante la extorsión (por mantener abierta una tienda, montar una empresa o cultivar una parcela agrícola). Blanquean los capitales acumulados. Vigilan sus inversiones. A una empresa minera canadiense, McEwen Mining, le robaron en abril de 2015 oro por valor de más de ocho millones de dólares en una zona del estado mexicano de Sinaloa controlada por una banda criminal. Para los canadienses, de forma sorprendente (o quizá no tanto), sus interlocutores son los malhechores, no las autoridades locales, estatales o federales.

> Los cárteles —declaró a una televisión de su país el presidente de la empresa, Rob McEwen—[13] están activos en esa región, y en general, tenemos buenas relaciones con ellos [...]. Si queremos ir a explorar una zona, les preguntamos y nos dicen que no. Pero luego nos indican que regresemos en un par de semanas, cuando hayan terminado sus asuntos.

A nadie se le pasa por la cabeza recurrir a los agentes estatales. La realidad para los ciudadanos de a pie, como cabe imaginar, resulta más insufrible. Carniceros, vendedores de flores, panaderos, productores de tortilla —y casi cualquier actividad al menudeo— deben abonar los diezmos exigidos por las mafias ante la pasividad y la complicidad de las policías locales y el abandono de las autoridades. La resistencia o la negativa a pagar se salda con cientos de muertes al año sólo en México.[14]

---

[13] Luis Astorga, *Sin un solo disparo*, Universidad Nacional Autónoma de México (UNAM), México, p. 144, 2023.

[14] Carmen Morán Breña, "La 'omertá' mexicana: millones de comerciantes pagan 'el piso' a los criminales para vender en las calles", *El País*, 2 de enero de 2024, en https://elpais.com/mexico/2024-01-02/la-omerta-mexicana-millones-de-comerciantes-pagan-el-piso-a-los-criminales-para-vender-en-las-calles.html.

• • •

**NO SE TRATA PUES** de una violencia política en el sentido que se le dio durante las guerras civiles de Colombia, la Revolución mexicana, las guerras cristeras, las rebeliones contra las dictaduras en Centroamérica y tantas otras páginas *no-en-blanco* de los libros de historia del siglo pasado.[15] Pero de alguna manera sí se trata de una *violencia política*. Tiene su origen en la política: en el desgobierno, la incompetencia, la corrupción y la impotencia de las autoridades, desde alcaldes a presidentes, de gobernadores a jefes de policía, de jueces a fiscales. Y comienza, además, a tener graves consecuencias políticas. La criminalidad y la violencia se han convertido en la principal preocupación de muchos países latinoamericanos, un dato obvio y extremadamente preocupante.

En el apartado de política ficción, sección fantasías postapocalípticas, el presidente de El Salvador, Nayib Bukele, apoyado por una opinión pública espantada por la violencia callejera, ha emprendido el camino de acabar con ésta liquidando los derechos individuales y el debido proceso judicial que Occidente abrazó con la Ilustración, en el siglo XVIII. Con sus cárceles de película futurista —en toda buena pesadilla el futuro siempre es peor—, arrestos arbitrarios, la endeblez de las pruebas o directamente la ausencia de ellas —innecesarias de todas formas, puesto que tampoco se requiere un juicio que al menos presente la apariencia de juicio—, Bukele ha establecido *de facto* un Estado de excepción permanente[16] en la nación salvadoreña.

---

[15] Hay que indicar aquí que América Latina no ha sido históricamente una tierra violenta. Como me hace ver Martín Caparrós —y como de manera acertada señala en su libro *Ñamérica*—, toda la violencia del continente americano en el siglo XX junta supone una fracción mínima de la carnicería que acabó con las vidas de decenas de millones de personas en Europa en el mismo periodo.

[16] En 1964, François Mitterrand publicó un panfleto, *El golpe de Estado permanente,* en el que sostenía que la República presidida por De Gaulle se

Millones de personas en otros países viven angustias similares. El control de partes del territorio por las bandas criminales y la impotencia, cuando no complicidad, de las fuerzas del orden les imponen un estado de excepción permanente no reconocido, una restricción a sus libertades y, sobre todo, una desprotección ante el principal de sus derechos: el derecho a la vida. Muchos en todo el continente ven el autoritarismo en El Salvador como la única salida, un resultado triste y totalmente esperable. Así lo muestran los estudios de opinión, en el país centroamericano y fuera de él. Nadie quiere ya emular a Nicolás Maduro o a Daniel Ortega. Pero bastantes políticos del continente comienzan a mirarse en el espejo de Bukele, atractivo, halagador y funesto. "Si estos son los tiempos, entonces éste debe de ser el hombre", escribió el poeta (y político) Andrew Marvell[17] sobre Oliver Cromwell, quien encabezó la Revolución inglesa como Lord Protector tras la decapitación del rey Carlos I. Es una alabanza. O parece una alabanza. Pero el verso destila tanto veneno —y se ajusta tan bien a las actuales circunstancias políticas— que resulta difícil no pensar en Bukele. Es de temer que, si efectivamente estos son los tiempos, América Latina tendrá violencia y desigualdad, o tendrá democracia. Pero será difícil que tenga todo a la vez: democracia, violencia y desigualdad.

· · ·

**PENSÉ LO ANTERIOR** mientras esperaba a Fox. Y se me ocurrió empezar por el principio: indagar sobre cómo se nombra al máximo responsable militar en México. Durante años, ese rito se presentó como un misterio con irisaciones casi místicas. La rea-

---

estaba deslizando por una pendiente peligrosa por el abuso de los tribunales de excepción, los excesos y los errores policiales, así como el deterioro general de la justicia.

[17] "El verso en inglés reza: "If these the Times, then this must be the Man".

lidad, sin embargo, resulta más ramplona: los militares detestan que alguien se salte el escalafón. El respeto por la antigüedad es fundamental. "No hay reglas escritas para elegir al secretario de la Defensa Nacional —me dijo en Madrid alguien que sí participó directamente en ese rito—, pero se debe respetar todo eso". Ernesto Zedillo (1994-2000) se atuvo a esos principios. Carlos Salinas de Gortari (1988-1994) *eligió* al primer general en el escalafón.[18] Como la Presidencia suele aceptar sin cambios las propuestas de ascensos que le llegan, queda la sensación de que los generales, entre ellos mismos, deciden en última instancia quién va a ser su superior. Una especie de cónclave perpetuo, con generales en lugar de cardenales —con gran probabilidad igual de intrigantes unos que otros—, cuya decisión hace luego oficial el presidente en turno.[19]

Fox rompió esas reglas. Y ello tuvo consecuencias. Buenas primero. Malas después. Durante la conversación en su rancho reconoció las dificultades de meterse a fondo con los militares. Me dijo también que había procurado colocar al frente a un general bueno y humanista —signifique eso lo que signifique en un general, pensé yo—, por no hablar de los que se quedaron fuera por no ser buenos, o no ser humanistas, o no ser ni una cosa ni la otra. Y luego añadió:

---

[18] En septiembre de 2024, la presidenta electa, Claudia Sheinbaum, eligió al general Ricardo Trevilla para el cargo de secretario de la Defensa Nacional. El anuncio, casi tres semanas antes de tomar posesión (lo que resulta poco usual), ya traslucía la intención de la nueva mandataria de atajar las habituales pugnas internas. Trevilla se desempeñaba como jefe del Estado Mayor Conjunto de la Defensa Nacional y, en calidad de tal, era el relevo natural, por mérito, antigüedad y escalafón. Muchos analistas consideraron que su nombramiento no cambiará el estado de cosas en México.

[19] Roderic Ai Camp, entre otros muchos académicos que han estudiado las dinámicas internas del Ejército mexicano, destaca la potestad que éste ejerce en los nombramientos: "La autonomía de los militares frente a la intervención de los civiles en sus asuntos *internos*, de forma notable en los ascensos". Roderic Ai Camp, *Mexico's Military on the Democratic Stage*, Praeger Security International / Center for Strategic and International Studies, Westport, Washington, D. C., posición 186 (edición Kindle), 2005.

—Viven muy bien, pero aun así muchos hacen trampa y se asocian con los cárteles [las bandas de traficantes de drogas].[20] Quieren ganar más, ésa es su condición humana.

—¿Y cuán difícil es meterse con eso?

—Otra vez, yo digo que está mal dicho, pero lo digo. Tienes que convivir con todo el mundo, con tirios y troyanos, con cabrones y con personas buenas.

Muchos mexicanos, o algunos mexicanos, quizá quieran atribuir esta respuesta al carácter y la conocida manera de expresarse del expresidente, tantas veces ridiculizada en público. Alguien a quien, en definitiva, conviene no hacer mucho caso en según qué cosas. Pero Fox, de hecho, estaba hablando perfectamente en serio. Y en ese punto, los hechos le dan la razón. Él convivió con tirios y troyanos, implique eso lo que implique cuando habla uno de militares y tráfico de drogas. Sus antecesores también. Y sus sucesores. Aunque ninguno de ellos lo acepte, claro. Calderón incluido, como se verá después.

Muchos hacen trampa y se asocian con las bandas de criminales, dice Fox. Y hay que convivir con todos, con personas buenas y con cabrones. La contestación del expresidente conduce a un sinnúmero de minuciosas consideraciones que conviene detallar. También suscita de forma legítima y necesaria más preguntas, todas ellas incómodas de responder. ¿Cuántos cabrones son muchos cabrones? ¿A qué se dedican exactamente los cabrones en un ejército? ¿Y cuán moral y responsable resulta convivir con ello? ¿Se puede sostener en serio que lo que dice Fox se circunscribe a una época limitada —su presidencia— y un país,

---

[20] Algunos académicos, especialmente Luis Astorga, argumentan con buenas razones contra el uso de la palabra *cártel* para referirse de forma indiscriminada a grupos o bandas de delincuentes dedicados en ocasiones a actividades criminales distintas. También advierte que el significado original, en economía, del mismo vocablo resulta contrario a la forma de operar de los traficantes de droga. En la medida de lo posible, y exceptuando las citas directas, he procurado evitar su uso.

México? ¿Cuánta de esa lógica permea otros ejércitos, otros países de la región?

Que además de tirios y troyanos hubiera en el Ejército cabrones era un dato incontrovertible desde antes de que Fox asumiera la presidencia. Existen al respecto hechos, datos, anécdotas y sucedidos en demasía: la curva del descenso de México a los infiernos de la violencia —veloz, imparable y horrenda— tiene muchos comienzos y muchos rostros. Pero uno de ellos destaca por su simbolismo. Supuso un punto de inflexión importante. Y de algún modo responde a las preguntas anteriores, o a alguna de las preguntas anteriores. En concreto a la de qué hacen los cabrones en un ejército. Los hechos que se relatan a continuación sucedieron en 1997, apenas tres años antes del triunfo de Fox en las urnas. El presidente los conocía a la perfección. Y conviene que el lector también lo haga para entender todo lo que vino después.

• • •

**POCO ANTES** de la medianoche del jueves 6 de febrero de 1997, el general de división Jesús Gutiérrez Rebollo se encontraba en su casa de Ciudad de México, en pijama, cuando recibió una llamada telefónica. Se trataba del general Enrique Cervantes, secretario de la Defensa Nacional. Rebollo tenía 62 años, un enorme prestigio y un cargo, zar antidrogas —formalmente jefe del Instituto Nacional para el Combate a las Drogas (INCD)—, en el que llevaba exactamente 72 días. También tenía otras cosas, como un apartamento de lujo pagado por narcotraficantes en Polanco, un barrio acomodado de la capital mexicana, aunque esto sólo habría de saberse después. Cervantes le ordenó presentarse de inmediato en su despacho.[21]

---

[21] Carlos Fazio, "México: el caso del 'narco-general'", *Crimen uniformado. Entre la corrupción y la impunidad*, The Transnational Institute (TNI), Ámsterdam, 1997, en https://www.tni.org/en/article/mexico-the-narco-general-case.

Una vez allí, Gutiérrez Rebollo se encontró que el general Cervantes, de 61 años, estaba acompañado de los también generales Juan Heriberto Salinas, jefe del Estado Mayor de la Defensa; Tito Valencia Ortiz, director del Centro de Planeación para el Control de las Drogas (Cendro); Tomás Ángeles Dauahare, secretario particular del general-secretario Cervantes, y el coronel Augusto Moisés García Ochoa, director del Centro de Inteligencia Antinarcóticos (CIAN). El secretario de la Defensa le comunicó a Rebollo que quedaba detenido en ese mismo instante. La acusación: vínculos con bandas de traficantes de drogas.

Se unen dos circunstancias extraordinarias en esta escena, ya de por sí extraordinaria. Y resulta conveniente y necesario resaltarlas por razones que se expondrán luego, motivos fundamentales para entender el tsunami de violencia que en los años siguientes habría de asolar México,[22] así como la impotencia de sucesivos presidentes para ponerle remedio, fueran ellos conscientes o no de su propia impotencia. La primera circunstancia sobre la que conviene fijarse —en ese despacho del máximo responsable militar de México— consiste en la multiplicidad de organismos encargados del combate contra las drogas: tres, todos ellos con militares al frente.

Expertos y académicos han establecido con posterioridad que la falta de coordinación entre sí y con sus pares en el extranjero, más la competencia ente ellos mismos contribuyó a arruinar no pocos esfuerzos en el combate contra el tráfico de narcóticos. Pero el hecho realmente extraordinario, que no se sabía entonces, es el siguiente. Cuando me puse a buscar qué había sucedido luego, años después, con los militares presentes aquella noche

---

[22] Las mismas circunstancias explican también la explosión de violencia en el llamado triángulo norte de Centroamérica: Guatemala, Honduras y El Salvador, país que llegó a cifras extraordinarias, 130 homicidios por cada 100 000 habitantes (Suiza registró 0.48 homicidios por cada 100 000 habitantes en 2022), según datos del Banco Mundial.

en el despacho del secretario de la Defensa, resultó que todos, excepto el propio Cervantes, acabaron salpicados de una forma u otra, apartados, procesados o encarcelados por sus vínculos con las bandas del crimen organizado y el tráfico de drogas.[23] Incluso

---

[23] Las autoridades estadounidenses investigaron a Juan Heriberto Salinas después de que sus servicios de inteligencia supuestamente interceptaran una llamada telefónica de un narcotraficante al general. Las agencias antinarcóticos de Estados Unidos volvieron a poner el foco sobre Salinas tras trascender que el general y otros altos oficiales del Ejército mexicano se habían reunido con uno de los lugartenientes de Amado Carrillo Fuentes, el *Señor de los Cielos*, el narcotraficante más poderoso durante aquellos años. El tercero de aquellos militares, el coronel García Ochoa, parecía encaminado a convertirse en secretario de Defensa cuando el presidente Enrique Peña Nieto tomase posesión del cargo el 1º de diciembre de 2012. García Ochoa, ya con el rango de general, había encabezado el desfile del Día de la Independencia en septiembre de aquel año. La tradición indica que ese militar es nombrado al frente de la Defensa Nacional con la administración entrante. En los días previos a la toma de posesión, el entonces embajador de Estados Unidos en México, Anthony Wayne, se reunió con el equipo de Peña Nieto para expresarle la preocupación del gobierno del presidente Obama y específicamente las sospechas de la DEA (sigla en inglés de Drug Enforcement Administration: Administración de Control de Drogas) de que el general Ochoa tenía un largo historial de estrechas relaciones con narcotraficantes. El diario estadounidense *The New York Times* obtuvo informes confidenciales de la DEA con episodios alarmantes. En uno de ellos se describe cómo García Ochoa, cuando aún era coronel, dirigió una redada contra miembros del cártel de Juárez. El militar "no dio la orden de lanzar la operación hasta que el coche en el que viajaba Amado Carrillo Fuentes no abandonó el área", frustrando así de forma deliberada su captura. En los informes de las agencias de seguridad estadounidenses, García Ochoa figuraba también con el nombre de "Mr. 10%", en alusión al porcentaje que exigía de contratos y material militares. El general no fue nombrado secretario de la Defensa y finalmente fue enviado a una base militar en el estado de Coahuila, en la frontera con Estados Unidos. Tim Golden, "Dangerous Allies: A Special: A Special Report. U. S. Helps Mexico's Army Take a Big Anti-Drug Role", *The New York Times*, 29 de diciembre de 1997, en https://www.nytimes.com/1997/12/29/world/dangerous-allies-special-report-us-helps-mexico-s-army-take-big-anti-drug-role.html; Ginger Thompson, Randal C. Archibold y Eric Schmitt, "Hand of U. S. Is Seen in Halting General's Rise in Mexico", *The New York Times*, 4 de febrero de 2013, en https://www.

sobre el general Cervantes, secretario de la Defensa, recayeron sospechas. El presidente de Estados Unidos, Bill Clinton, ordenó suspender una investigación sobre lavado de dinero procedente del tráfico de narcóticos cuando ésta se acercó demasiado al general, con la explicación de que no resultaba conveniente meterse en semejante pantano.[24]

Poco después del *affaire* Rebollo, en marzo de aquel año, 1997, se anunció la detención de otro militar, el general brigadier Alfredo Navarro Luna. La acusación en este caso consistía en que éste había intentado sobornar a otro general para que dejase pasar en el estado de Baja California los envíos de los hermanos Arellano Félix, que controlaban el tráfico de drogas en esa zona. En tan sólo un mes, dos renombrados generales estaban presos, acusados de colaborar con grupos rivales; y un tercero, el general brigadier Arturo Cardona Pérez, se encontraba bajo arresto domiciliario por supuestamente servir de "enlace" entre Amado Carrillo y el propio general Gutiérrez Rebollo.[25]

Apenas cinco meses después, se publicaron en la prensa[26] documentos que involucraban con el narcotráfico a 34 altos jefes, oficiales y tropa del Ejército, lo que vino a confirmar de forma indubitable que la detención de Gutiérrez Rebollo constituía tan sólo la punta de un iceberg cuya profundidad resultaba imposible

---

nytimes.com/2013/02/05/world/americas/us-stepped-in-to-halt-mexican-generals-rise.html.

[24] Tim Golden, "Top Mexican Off-Limits to U. S. Drug Agents", *The New York Times*, 16 de marzo de 1999, en https://archive.nytimes.com/www.nytimes.com/library/world/americas/031699mexico-drugs.html?scp=151&sq=mexico%252520drug%252520war&st=Search.

[25] Carlos Fazio, "México: el caso del 'narco-general'", en *Crimen uniformado.*

[26] Carlos Marín, "Documentos de Inteligencia Militar involucran en el narcotráfico a altos jefes, oficiales y tropa del Ejército", *Proceso,* núm. 1082, México, enero de 2004.

de calibrar. El mismo día, el ministro de Defensa, general Cervantes, admitió que la información podía ser cierta.[27]

• • •

**RECUERDO LA INCREDULIDAD** en la redacción de *El País* en Ciudad de México cuando saltó la noticia. La proliferación de militares en cargos de responsabilidad en la lucha contra el tráfico de drogas era entonces un fenómeno reciente. Había sido el presidente Ernesto Zedillo (1994-2000), el predecesor de Fox, quien la impulsó. Carlos Salinas de Gortari, a su vez predecesor de Zedillo, no lo había hecho, o se había resistido, o pensó que no era una buena idea. Creó el Instituto Nacional para el Combate a las Drogas, pero al frente no puso a un militar, o un *zar antidrogas*, como la prensa convino en llamar luego a Rebollo, sino a un civil, de nombre Francisco Molina. "El Ejército es un recurso de última instancia", me comentó al respecto un alto cargo de la administración de Carlos Salinas que tuvo mucho que ver con esa decisión, "porque no les puedes sustituir; a la policía, sí. ¿Se corrompen? Pues los echas a todos". Y luego añadió: "¿Pero si echas a todos en el Ejército, ¿qué haces?"

En los años siguientes, lo anterior sucedió en abundancia. Corporaciones enteras (la policía de Acapulco, por ejemplo, en septiembre de 2018) fueron desmanteladas, todos sus elementos despedidos, sustituidos por militares. En el año 2000, justo cuando Fox se convirtió en presidente, Salinas había publicado unas memorias en las que parecía anticipar todo ello. Escribió:

> Mi gobierno se opuso a que el Ejército mexicano efectuara investigaciones y combatiera a las bandas de narcotraficantes. Era innecesario otorgarle responsabilidades que en un país de leyes com-

---
[27] Boletín de prensa de la Secretaría de la Defensa Nacional, México, 27 de julio de 1997.

peten a las policías especializadas. Además, no podía soslayarse el riesgo de que los traficantes intentaran corromper a miembros del Ejército, institución fundamental para la salvaguardia de cualquier país. Por eso el combate contra el tráfico de drogas se le asignó específicamente a la Policía Judicial Federal.[28]

Ese papel de eje vertebrador central de los militares, así como los códigos de honor por los que éstos se rigen, según Salinas, exige que se les mantenga alejados de las dos aventuras que de forma inevitable lo arrastrarían al fango en los años siguientes: el narcotráfico y los negocios.

En el texto de Salinas queda una afirmación sospechosa ("mi gobierno se opuso" a enviar al Ejército a luchar contra los narcotraficantes; no "mi gobierno descartó" o "mi gobierno sopesó y finalmente descartó"), así como una mezcolanza de advertencia y premonición: el riesgo de que el Ejército se corrompiera si entraba en contacto directo con las bandas de traficantes. La afirmación sospechosa suscita una pregunta igual de sospechosa: si su gobierno se opuso a enviar al Ejército contra los narcotraficantes, ¿quién estaba a favor? ¿Estados Unidos? ¿Los propios militares? ¿Y en qué contexto se planteó? Salinas no lo aclara. Y en cuanto a la advertencia o premonición, ésta se cumplió con inexorable precisión. El Ejército se corrompió, o elementos destacados del Ejército se corrompieron. Y la Policía Judicial Federal también. Hasta el punto de que acabó siendo desmantelada por completo ante la imposibilidad de recuperarla, podrida hasta el tuétano, hechizada ya del todo por el lado oscuro.

Zedillo fue quien sustituyó al civil Francisco Molina por el general Gutiérrez Rebollo al frente del INCD. Ello fue suficiente como para levantar alguna ceja en ese momento. ¿Pero que éste fuera detenido por complicidad con el narco dos meses y me-

---

[28] Carlos Salinas de Gortari, *México, un paso difícil a la modernidad*, Plaza & Janés, Barcelona, p. 586, 2000.

dio después? ¿Y cuánto tiempo llevaba el general al servicio de los narcotraficantes? La noticia atrapaba con la potencia de su simplicidad. El número uno de la lucha contra los traficantes de drogas resultaba ser un traidor. Para los periodistas, la historia era también irresistible por su aparente claridad moral. Desde fuera, uno casi nunca dispone de la capacidad de determinar en qué momento se torcieron las cosas. ¿Cuándo decidió Gutiérrez Rebollo cruzar la línea del bien al mal? Con toda seguridad fue mucho antes de ser nombrado máximo responsable de la lucha contra los traficantes. Quizás una duda ética, un paso en falso, temprano en su carrera, que con el tiempo se petrifica en un crimen horrendo. Hacer la vista gorda a una pequeña operación cuando uno es un oficial muy abajo en el escalafón quizá facilita, psicológicamente, la comisión de delitos más graves después. ¿Y cómo se llega con ese lastre a la cima? ¿Fue un trabajo constante, focalizado, durante años? ¿Fue un golpe de suerte que ni siguiera los traficantes, sus socios en el crimen, podían creer? La foto de Gutiérrez Rebollo distribuida de forma oficial mostraba a un militar que recordaba más a los años sesenta y setenta en cualquier país de América Latina que a los noventa en México. Con gafas de sol oscuras, estilo Ray-Ban; gorra de general calada hasta las cejas y un rostro ancho y malencarado que llenaba todo el espacio de la imagen de fotomatón, la pregunta no era cómo Zedillo le había nombrado para el cargo, sino por qué el general no estaba en la cárcel desde mucho antes. A menos que todo fuera, como tantas otras veces, y como denuncia ahora su hijo, un montaje en su contra.[29]

---

[29] En otra vuelta de tuerca, César Gutiérrez Priego, hijo del general Gutiérrez Rebollo y especialista en derecho militar, sostiene desde hace años que la detención de su padre se debió a una venganza de otros oficiales, entre ellos el secretario de la Defensa, general Cervantes, por haber descubierto una "cofradía del poder", cuyo objetivo era controlar para ellos el puesto de secretario de la Defensa Nacional, así como vínculos entre traficantes de drogas con políticos importantes. Gutiérrez Priego afirma que está prepa-

Tras salir del INCD, Francisco Molina pasó a ser senador de la República. Desde ahí siguió quejándose del atropello que consideraba haber sufrido. Declaró que había sido un error del presidente Zedillo otorgarle un papel protagónico al Ejército. Se quejó del hermetismo de los militares, de su escasa disposición a compartir información y del régimen jurídico de la institución militar. Acapararon la fiscalía —dijo—, el propio Instituto Nacional para el Combate a las Drogas (INCD) y el Centro de Planeación para el Control de las Drogas (Cendro) (otro organismo con siglas parecidas al anterior, funciones solapadas con éste y similar falta de eficacia). "Hoy existen unos 150 militares —declaró Molina— que han defraudado la confianza de sus superiores al vincularse a organizaciones criminales".[30] El tsunami ni siquiera había empezado.

• • •

**UNOS MESES ANTES** de la conversación con Fox en su rancho, yo me había reunido con Felipe Calderón en Ciudad de México. Éste me habló entonces con aparente indignación sobre lo que consideraba una dejación de funciones durante el mandato de su antecesor, al que culpaba de la degradación en asuntos de seguridad con la que él se encontró al llegar al poder. El Estado había renunciado a ser Estado, se quejó. La administración de Fox en su conjunto, por acción u omisión, había asumido o aceptado la realidad heredada, el *statu quo* que rigió durante las largas décadas de gobierno del PRI: arreglarse con las bandas criminales.

---

rando un libro con pruebas de sus acusaciones. El caso de Gutiérrez Rebollo, ya fallecido, fue ciertamente extraño. Años después, un expresidente mexicano me mostró también su sorpresa por la detención, por las circunstancias de su juicio y posterior encarcelamiento, así como por la amistad sincera que le mantuvieron otros militares de alto rango, quienes nunca creyeron las acusaciones en su contra.

[30] Luis Astorga, *El poder y la sombra. Seguridad, traficantes y militares*, Tusquets, México, 2007.

Sentado con Fox, pues, comencé a esbozar la pregunta correspondiente. La perspicacia del presidente hizo innecesario que la completara:

—Lo que me dijo el presidente Calderón es que...
—Que yo me hacía pendejo.
—Más o menos.
—Pendejo, pero ahí están las cifras.

Las cifras, efectivamente, están ahí. Pero las cifras son un misterio. Y encierran una paradoja. Las cifras son parte de la verdad. Pero no son toda la verdad. La administración de Ernesto Zedillo (1994-2000) le dejó a Fox un país en el que, como se ha visto, militares, bandas dedicadas al tráfico de estupefacientes y a otros negocios criminales, fuerzas policiales y poder político en sus tres niveles —federal, estatal y municipal— convivían en un complejo estado de equilibrio. Por un lado se permitía el suministro de ingentes cantidades de droga a Estados Unidos, como había sucedido durante décadas. Por otro —y ahí radica la paradoja—, se podían mantener unos índices de violencia relativamente bajos.

Existe un amplio consenso entre investigadores, periodistas, políticos y académicos sobre la existencia de ese entramado. En su libro, Salinas habla de una *nomenklatura* conformada por políticos profesionales, con "miembros y aliados en los cuerpos de policía."[31] Los mismos grupos u otros, según las épocas, vinculados al gobierno y al partido, ejercieron "una enorme presión sobre jueces y magistrados del Poder Judicial" y "facilitaron la acción de los traficantes de estupefacientes".[32] Con el aumento del tráfico de éstos, el problema se agudizó, según Salinas:

> Entre los miembros de la Policía Judicial Federal [...] existían elementos coludidos con aquellos a quienes decían combatir. Estos

---

[31] Carlos Salinas de Gortari, *México, un paso difícil a la modernidad*, p. 74.
[32] *Ibidem*, p. 552.

elementos recibían a cambio sumas millonarias y atentaban contra quienes se atrevían a denunciar sus actos de corrupción. En esas circunstancias, el narcotráfico generó un riesgo adicional, pues la descomposición afectó a personas e instituciones.

En su texto, el expresidente no pone fecha a estos acontecimientos, con lo que no hay forma de saber si se refiere a hechos acaecidos antes de su llegada al poder, durante su presidencia o justo después (entre 1994, cuando acabó su gobierno, y el año 2000, cuando se publicó el libro). O durante todos ellos. Tampoco sobre si tuvo conocimiento de esta situación antes (en los años ochenta del siglo pasado), durante su mandato (1988-1994), o si por el contrario descubrió el pastel una vez fuera de la residencia presidencial de Los Pinos. Una tesis doctoral publicada en Harvard[33] sostenía en 2013 que el sistema político mexicano durante aquellos años ochenta permitía a algunos de sus cargos ejercer a la vez de mediadores y de reguladores en el negocio del narcotráfico. De juez y parte. Con una condición: desincentivar la violencia. De forma implícita, las autoridades permitían a los narcotraficantes seguir haciendo negocios. Eso sí, había que pagar los sobornos correspondientes. Y evitar grandes violencias.[34]

Fox, aparentemente, sabía cómo no romper el equilibrio:

Se lo dije [a Calderón] cien veces que no metiera al Ejército. Le dije: no va por ahí el garrote, el *stick* del poder, no es lo que funciona, sólo genera más violencia. Cien veces en privado y públicamente; y lo critiqué fuertemente por haberlo hecho. De nueve

---

[33] Viridiana Ríos, "Why Did Mexico Become So Violent? A Self-Reinforcing Violent Equilibrium Caused by Competition and Enforcement", *Trends in Organized Crime*, 16 (2): 138-155, Harvard, 2013, en https://scholar.harvard.edu/vrios/publications/why-did-mexico-become-so-violent-self-reinforcing-violent-equilibrium-caused-0.

[34] *Idem.*

[homicidios por cada 100 000 habitantes], el indicador se fue arriba de 30 en el año de Calderón. Luego se ha logrado bajar a 24, 23, pero no ha regresado jamás a nueve.[35] ¿Si yo descuidé? Yo lo que digo es que no fue mi tema; yo no tuve problema, yo estaba atento a ese indicador. Mientras no explotara ese indicador, ¿para qué me metía yo a garrotazos contra los violentos? Esa guerra nunca se gana a garrotazos. La historia nos ha enseñado eso.

La acusación de Calderón de que su antecesor dejó que la situación se pudriese puede ser más o menos acertada. Las palabras de Fox no parecen desmentirla. Pero todas las evidencias indican que las cifras de criminalidad durante el mandato de este último se mantuvieron bajas, efectivamente, a cambio de permitir que las bandas criminales siguieran operando como lo venían haciendo, capturando rentas y actividades de todo tipo, lo que incluye el control de partes del territorio. En aquel año de transición presidencial (2006), dos estados, Michoacán y Tamaulipas, parecían estar en riesgo grave de descomposición por la ausencia sobre el terreno, en la práctica, de las fuerzas de seguridad.

—¿Cómo responde —le pregunté a Fox— a las acusaciones de que durante su mandato cada vez más partes del territorio nacional estaban bajo el control de las bandas de traficantes de drogas?

—¿Y qué chingados? Mientras no hubiera muertos, ¿qué chingados?

Resulta conveniente transcribir de nuevo aquí —y poner frente a frente— dos ideas que ya se han abordado. La primera está recogida en la tesis doctoral citada antes, que combina trabajos de investigadores en años previos: "De forma implícita, las autoridades mexicanas permitieron a las bandas de traficantes continuar con sus negocios mientras pagaran su cuota de sobor-

---

[35] Fox parece mezclar aquí las cifras, o utilizar una fuente diferente. Según el Banco Mundial, los homicidios llegaron a un pico de 22.9 en 2011, el penúltimo año de Calderón. Pero el sentido general de las palabras del expresidente es correcto.

nos y no se dieran episodios de gran violencia". La segunda es la de un expresidente mexicano: "Mientras no hubiera muertos, ¿qué chingados". Diferencias de léxico, expresión y estilo aparte, ambas contienen la misma verdad. En Occidente, la academia y el poder suelen coincidir poco. Así que rara vez un estudio académico habrá recibido un espaldarazo tan rotundo por parte de alguien que durante seis años ejerció el poder máximo en un país.

Por lo demás, resulta difícil de establecer, en una conversación con Fox, si sus planteamientos responden sinceramente a la creencia de que el grave problema del narcotráfico, la violencia y la corrupción de las fuerzas del orden, tanto en México como en el resto de América Latina, se podían abordar con recetas en apariencia tan esquemáticas. O si todo se debe a un cálculo político que —como con todos los presidentes, por otra parte— incluye más cosas en la ecuación. Aunque Fox me había dicho en 2019 —cuando la magnitud de la tragedia era ya imposible de disimular— que él había criticado en público y en privado a Calderón por involucrar de forma masiva al Ejército en el combate al narcotráfico, lo cierto es que 10 años antes, en febrero de 2009, no se mostraba tan contundente. "México enfrenta problemas muy serios en materia de violencia, crimen organizado y narcotráfico", aseguró en una entrevista.[36] "Esta problemática requiere de una solución urgente, como la viene haciendo el presidente Calderón".

—¿Está usted satisfecho con el desempeño del presidente Calderón? —le preguntó el periodista.

—Por supuesto que sí.

Ese año México contabilizó más de 16 000 muertos y 1400 desaparecidos.[37] Dos años después, el penúltimo del mandato

---

[36] Fernando Botero Zea, *Conversaciones en la cantina. Entrevista con Vicente Fox*, Ediciones Felou, México, 2013.

[37] Cifras del Secretariado Ejecutivo del Sistema Nacional de Seguridad Pública, recogidas en "Año 11 en la guerra contra el narco", *El País*, en https://elpais.com/especiales/2016/guerra-narcotrafico-mexico/.

de Calderón, las cifras subieron a casi 23 000 muertos y más de 4 000 desparecidos.[38]

Además del interés del Estado, o en las cosas del Estado, algo que se le supone a un presidente, o se le debería suponer, hay que contar también con la necesidad personal y muy humana de pasar a la historia con un relato con el que pueda uno convivir el resto de su vida. Como me recordó después él mismo aquel día que nos vimos en su rancho, Fox terminó su mandato con un 65% de aprobación. Enarbola la cifra como una validación retrospectiva de lo que hizo, la prueba definitiva de su desempeño. Pero también se puede interpretar de otra manera: como un amuleto con el que conjurar sus temores más íntimos:

—Porque yo sí les tenía miedo a los muertos, con ese fantasma del 68 en México.[39] Que el presidente queda tachado de por vida cuando tienes muertos.

Afortunadamente para él, los muertos los tuvo Calderón.

• • •

**EL ESCRITOR ITALIANO** Leonardo Sciascia publicó en 1978 un libro sobre el caso Moro titulado precisamente así: *El caso Moro*. Ese mismo año, el grupo terrorista Brigadas Rojas había secuestrado al veterano político de la Democracia Cristiana, dos veces primer ministro. Aldo Moro permaneció 55 días en cautiverio. Luego fue asesinado a tiros. Los terroristas embutieron su cadáver en la cajuela de un Renault 4 rojo que dejaron estacionado en una calle de Roma, justo a medio camino entre las sedes de la Democracia Cristiana y el Partido Comunista, las dos

---

[38] *Idem.*

[39] La llamada *matanza de Tlatelolco*, en la que miles de estudiantes murieron a manos de las fuerzas de seguridad del presidente Gustavo Díaz Ordaz en 1968, marcó de forma indeleble la política mexicana y ha estado presente desde entonces, de una manera o de otra, en todas las decisiones en materia de seguridad que han tomado o dejado de tomar los mandatarios mexicanos.

formaciones políticas más poderosas de Italia por aquellos años. Antes de su rapto, Moro había logrado un acuerdo de gobernabilidad entre ambos partidos, un gran pacto, lo que vino a conocerse como el compromiso histórico, al que muchos se oponían.[40] Recuerdo las imágenes por televisión en blanco y negro —sólo descubrí que el Renault 4 era rojo cuando leí el libro de Sciascia, en mi recuerdo el auto era negro, claro—, la angustia que rezumaban las crónicas periodísticas, el dolor de la familia, la impotencia de los políticos, su verborrea constante. Me iba a la cama con ansiedad por lo que le fuera a pasar a Moro, un mundo tan lejano para un muchacho de 14 o 15 años.

Escribe Sciascia lo siguiente a propósito de la Democracia Cristiana italiana y del elevado sentido de Estado del que presumían sus dirigentes durante los casi dos meses que duró el secuestro:

> Gran mentira, entre las muchas y gordas de aquellos días. Ni Moro ni el partido que él presidía tuvieron nunca sentido de Estado [...] Por lo demás, la razón por la que al menos una tercera parte del electorado italiano se identificaba [...] con el partido democristiano radica precisamente en que éste no tiene ninguna idea de Estado, cosa tranquilizadora y hasta tonificante.[41]

Esta última afirmación me obsesionó durante años. ¿Por qué decía Sciascia que resultaba tranquilizador y hasta tonificante que la Democracia Cristiana no tuviera ninguna idea de Estado? La gravedad, el peso moral de Sciascia, de su escritura, de su figura pública, su compromiso con dar testimonio de lo que no se puede atestiguar,[42] todo ello descarta la explicación fácil, el giro

---

[40] Entre los principales oponentes al acuerdo entre la Democracia Cristiana y el Partido Comunista se encontraba Estados Unidos.

[41] Leonardo Sciascia, *El caso Moro*, Tusquets, Barcelona, pp. 33-34, 2012.

[42] Daniel Arana, "Anatomías textuales: notas sobre 'El caso Moro', de Leonardo Sciascia", 6 de junio de 2022, en https://amanecemetropolis.net/anatomias-textuales-notas-sobre-el-caso-moro-de-leonardo-sciascia/.

frívolo, la frase por el gusto de la frase, la *boutade pour épater*. ¿Qué misterio encerraba? ¿Qué verdad?

Un día le pregunté a Mario Calabresi cómo entendía él lo que decía Sciascia. Calabresi dirigió tanto *La Stampa* como *La Repubblica*, dos de los periódicos más importantes de Italia. Su padre, Luigi, fue comisario de policía. Un comando anarquista lo asesinó en los años setenta.[43] Calabresi me contestó que, según Sciascia, la Democracia Cristiana era un partido ligero como el agua, que se adaptaba a la realidad, podía cambiar según las circunstancias y ésa era su fuerza. Por el contrario, "si hubiera tenido sentido de Estado, un partido tan grande habría sentido la tentación de imponer su idea al conjunto de la sociedad". Eso es lo que quería decir Sciascia.

Comencé a descifrar el misterio, creo, escribiendo estas líneas. La linde que separa el sentido de Estado de la razón de Estado es estrecha. Franquearla resulta fácil, seductor y extremadamente peligroso. Basta con un ego inflado; unos controles democráticos laxos; una cierta falta de seguridad en sí mismo; o en la posición que uno ocupa en el sistema político; o en la precariedad, real o aparente, de esa posición. Calderón acusa a Fox de hacerse pendejo. Le recrimina no haber asumido sus obligaciones cuando las bandas criminales levantaron las garras. Le acusa, en cierto modo, de no tener sentido de Estado. Él, por el contrario, sí lo tiene:

—Uno [de los grandes problemas de México] es la falta de Estado de derecho y la falta de cultura de la legalidad. La gente no tiene un aprecio por la ley. No la tienen los gobernantes, no la tienen los gobernados, no la tienen los periodistas, los empresarios, nadie.

Nadie, salvo él, se entiende.

—El combate frontal a los criminales, esto parece de Perogrullo en cualquier país civilizado. Aquí no.

---

[43] Mario Calabresi, *Salir de la noche*, Libros del Asteroide, Barcelona, 2023.

Fox trampeó sus seis años como pudo. Nombró por primera vez a un militar como fiscal general, pero se resistió a una militarización masiva del combate contra las bandas criminales, como se vio con Calderón. O la entrega a los militares del control de aeropuertos, obras públicas, aerolíneas —entre otros despropósitos— como se ha visto con Andrés Manuel López Obrador. Fox intentó una reforma de las estructuras de seguridad y de los servicios secretos. Dio marcha atrás en cuanto comenzaron las presiones y las resistencias. Nombró un consejero nacional de Seguridad para cambiar las cosas. Le destituyó apenas un año después. Zigzagueó. Se mostró inconstante en sus políticas. Se podría argumentar con cierta facilidad que carecía de sentido de Estado.

Calderón, en cambio, con su sólido sentido de Estado intacto, diría uno que marmóreo en su pureza, se lanzó a un combate sin medir ni sus fuerzas ni las consecuencias de sus actos. Las consecuencias son siempre difíciles de calcular *ex ante*. Ésa es la complicación del arte de gobernar. Tristemente, a *posteriori* resulta más fácil: decenas de miles de muertos y desaparecidos, innumerables matanzas, atrocidades sin nombre. Calderón es un realista que ve lo que está sucediendo y comprende la necesidad de actuar. *Ve* lo que otros no ven, o no quieren ver. Y *actúa* cuando los demás reculan: los cimientos intelectuales mismos de la razón de Estado, del realismo en política, aquello que hace posible y legítimo lo que de otra manera no sería ni posible ni legítimo.[44] Un realismo que cobra un sentido más siniestro, afirma Isaiah Berlin, porque aquellos que se amparan en él con frecuencia lo hacen para justificar y soslayar las consecuencias de decisiones brutales y ruines.[45] Después de pensar y escribir lo anterior, comienzo a entender por qué Sciascia puede considerar tranquilizador y aun tonificante que un partido no tenga sentido de Estado alguno.

---

[44] Leonardo Sciascia, *El caso Moro,* p. 50

[45] Isaiah Berlin, "Realism in Politics", *The Power of Ideas,* Princeton University Press, Princeton, p. 163, 2013.

Por lo demás, al contrario de lo que Fox me dijo en 1997 en Madrid, Zedillo, que cometió muchos errores, se redimió con su acto final. No es fácil discernir si lo hizo por convicción democrática. México puede presumir que, desde la Revolución, ningún presidente ha sido asesinado, expulsado, o haya dimitido. Todos han estado seis años en el poder. Todos han elegido a su sucesor. Pero todos tuvieron que negociar internamente esa decisión. Cada recomposición presidencial implica un cambio. Se juntan y la pregunta es: ¿cómo nos repartimos el poder y la lana?[46] Eso se rompió con el asesinato de Colosio. Zedillo debió entender que si aquello se dirimía ya a balazos pues se acabó, y el sistema hay que desmontarlo. Y le entregó el poder limpiamente a Fox.

No sabemos si la cloaca del Ejército y de las instituciones resultó un chiste comparado con los montajes y las fabricaciones de Pablo Chapa Bezanilla, como había predicho Fox. Mejor dicho, sí lo sabemos (fue peor), pero no porque él destapara esa cloaca. Ni ninguna otra. Es más, de repente comenzó a mostrar un cierto sentido de Estado, tan ausente en aquellas declaraciones sobre el fiscal Chapa, sobre el Ejército, las instituciones y las cloacas. No hay nada como asumir la Presidencia de la República para comprender un poco lo que es el sentido de Estado. Y aun la razón de Estado, la espantosa necesidad de lo necesario.

---

[46] Dinero o pasta en España; plata en Colombia o en Argentina.

## 2

## LE ECHAMOS GANAS, PERO NOS SALIÓ LO DE SIEMPRE

**PARA LLEGAR A LIMA,** el avión sobrevuela unos últimos kilómetros de desolación industrial, parajes cubiertos por un manto de polvo grisáceo y vetas anaranjadas, reflejo o anticipo de un futuro que se antoja poco deseable. La calamidad no se ciñe al medio ambiente. Es también social y política, en una tierra donde todos los deterioros se entretejen. Así me lo pareció aquel 19 de febrero de 2019, cuando aterricé, entrada la noche, en la capital peruana en un vuelo procedente de Ciudad de México. Al día siguiente tenía una cita con Martín Vizcarra. El presidente de la República llevaba en el cargo menos de un año. Le quedaban sólo 20 meses. Yo no lo sabía, naturalmente. Él tampoco.

El primer contratiempo se materializó enseguida. No había manga o pasarela para desembarcar. El segundo, el tercero y los siguientes se sucedieron de forma atropellada. Desembarcado el pasaje, nos agolpamos un buen tiempo ante las puertas cerradas de la terminal. Abiertas éstas, se formaron largas filas por la ausencia de funcionarios de inmigración. Llegaron algunos. Pero eran pocos y no ocuparon todas las cabinas disponibles. Se fue la luz. La gente exhaló una exclamación que mezclaba la exasperación y el cansancio con un ligero temor, sin que nadie supiera bien a qué. A continuación, en penumbra, comenzó el control migratorio, cuya lentitud resultó desesperante, por más previsible que fuera. Luego ya todo transcurrió con normalidad. Las personas se acomodan con rapidez a casi cualquier dificultad en la vida. Las naciones, por lo visto, también.

Es cierto que nada de ello resulta ya extraordinario en casi ningún aeropuerto de América Latina. Tampoco del resto del mundo. Aun así, pensé en la paradoja que este incidente suponía en uno de los países con más éxito económico del Cono Sur en los últimos años. De forma especial cuando no había razón alguna de causa mayor que lo explicase, excepto la desidia de algún funcionario; o de los responsables del aeropuerto; o del jefe o jefa de unos u otros; o una mezcla aleatoria de todo lo anterior.

Se me ocurrió entonces que podría comenzar mi conversación con Vizcarra preguntándole cuán difícil era gobernar un país en el que ocurren cosas como ésta. Incidentes que no deberían ocurrir. O cuya ocurrencia podría evitarse con facilidad. Asuntos quizá menores —como éste del aeropuerto— pero cuya acumulación, en otras áreas y sectores, acaba por lastrar o impedir el normal desarrollo del país. Me acordé del general De Gaulle: "¿Cómo quiere usted gobernar un país que cuenta con 258 variedades de queso?", respondió una vez, aunque según unas fuentes dijo 246 y según otras, 365. Esta última cifra me resulta algo sospechosa por coincidir con los días del año. Se me ocurrió que De Gaulle y los quesos era un buen lugar para arrancar la entrevista. Fue una primera idea. La segunda idea fue desechar la primera idea. Tras darle dos vueltas y teniendo en cuenta que sobre los cuatro predecesores inmediatos del presidente pendía en aquel momento una orden de arraigo o estaban prófugos,[1] se me ocurrió también que mejor no hacer el tonto, olvidarme tanto de los quesos como del aeropuerto y cambiar de aproximación:

---

[1] Todos los expresidentes del Perú vivos, democráticamente elegidos, están o estuvieron presos, perseguidos o condenados por la justicia: Alberto Fujimori, Alejandro Toledo, Ollanta Humala, Pedro Pablo Kuczynski y Pedro Castillo. Alan García se suicidó cuando iba a ser arrestado. Perú llegó a tener tres presidentes en la misma cárcel, la de Barbadillo, en Lima: Fujimori, Toledo y Castillo.

—Uno diría que ser presidente de Perú es un trabajo de alto riesgo.

Vizcarra me miró, se tomó un tiempo, y me contestó con un hilo de voz que provenía de un sitio extraño, insondable, de un cansancio profundo:

—Sí, tiene razón.[2]

Cuando me despedí, le estreché la mano y le deseé suerte. "La voy a necesitar", me dijo, con un gesto de preocupación que me pareció sincero. Fue destituido al año siguiente.

El Congreso de Perú le apartó del cargo tras publicarse unas grabaciones sobre pagos irregulares cuando era gobernador regional que, a su vez, llevaron a la fiscalía a abrir una investigación. Otro expresidente, Alan García, se suicidó en 2019 cuando iba a ser detenido, apenas dos meses después de mi encuentro con Vizcarra. Tras la caída de este último, Perú tuvo tres presidentes en una semana. El penúltimo, Pedro Castillo, sigue en la cárcel mientras escribo estas líneas. Vizcarra siempre negó las acusaciones. Había durado en el cargo dos años y medio. Un récord en Perú. Con semejante tasa de rotación de presidentes —con sus correspondientes ministros, sus directores generales y los burócratas que les acompañan—, a nadie ha de extrañar que resulte difícil gobernar un país. Que funcione un aeropuerto, por ejemplo. Y, por supuesto, asuntos infinitamente más complejos: la enseñanza, la sanidad, la justicia, la policía o el mantenimiento del orden público, los pilares que sostienen una sociedad democrática.

Las ganas o la buena voluntad no bastan. Un presidente del gobierno ruso, Víktor Chernomyrdin, cuyo reconocimiento de las deficiencias del sistema y de su propia impotencia le valió, de forma paradójica, cierto aprecio de sus conciudada-

---

[2] Javier Moreno, "Bajo el manto de oscuridad que cubría todo, se han hecho cosas perversas", *El País*, 25 de febrero de 2019, en https://elpais.com/internacional/2019/02/24/actualidad/1551035154_294630.html.

nos, captó la idea de forma memorable: "Le echamos ganas —dijo—, pero nos salió lo de siempre".[3] En Perú, este déficit resulta muy evidente porque los presidentes no suelen durar. En muchos otros países, donde por el contrario el poder desarrolla una apariencia más sólida, pétrea en ocasiones, el resultado, sin embargo, es el mismo. México, por ejemplo. Más de 120 millones de habitantes, una economía robusta y —junto con Brasil— la gran potencia diplomática de América Latina. Una democracia estable desde principios del siglo pasado, si uno no repara mucho en distingos cardenalicios sobre qué es una democracia. Y un completo desastre en seguridad pública, una degradación de las instituciones preocupante, un parangón de impotencia. "Le echamos ganas", aseguran los que gobiernan en toda Latinoamérica. La afirmación, bien lo saben muchos de ellos, dista notablemente de ser veraz. En cualquier caso, les salió lo de siempre.

• • •

**GOBERNAR ES DIFÍCIL** siempre. En todas partes. Desde las cosas más pequeñas —manejar con precisión un aeropuerto— a las más grandes: un país entero. En política, la responsabilidad última recae sobre el gobernante. Si existe desigualdad, es su culpa. Y de los que le precedieron. Si la violencia siega miles de vidas, diezma a la juventud y amenaza con desgarrar el tejido social, su pasividad, su complicidad o su impotencia explican el desastre. La breve presidencia de Vizcarra fue un infierno, al menos para él. Y Perú, sumido en el desgobierno, lleva muchos años dando tumbos, sin encontrar estabilidad o camino alguno que lleve a un futuro deseable para sus ciudadanos.

---

[3] Víktor Chernomyrdin fue presidente del Gobierno de Rusia desde 1992 a 1998. La frase en ruso es: "Хотели как лучше, а получилось как всегда". En inglés se suele traducir como: "We wanted the best, but it turned out like always".

Se trata quizá de un caso extremo. Pero no irreconocible. Se puede argumentar que este razonamiento resulta aplicable también a una mayoría de países en todo el mundo, la mayor parte del tiempo. Pero se dan excepciones. Y su mera existencia exige una reflexión. Obliga a interrogarse por la excepcionalidad de América Latina. O de forma más precisa, sobre si esa excepcionalidad existe. Y si existe, cuáles son sus perfiles y sus consecuencias. Y caso de que esos perfiles sean distintos o esas consecuencias, más onerosas, o dolorosas o inaceptables, cuál es la razón de ello. Gobernar en América Latina parece a veces tarea titánica, diría uno que imposible.

Se puede discrepar de lo anterior, por supuesto. Los problemas del continente no son exclusivos de éste. Otros pueblos, otras naciones, se ven sometidos a tribulaciones y desgracias, unas veces similares, otras veces propias y específicas. En casi ninguna otra parte del mundo, sin embargo, se da esta sensación compartida tanto por académicos, gobernantes y gobernados —especialmente por estos últimos— de que América Latina pierde todas sus oportunidades y sus mandatarios incumplen todas sus promesas, generación tras generación, gobierno tras gobierno, de izquierdas unos, de derechas otros, imposibles de clasificar muchos, impotentes la mayoría de ellos. Impotentes, entiéndase bien, para lograr primero —y asentar después— cambios profundos que redunden en el bienestar de sus ciudadanos y el progreso de sus respectivas sociedades.

• • •

**EXPLICACIONES A LO ANTERIOR** —buenas, malas, inanes y aun unas pocas estrambóticas— no faltan. Al contrario, abundan al respecto, quizás en demasía, libros, tesis doctorales, conferencias o estudios de organismos internacionales que tratan, una y otra vez, de dar cuenta de esta anomalía. Se diría que América Latina está *sobrediagnosticada*. Los datos son más tozudos que las opiniones. Pero estas últimas conforman un campo de minas en apariencia infranqueable, sembrado de prejuicios y malentendidos de los que se abusa con impunidad. El primero de todos ellos versa sobre el *carácter* de los latinoamericanos. Dios sabrá qué significa eso. Se alude vagamente a la *herencia* de la conquista española, al lastre de la religión católica —se supone que comparado con el industrioso emprendimiento protestante—, a los azares de la geografía y el clima. Sostener que el carácter, la cultura o la idiosincrasia dan cuenta de la situación política en América Latina es una vía abocada al fracaso intelectual. Ninguno de ellos, en solitario o combinados en las proporciones que desee el lector, explica los males del continente.

El asunto se agrava cuando, además, se insiste en los rasgos específicos de América Latina o de los latinoamericanos.[4] El catálogo de estos falsos profetas de buena fe se reduce a enhebrar sin solución de continuidad el populismo rampante, se diría que cuasi genético en la región (aunque su reciente auge mundial ya restó credibilidad a esa fantasía intelectual); el caudillismo —presentado asimismo como un *invento* latinoamericano—, correlato objetivo y casi necesario de ese populismo; la corrupción (igual de generalizada, en apariencia connatural a todos los ciudadanos del continente y fácilmente explicable de nuevo por los usos políticos de la colonia española, el catolicismo o ambos a la vez); así como cualquier otra lacra política, intelectual o moral —la pereza, la dejadez— de la que parecen estar exentos los pueblos *normales*.

---

[4] Hay excepciones a esta causalidad ramplona. Una de las más notables de se encuentra en el documentado libro de Michael Reid *Forgotten Continent. The Battle for Latin America's Soul* (2007). El autor —quien cubrió durante largos años la información del continente para la revista británica *The Economist*— escribe: "Es un error buscar una única explicación, de carácter general para el fracaso relativo de América Latina [...] Gran parte de la respuesta a la problemática de América Latina seguramente se encuentra en la interrelación entre varios factores. La historia [...], la geografía [...], las instituciones políticas y las políticas en sí se han combinado para forjar el destino de la región".

Pero no hay nada en el *carácter* de los ciudadanos que explique los males que plagan la política en América Latina. Tampoco en el de sus gobernantes. Cuando han sido observadores europeos o estadounidenses quienes han utilizado ese argumento —casi nunca al descubierto, siempre disimulado, envuelto en suaves capas de pretendida sofisticación intelectual— se les ha descalificado, con razón, por su sustrato racista. Despojado de esa connotación, tan odiosa como insolvente, resulta ser, sin embargo, un razonamiento bastante extendido entre las clases dirigentes políticas, sociales y financieras del continente, la mayor parte de las veces de forma inconsciente. En un ensayo publicado en 2019,[5] Laura Chinchilla, quien como presidenta de Costa Rica alguna dificultad hubo de encontrar durante su gobierno más allá del talante y la condición de los costarricenses, enumera su lista de pesares particular: "Nuestra incapacidad de sacar adelante planes y objetivos, nuestra dificultar para acabar los cometidos, nuestra propensión a improvisar y buscar la salida fácil en lugar de encontrar soluciones a largo plazo, continúan siendo los signos de nuestros apuros".

En otras palabras: qué fácil se gobernaría América Latina si sus ciudadanos fuesen todos suizos. Es cierto que Costa Rica, la democracia más sólida de Centroamérica y, junto con Uruguay, una de las más estables de todo el continente, no presenta las cifras de espanto de muchos de sus vecinos. Pero no es menos cierto que Chinchilla, quien por lo demás se desempeñó con solvencia en el cargo, se refiere en su análisis al conjunto de América Latina, no únicamente a su país. Su opinión sintetiza a la perfección la mentalidad de las élites del continente. La culpa la tienen los de abajo. Ellos serían unos magníficos gobernantes. En otros países, claro.

---

[5] Laura Chinchilla, "Introduction: Latin America, A Pending Assignment", *Unfulfilled Promises*, Latin America Today, 2019.

• • •

**EL OTRO GRAN** malentendido tiene que ver precisamente con los de arriba. La figura del tirano voraz —sin límites aparentes ni a su ambición ni a su poder— ha dominado el imaginario político y simbólico durante los primeros dos siglos de vida política independiente de las repúblicas latinoamericanas. Produjo una literatura fértil, un género en sí mismo —*la novela de tirano*—, a la que contribuyeron los mejores: Valle, Roa Bastos, Asturias, Carpentier, García Márquez, Vargas Llosa... Produjo asimismo detallados estudios históricos sobe los dictadores que las inspiraron y las sociedades que los sufrieron. Muchas obras de no ficción, estoy pensando por ejemplo en *La presidencia imperial*, de Krauze[6] —que, en sentido estricto, no aborda los avatares de tirano alguno, puesto que México fue, desde el final de la Revolución, un país formalmente democrático— reforzaron también, ciertamente, esta idea del poder absoluto y total del mandatario latinoamericano.

Produjo también, finalmente, una pequeña catástrofe intelectual: la inercia conceptual —por no llamarla pereza mental— sobre el poder omnímodo del gobernante, pensamiento que arraigó hace siglo y medio, que quizás ilustró una época, pero que hoy ya no explica nada. Al contrario. Dificulta la comprensión de las sociedades realmente existentes en América Latina en los últimos 20 o 30 años —complejas, diversas, interconectadas entre sí y con el resto del mundo, democráticas en grados diversos—, sus dinámicas y sus derivas. También sus fracasos, por supuesto.

La principal tesis de este libro, sin embargo, sostiene lo contrario. Que en hartas ocasiones, en las ocasiones *clave*, diría yo, la falta de poder de los presidentes en los últimos 30 o 40 años se

---

[6] Enrique Krauze, *La presidencia imperial*, Tusquets Editores, Barcelona, 1997.

encuentra en el origen —sin ser la única causa— de la concatenación de fracasos políticos, de la falta de progreso económico y, en general, del estancamiento y aun del retroceso de las sociedades que gobernaron. De forma especial, y de eso se ocuparán las siguientes páginas, del naufragio de la política de orden público y de seguridad, en México de manera notable; del correspondiente aumento de la criminalidad y lo que ésta conlleva, las cifras de asesinatos y personas desaparecidas; de la incapacidad de poner orden y dirigir los cuerpos armados, con su inevitable correlato: el aumento exponencial de la criminalidad y de las violaciones de los derechos humanos por parte de los agentes estatales.

Buscar explicaciones constituye una tarea necesaria y de gran interés, naturalmente. Pero también resulta frustrante: suele acabar en la melancolía. ¿Cuál es el origen del universo? El *big bang*. ¿Y qué había antes del *big bang*? ¿Por qué no se puede frenar la violencia en México y en el resto de América Latina? Por la desigualdad, la pobreza, las bandas organizadas y los traficantes de drogas. ¿Y por qué las fuerzas del orden no ponen orden? ¿Y por qué los presidentes no son capaces de organizar un Estado del bienestar de mínimos y recaudar lo suficiente para ese menester? ¿Y por qué tampoco pueden poner orden en las fuerzas del orden?

• • •

**LA FORMA EN LA QUE SE EJERCE** o se deja de ejercer el poder en América Latina tiene que ver en parte con la manera de llegar a éste. Me dijo César Gaviria, el expresidente colombiano:

—¿Qué pasa aquí? Que los presidentes nunca están preparados. No es como en Europa, que los partidos están preparados y tienen una plataforma, y tienen unas reformas que promueven. No, aquí llegan a aprender y eso pasa en toda América Latina, llegan a aprender, en México, en Colombia, Brasil, donde sea.

En democracias avanzadas, los partidos políticos no consisten únicamente en maquinarias para llevar a sus candidatos a la presidencia (Estados Unidos sería una excepción). Son también —o solían serlo— artefactos diseñados para producir programas de gobierno, pensamiento a largo plazo, estrategias, cuadros formados capaces de asumir la conducción del Estado cuando llega el momento.

Los ejemplos más sobresalientes resultan ser, quizá, dos fundaciones alemanas, poderosas, bien financiadas, con abundantes recursos tanto para el interior como para la acción exterior. Lo que Gaviria llamaría una plataforma. La Konrad-Adenauer-Stiftung y la Friedrich-Ebert-Stiftung proporcionan sustento ideológico y programático a los dos grandes partidos alemanes, la CDU (Unión Demócrata Cristiana) y el SPD (Partido Socialdemócrata Alemán), situados, respectivamente, en lo que antes solía denominarse *centroderecha* y *centroizquierda*. Y solidez a sus gobiernos. La política en Alemania es —lo ha sido siempre— aburrida. Forma parte de la gracia, supongo. Resultaría quizás ilusorio imaginar algo semejante en América Latina. Aunque de ahí a la nada absoluta existe un buen trecho.

Coincide Gaviria en su reflexión con Fernando Henrique Cardoso, quien me explicó de la siguiente manera sus éxitos en Brasil, reconocidos por lo general tanto por adversarios políticos como por historiadores (especialmente en el área económica). Fue breve y contundente:

—Yo fui un punto fuera de la curva.

Cardoso se refiere a su pasado en la academia, sus publicaciones y la forma poco ortodoxa de su llegada y su paso por el poder: un académico empotrado en un partido político. Pocos mandatarios se aplican el consejo de Abraham Lincoln para gobernar: si usted va a cortar árboles, mejor se pasa seis horas afilando el hacha. Y sólo dos talando.

Una de las pocas excepciones sea quizá Juan Manuel Santos, algunas de cuyas lecturas conocidas (varios volúmenes de biografías de Lincoln, Roosevelt o Churchill, entre otros) muestran que aprecia casi tanto el arte de gobernar como la gobernación misma. Le pregunté en una ocasión[7] si ello le servía de inspiración para gobernar en Colombia, tan alejada por lo demás en casi cualquier parámetro de Estados Unidos o Gran Bretaña.

—Muchísimo, muchísimo. Yo muchas veces releo apartes que han servido para mí de verdadera inspiración. Y digo: si estas personas lo lograron, por qué no lo puede lograr uno. Es una fuente de inspiración permanente y yo mismo me retroalimento de esa inspiración.

—¿Conoce usted a muchos gobernantes que hagan lo mismo? Porque yo no.

—Yo tampoco.

Convendría no tomarse a broma el consejo de Lincoln. Tampoco las afirmaciones de Gaviria y Cardoso. Muchos presidentes, se verá después, no sólo no saben, algo que partidos fuertes, *think-tanks* de análisis, un conjunto de funcionarios preparados y permanentes, como el *civil service* británico, y programas detallados podrían paliar. La mayor parte de las veces no saben que no saben.

• • •

**CONOCÍ A ENRIQUE PEÑA NIETO** unos años antes de que se convirtiese en presidente de México. Se acercaba el final de la presidencia de Felipe Calderón y el PRI, que había perdido el poder en el año 2000 tras ser el partido hegemónico durante 71 años, lideraba las encuestas pese a que aún no había decidido quién iba a ser el candidato. Peña Nieto, entonces gobernador del Estado de México, sonaba muy fuerte en los círculos políticos mexicanos. Así que, en una de mis visitas regulares, le pedí una cita. Nos encontramos en Ciudad de México. Yo era

---

[7] Javier Moreno, "Me imagino a representantes de las FARC sentados en el Congreso", *El País*, 18 de enero de 2014, en https://elpais.com/internacional/2014/01/18/actualidad/1390080275_427674.html.

entonces director de *El País*. Quise ser franco antes de empezar la conversación:

—Gobernador, con el debido respeto, el interés del periódico en el Estado de México es, por decirlo de alguna manera, limitado. Si le he pedido cita es porque su partido lidera las encuestas, usted encabeza las apuestas dentro de su partido y, por tanto, tiene todas las boletas para ser el próximo presidente de México. Y de eso, de su visión para el futuro de este país, es de lo que me gustaría oírle. Por supuesto que entenderé si prefiere no hacerlo, o si prefiere no hacerlo en este momento.

Peña sonrió. Y aceptó el envite. La conversación duró algo más de una hora, y consistió en una sucesión de lugares comunes sin valor alguno sobre la gobernanza en México, a lo que habría que añadirle una vacuidad y una ignorancia inmensa, oceánica, sobre todo lo demás: geoestrategia, relaciones internacionales, economía. Al salir, había quedado de verme con un amigo mexicano para tomar un trago. Salvador Camarena era (y es) un destacado periodista mexicano. Mordaz, preguntó casi de pasada, como sin darle importancia, algo habitual en él, antes de abordar asuntos de más envergadura:

—¿Cómo te fue?

—Bien. La hora y media de conversación sobre política más inane que he tenido nunca.

Lo dije con pesar. Era evidente que Peña Nieto había consolidado sus expectativas alrededor de un grupo influyente de notables en el estado del que era gobernador. Que este grupo calculó que con él, con el deterioro evidente de la situación política —sobre todo en asuntos de seguridad y violencia— tras dos presidentes sucesivos del conservador Partido Acción Nacional (PAN), con la telegenia que todo el mundo le reconocía a Peña y con el apoyo de las grandes televisiones, especialmente de Televisa, la más potente de ellas, la presidencia estaba a su alcance. Y con la presidencia, todo el abanico de posibilidades de negocios tradicionalmente asociados al control del poder en América

Latina, legítimos algunos, corruptos los más jugosos. Peña sería el mascarón de proa y la camarilla se dedicaría a asaltar, de nuevo, los recursos públicos, como así sucedió, según la mayoría de los analistas.

El sistema llevaba décadas siendo disfuncional. Aunque cada sexenio —la duración del mandato presidencial en México— lo fue a su manera. En el de Peña habrían de confluir, porque así estaba diseñado desde el principio, dos modelos clásicos. Una cleptocracia mediocre, por un lado, con un gobierno cuyos dirigentes usan su poder para hacer fortunas o expandir las que ya tienen. Por otro, un grupo de altos cargos que se distingue de sus conciudadanos por ser peor que éstos, menos cualificados y con menos escrúpulos, si es que tienen alguno. Las graves carencias de Peña se hicieron evidentes enseguida, en cuanto fue elegido candidato presidencial y comenzó la exposición pública fuera de su Estado de México originario, un paisaje mediático que el entorno que lo había aupado podía controlar con extraordinaria eficacia.

Uno de los episodios más embarazosos aconteció en diciembre de 2011 en la Feria Internacional del Libro (FIL) de Guadalajara, la más importante en español y la segunda más grande del mundo después de la de Fráncfort. A la pregunta del periodista Jacobo García acerca de qué tres autores o tres obras literarias le habían influido le siguieron cinco minutos de pánico, balbuceo y disparates. "He leído la Biblia", acertó a decir el futuro presidente de México. "Pero no toda", precisó enseguida,[8] con cautela. Aquel día de 2010 en que le conocí en Ciudad de México, siendo aún gobernador, tuve sin embargo la sensación de que Peña Nieto sí sabía que no sabía. Y también sabía para qué le querían en la presidencia.

En otra categoría se situaría Iván Duque, quien fue presidente de Colombia entre 2018 y 2022. Poco antes de su toma de

---

[8] Jacobo García, "Peña Nieto, el candidato presidencial del PRI que no sabe nombrar tres libros", *El Mundo*, 5 de diciembre de 2011.

posesión, coincidimos en una fiesta en un domicilio particular en Madrid. En un aparte, ya a altas horas de la noche, le pregunté por las dificultades que auguraba para gobernar cuando se instalase en la Casa de Nariño, la residencia oficial de los presidentes colombianos. Yo andaba ya pergeñando este libro: ésa era la reflexión que me interesaba. Los problemas que le aguardaban a su vuelta a Bogotá eran inmensos: implementar un acuerdo de paz con la principal guerrilla tras 50 años de conflicto, o de terrorismo; tasas de pobreza y de desigualdad que, si bien habían mejorado en los últimos años, suponían aún una amenaza para la estabilidad de la democracia colombiana —y que llevarían a un estallido social durante su mandato—; un Ejército que necesita, paradójicamente, mano dura para no extralimitarse, algo a lo que tiende por sí solo; una violencia y una impunidad en el asesinato de líderes campesinos y sociales en zonas remotas, donde el Estado no está o no ha estado nunca; unas élites sociales y económicas reacias a la menor modificación de sus privilegios, especialmente en temas fiscales. Más una reforma agraria que mitigue la desigualdad cuasi feudal del campo colombiano.

Pese a mis intentos, Duque sólo me habló de diputados y senadores, de números en el Senado y la Cámara, de alianzas tejidas y destejidas. Y de poco más. No tenía por qué contarme nada más si no lo deseaba. Podía albergar grandes planes y no querer hablar de ellos con el director de un periódico. Estaba en su derecho. Pero yo salí al calor de las calles de Madrid aquel julio de 2018, ya de madrugada, con la triste impresión de que Duque no sabía que no sabía. Cuatro años después, cuando finalizó su presidencia, no había habido nada en ella que me hiciese cambiar de criterio. A su sucesor, Gustavo Petro, le está yendo peor: su manifiesta incapacidad de gobernar ha arruinado sus planes de cambio, paralizado su agenda política y desencantado a una parte importante de sus votantes (los que no le votaron ya le despreciaban, o le odiaban, sin necesidad de verle en el sillón presidencial para confirmar sus prejuicios o sus intuiciones).

En resumen, como había reconocido Gaviria, aquí "todo el mundo viene a aprender". Aunque quizás haya algo aún peor que los que vienen a aprender, o que los que no saben, o que los que no saben que no saben: los que creen que no hace falta saber. Jesús Silva-Herzog Márquez, escritor y miembro de la Academia Mexicana de la Lengua, afirma que ésa —que gobernar es fácil y no requiere ciencia— es la convicción sincera, profunda, del anterior presidente mexicano, Andrés Manuel López Obrador. "En realidad, nos dice el presidente de México, eso de gobernar no necesita estudio. No me refiero, por supuesto, a una disciplina universitaria o a un diploma. Me refiero al respeto por lo complejo, a la atención al conocimiento", sostiene Silva-Herzog. Y prosigue:

> Lo que se desprecia en la práctica presidencial es el análisis de los enredos que caracterizan lo público, la seria ponderación de los costos, la carga que implica cualquier decisión. Se impone en el gobierno la simpleza de un moralismo elemental: cuando uno es bueno, todo lo que se hace será bueno.[9]

• • •

**NO TODAS LAS FANTASÍAS** políticas, sin embargo, tienen el mismo peso. Las predicciones fallidas de un analista pueden resultar vergonzantes para él. Las de un gobierno resultan catastróficas. Si versan sobre seguridad pública se pagan con miles de muertos. Tampoco el paisaje en el que se producen esas ficciones es neutro. En democracias avanzadas, el marco institucional y político, la independencia efectiva de la justicia, la fortaleza del Estado y sus instituciones, más la pertenencia —donde sea el caso— a una entidad supranacional, como la Unión Europea,

---

[9] Jesús Silva-Herzog Márquez, "Intuición y aislamiento", *Reforma*, 20 de enero de 2020, en https://www.reforma.com/aplicacioneslibre/preacceso/articulo/default.aspx?urlredirect=https://www.reforma.com/intuicion-y-aislamiento-2020-01-20/op172522?__rval=1&flow_type=paywall&.

atenúan los desatinos de los gobernantes. Así ha sucedido varias veces en España, sin ir más lejos, en los últimos 15 o 20 años.

Ninguno de esos factores estabilizantes se da en América Latina. Al contrario. Todo contribuye a multiplicar las consecuencias de los dislates cometidos y a frenar —cuando no desactivar— los impulsos en la buena dirección. Lo que remite a una cuestión central. ¿Cuánto poder tienen los presidentes en México y en el resto de América Latina, específicamente a la hora de combatir las violencias cruzadas que amenazan con llevarse por delante las frágiles democracias del continente?

El poder de los presidentes en América Latina es asimétrico. También sucede, ciertamente, en las democracias avanzadas. Pero al contrario que en estas últimas, en la mayoría de los países latinoamericanos lo es por razones diferentes. Incluso opuestas. Se trata éste de un punto crucial para la estabilidad del conjunto del sistema de gobierno: si pesan sobre los mandatarios pocas restricciones o límites, el riesgo de abuso y daños colaterales aumenta de forma exponencial. Si sufren en exceso, la parálisis y la consiguiente falta de resultados amenazan su legitimidad. Y, tras repetidas ocasiones, elección tras elección, presidente tras presidente, la de la propia democracia.

Por lo general, los mandatarios latinoamericanos disponen de harto margen para *hacer el mal* en sentido amplio: perjudicar o arruinar —políticamente y de cualquier otra manera— a sus adversarios. Tomar decisiones arbitrarias o totalmente irracionales que, a falta de balances y contrapesos democráticos adecuados, arrastran al abismo a sus sociedades. Alterar leyes y aun constituciones para acomodar sus antojos y necesidades, siendo la reelección muchas veces la primera de ellas. Todo eso resulta impensable, o resulta imposible o resulta extraordinariamente difícil para un gobernante en el resto de Occidente, donde el imperio de la ley, los tribunales, la opinión pública e incluso los usos y costumbres políticos constituyen un freno a semejantes veleidades, en caso de que éstas se dieran. O cuando éstas se dan.

Pero al contrario que en las democracias avanzadas, los mandatarios en América Latina tienen francamente reducida la capacidad de transformar sus sociedades para bien: no disponen de medios ni condiciones para lograr o asentar los cambios que desean; leyes y decretos amarillean en cajones ante la falta de presupuesto, funcionarios, voluntad política para ejecutarlos —en definitiva, ante la falta de Estado—; órdenes que se incumplen sin mayor inconveniente en vastas regiones —geográficas y políticas— de un continente ya vasto por sí mismo.

Peor todavía. Más allá de sus propias capacidades, cualquier presidente en América Latina se encuentra con impedimentos formidables si de verdad quiere transformar la sociedad que gobierna. Voluntad que, por otra parte, no necesariamente se da en todos los casos. Esto, que sería válido para cualquier nación y cualquier época, se agrava —y eso sí constituye una característica muy específica de América Latina— por unos obstáculos estructurales en muchos casos transversales o comunes a muchos países de la región. ¿Quiere poner orden en el Ejército? Pregúnteles a los militares qué opinan. Sin un control efectivo de las Fuerzas Armadas y de la policía el combate a las bandas criminales deviene en quimera. ¿Subir los impuestos para paliar el raquitismo del Estado? Buena suerte con las élites económicas y sociales. Apruebe una ley transformadora y se encontrará con un aparato gubernamental anémico —y en ocasiones ausente del territorio, o de parte del territorio— que convertirá su aplicación en un delirio.

Y luego están los límites externos a su poder. Externos a él mismo, externos a la maquinaria política o al aparato del Estado. Se trata de viejos conocidos. En primer lugar, la delincuencia organizada, quizá la amenaza más grave para el Estado, su estructura e incluso su supervivencia. Pero también, y de forma especial, la oligarquía o, de modo más preciso, las oligarquías: los ejércitos; las policías; las maquinarias que durante décadas se especializaron en capturar al Estado, grupos de interés, sindicatos —el petrolero y el de maestros en México son dos ejemplos egregios—; empresarios agrupados por intereses geográficos o de actividad —industriales de Monterrey en México, patronos de Antioquia en Colombia—; capitostes de la comunicación en todas partes (especialmente de la televisión). Muchos de ellos extraen o tratan de extraer del Estado lo máximo que pueden: licencias, concesiones, exenciones fiscales, barreras que les protejan de la competencia, nacional o extranjera. Todo este entramado carecía de nombre hace 30 años cuando llegué por primera vez a América Latina. Desde entonces, estudios académicos y libros se han encargado del bautizo: ahora son las élites extractivas. "Las realmente peligrosas son las empresas de medios", me dijo el presidente Felipe Calderón. "Y en especial las televisoras, muy chantajistas".

—¿A ese nivel, señor presidente?

—Sí, a ese nivel, siempre. Bueno, ve uno lo que está pasando con TV Azteca. Le dieron un negocio de 100 000 millones de pesos, divididos entre 20 [el tipo de cambio del peso con el dólar en aquellas fechas], serían 5 000 millones de dólares al año, el reparto de dinero de los programas sociales de Andrés Manuel [el entonces presidente de México, Andrés Manuel López Obrador], sin concurso y sin licitación.[10]

Vicente Fox, antecesor de Felipe Calderón en la presidencia de México, también se quejó de lo mismo. Su relación con las televisoras era cercana, reconoce, pese a que en ocasiones se sintió golpeado. "Ellos siempre lambisconeando, y ése es el problema

---

[10] La medida más polémica fue la adjudicación directa a Banco Azteca, del Grupo Salinas, propietario de TV Azteca, de la gestión del pago de los principales subsidios, la gran bandera social de López Obrador, con un presupuesto de más de 12 000 millones de dólares. El nuevo sistema, según el diario *El País*, "borraba del tablero a organizaciones veteranas de la sociedad civil que llevaban años gestionando estas ayudas, pero incluía como nuevo jugador a uno de los bancos que más quejas acumula ante los organismos de defensa del consumidor por las altas tasas de sus créditos y sus métodos de recobro". David Marcial Pérez y Luis Pablo Beauregard, "Ricardo Salinas Pliego, el millonario mexicano que niega la pandemia", *El País*, 18 de abril de 2020.

del poder". Tuvo también una reflexión para Ricardo Salinas Pliego, el presidente de TV Azteca, uno de los hombres más ricos del país, con una decidida vocación de polemista público —sus insultos y descalificaciones en redes sociales son constantes, incisivos y, en muchas ocasiones, de mal gusto— que casa mal con la tradicional discreción de las élites económicas y financieras latinoamericanas. Además del negocio de la televisión, Salinas controla, entre otras, Elektra, una gigantesca red de tiendas especializada en vender a plazos, con elevados intereses, a las clases más populares; así como el Banco Azteca.

—No, bien, con Ricardo Salinas, seguimos. Él me ha apoyado muy bien. Ahora está acomodadísimo con López Obrador y sí le reclamé al decirle: "Oye, pinche Ricardo, cabrón".

Salinas Pliego y otros grandes empresarios han seguido gozando de amplios privilegios con López Obrador. El presidente debilitó de forma consciente a las agencias reguladoras de los distintos mercados, evitó subir los impuestos —pese a la anemia crónica de las finanzas mexicanas— y les otorgó enormes contratos públicos. Su retórica izquierdista no fue óbice para que los grandes oligarcas prosperaran bajo su mandato.[11] Exactamente igual, o de forma parecida, así ha sucedido con los presidentes anteriores.

• • •

**TODOS ESTOS GRUPOS** oligárquicos o de presión existen también en las democracias avanzadas. Tienen poder y lo ejercen. Pero sólo en América Latina son capaces de capturar al Estado, de doblegar la voluntad de sus gobernantes y de seguir perpetuando el *statu quo* contra la voluntad, explícita o no, de amplias mayorías. La resultante de esta incapacidad sólo en dos de esos rubros

---

[11] Chistine Murray, "Billionaire Carlos Slim's unlikely alliance with Mexico's leftist leader", *Financial Times*, 28 de febrero de 2024, en https://www.ft.com/content/9f61d2f5-e973-4933-a9ac-1baa9d5e73fe?shareType=nongift.

—reforma del Estado y seguridad— resulta aterradora. Por un lado, América Latina es la región más desigual del mundo. No la más pobre. Pero sí la más desigual. Por otro, centenares de miles de muertos y desaparecidos han instalado el miedo en el centro de la vida cotidiana de amplias zonas del continente. Y millones de ellos viven en condiciones —ingresos, sistemas de salud, educación o vivienda— inaceptables en el siglo XXI.

Ambas plagas —violencia y desigualdad— se retroalimentan en un perverso sistema de vasos comunicantes. Violencia y desigualdad son los dos fracasos más rotundos y más dolorosos de cualquier Estado porque son también los dos deberes primeros de un Estado digno de ese nombre. Uno, proteger la vida de los ciudadanos y dos, proveerles de un mínimo de bienestar: sanidad, educación, servicios sociales y garantías en caso de desgracias extraordinarias o pérdida de empleo. Sin contrato social, implícito o explícito, sin cumplirlo, sin medios para cumplirlo y en demasiadas ocasiones sin voluntad real de cumplirlo, resulta imposible gobernar una sociedad.

Incluso en un régimen claramente autoritario como China, los ciudadanos esperan que, a cambio de sacrificar ciertas libertades individuales, se les provea de desarrollo económico y mejoras sustanciales en los estándares de vida. Numerosos analistas coinciden en que los ciudadanos chinos lo saben igual de bien que sus autoridades. De ahí la preocupación de éstas por el crecimiento. Y el gigantesco esfuerzo —y subsiguiente éxito— de los últimos 40 años. China pasó de una renta per cápita de 309 dólares en 1980 a más de 9 000 dólares en 2018. Centenares de millones de chinos han salido de la pobreza al tiempo que el país ascendía en la liga de las grandes economías mundiales hasta convertirse en la segunda mayor del globo, sólo por detrás de Estados Unidos.

No hay un contrato social explícito en China. Ni transparencia ni democracia ni rendición de cuentas. Pero absolutamente todos los actores —políticos, económicos y sociales— son conscientes del juego, de sus límites y de las posibles consecuencias de un incumplimiento grave. Por el contrario, sin crecimiento suficiente, sin redistribución social, y con una oleada de violencia cada vez más macabra, América Latina ha visto cómo sus ciudadanos han ido perdiendo la fe en la democracia, en sus instituciones, en sus líderes, en la eficacia del sistema para ofrecerles seguridad y expectativas de vida para ellos y sus familias. La democracia sin seguridad y sin justicia social se convierte en un cascarón, un proceso repetitivo, artificioso y cansino. Si esa ceremonia no es capaz de producir un cambio real, resulta necesario preguntarse si se trata en verdad de una democracia. Aunque se vista con todos sus ropajes.

• • •

**LA MAYORÍA** de la ciudadanía en América Latina ha entrado además en lo que cabría denominar la *era de la inseguridad*. De la inseguridad física, de la inseguridad económica. En gran parte del continente persisten élites sociales y económicas que, en su mayor segmento, aceptan sin pestañear —y aun justifican— la coexistencia de reducidas bolsas de riqueza extrema junto con amplísimas capas de la población que viven en una pobreza extrema e inaceptable. O en una situación de inseguridad e incertidumbre, ya no sólo de ellos mismos, sino muy especialmente de sus hijos. Perder la esperanza de futuro para uno mismo es terrible. Pero perderla también para los propios hijos supone sembrar de inestabilidad los cimientos de una sociedad. Algo a lo que sólo la inercia de la historia le confiere alguna pretensión de aceptabilidad. Dicho de otra manera y con pocas palabras: es así porque siempre fue así.

Y siempre fue así, probablemente. Fue incluso peor. Todas las estadísticas indican que los niveles de pobreza absoluta se han reducido de forma notable en las últimas décadas. También en América Latina. Un trabajo del Banco Mundial ha reconstruido tanto el PIB como la inflación desde 1820 hasta ahora. El resultado resulta sorprendente. ¿Cuánta gente vive con menos de 1.9 dólares al día, uno de los límites de la pobreza absoluta más en uso? En 1820 era el 79% de la población mundial. En 2018, sólo el 9 por ciento.

¿Cuál es el problema entonces? La Revolución industrial del siglo XVIII en Europa permite extraer ciertas lecciones. Al igual que ahora con la revolución tecnológica y la globalización, hay y hubo ganadores y perdedores. Se reproduce una narrativa similar. Al igual que entonces, la promesa consiste en más trabajos, de mejor calidad y mejor pagados que los que se destruyen. Eso fue verdad con la primera revolución industrial. Y probablemente acabe siendo verdad también ahora.

La gran diferencia es que en el siglo XVIII los perdedores no tenían voz (sólo bien entrado el siglo XIX arrancaron las grandes organizaciones de masas, los sindicatos, la I y II Internacional). O era una voz que no derribaba gobiernos (hasta que acabó con el Imperio ruso, claro, a principios del siglo XX). Ahora los descontentos sí tienen voz y fuerza. Y al menos en Occidente, votan. Y echan a gobiernos. Está por ver que se pueda volver a dar un fenómeno con daños en el tejido social similares a los de la Revolución industrial. O que se vuelva a dar con la mínima resistencia que se organizó entonces. Está por ver que los actuales niveles de desigualdad (siendo menores que antaño) resulten compatibles con democracias liberales y sociedades estables. En América Latina resulta necesario sumar a la ecuación la violencia que esta desigualdad espolea.

Algunos observadores apuntan a que la inestabilidad política que sufre el continente responde a un fenómeno más amplio y global. La polarización que sufre el resto de Occidente estaría llegando también al continente americano. No es este espacio el lugar para zanjar ese debate. Pero mientras que la polarización en Estados Unidos o en Europa se nutre más de variopintas guerras culturales, la división más relevante en América Latina, diría yo, consiste entre aquellos que no quieren que nada cambie para seguir beneficiándose de sus privilegios y los que no están dispuestos a que todo siga igual, porque entonces no tienen futuro alguno.

Estos desequilibrios generan una creciente inestabilidad. En 20 de las últimas 21 elecciones presidenciales libres en América Latina se impuso un candidato de oposición. Lo contrario de la forma tradicional en la que se intercambiaba el poder y se mantenía el *statu quo* en la región. Sucede ello muchas veces con partidos o coaliciones improvisadas, o que incluso no existían unos meses antes. El partido del presidente Iván Duque ni siquiera presentó candidato en la segunda vuelta en las últimas presidenciales en Colombia. Los que llegaron, Gustavo Petro y Rodolfo Hernández, se podrían haber descrito como dos riesgos, o como dos peligros: uno conocido y otro desconocido. Ganó el riesgo conocido. Con los resultados conocidos (y, por desgracia, perfectamente esperables). Si las democracias en América Latina acaban de resquebrajarse del todo por el tsunami de violencia, las penurias de la desigualdad y la impotencia de los gobiernos para paliar ambos problemas, resultará inevitable acordarse, con dolor, de lo que escribió Tolstói en *Guerra y paz* sobre la invasión de las tropas francesas en 1812: "No había nada preparado para la guerra que todo el mundo esperaba".

• • •

**GRAN PARTE** de la responsabilidad por ese estado de cosas recae, sin duda ninguna, sobre los gobernantes mismos. Y sus limitaciones: las grietas del poder presidencial, las carencias que experimentan los sistemas políticos y, por ende, los presidentes, sus representantes últimos, a la hora de asegurarse el monopolio de la violencia legítima y proteger la vida de sus ciudadanos. Especialmente en México, que por su envergadura y evolución se erige en aviso para embarcaciones pequeñas en el resto del continente.

Ninguna de las dificultades anteriores descarta por lo demás la corrupción o la frivolidad en el análisis y la toma de decisiones.

Muchas de ellas acarrearon consecuencias funestas —centenares de miles de muertos, multitudes abocadas a la pobreza— fruto de decisiones pésimas, errores legítimos en el ejercicio de gobierno, pero errores en todo caso. Y se tomaron sin el conocimiento de la generalidad de los ciudadanos, o a espaldas de éstos. Miguel de la Madrid, presidente de México entre 1982 y 1988, pensaba que "si hubiera una cámara oculta que grabara lo que pasaba en Los Pinos [la residencia presidencial] y lo diera a conocer al público, la gente se horrorizaría de cómo puede manejarse el gobierno".[12]

Muchas de estas pésimas decisiones, por el contrario, no pueden más que atribuirse a una mezcla de compromisos con un grupo o una clase social, a la venalidad y a la sensación de impunidad, en definitiva a la ceguera, la arrogancia que ofusca al gobernante y de la que, en última instancia, sólo él es el responsable. También a pura impotencia, en otras ocasiones. Y conviene también evitar aquí los repartos generales de culpas, otra tendencia reciente entre analistas políticos: no sólo el carácter y las circunstancias de los latinoamericanos, como se señaló antes; también las condiciones materiales, la diferenciada evolución del capitalismo en el continente o cualquier otra instancia que deje fuera la responsabilidad del gobernante. "Yo no pude, pero es que tampoco pudo mi antecesor ni mi sucesor", dice alguno en las páginas que siguen. O el destino: "Si de todas maneras iba a pasar, ¿qué culpa tengo yo?" La pregunta no resulta difícil de contestar. Conviene asimismo dejar de lado como explicaciones plausibles la mala fe, la maldad intrínseca o la sociopatía, razones que los más críticos han achacado a los gobernantes con excesiva frecuencia y sin más fundamento que su propio convencimiento. Son argumentos potentes —para la demonización y la batalla por el relato político—, fáciles y casi siempre errados. Si uno piensa que su adversario no está simplemente equivocado, o es incapaz,

---

[12] Miguel de la Madrid y Alejandra Lajous, *Cambio de rumbo. Testimonio de una presidencia, 1982-1988*, Fondo de Cultura Económica, México, 2004.

un inútil, sino que es un malvado o un monstruo, se sale uno de la política para adentrarse de forma decidida en la ciénaga del exorcismo o la religión.[13] Y con eso, naturalmente, cesa toda posibilidad de discusión racional.

• • •

**QUIZÁ PARA DISIMULAR** estas carencias, América Latina ha desarrollado un hiperpresidencialismo muy particular. Cuando entrevisté a Angela Merkel en Berlín en enero de 2012, ella misma abrió la puerta de su despacho en la Cancillería, y sirvió el café que nos tomamos. Por el contrario, Hugo Chávez, en agosto de 1999, me tuvo más de seis horas esperando en un patio del Palacio de Miraflores. A la sombra, sí, pero con la temperatura y la humedad propias de la temporada en Caracas. El líder iraní Mahmud Ahmadineyad acudió a una entrevista en 2008 en Teherán con docena y media de clérigos, sin que la corresponsal, Ángeles Espinosa (a quien no sólo no saludaron con un apretón de manos como a mí, sino que ni siquiera se dignaron mirar o dirigir la palabra) ni yo lográramos entender qué demonios hacían allí. Sin llegar a esos extremos, siempre me ha sorprendido, por lo general, lo protocolario y lo ampuloso del trato y del deambular por los palacios presidenciales en América Latina. Los guardias, los uniformes, las músicas. Sucede muchas veces: lo que el profeta ve ante sí es mayormente una gigantesca fantasía compensatoria.[14] Me dijo Gaviria:

---

[13] La idea —no su formulación con estas precisas palabras— es de un escritor católico, Joseph Bottum, citado por Pablo Malo en *Los peligros de la moralidad,* Deusto, Barcelona, p. 290, 2021. Lo retoma Manuel Cruz en *El Gran Apagón*, Galaxia Gutemberg, Madrid, p. 25, n. 8, 2022.

[14] Isaiah Berlin, "As sometimes happens, what the prophet saw before him was a great compensatory fantasy", "Herder and the Enlightenment", *Three Critics of the Enlightenment,* Princeton University Press, Princeton, p. 286, 2013.

Pues es que eso es muy de la tradición latina. Aquí no hay reunión importante si el presidente no va; no hay comida importante si el presidente no va; no hay coctel importante si el presidente no va. Es terrible, ¿qué les pasa? Pero así es. Ni siquiera es por el presidente, es por la actitud de la gente. Nada pasa si el presidente no viene; nada es importante si el presidente no está. Eso es igual en todos los países de Latinoamérica. Inclusive en México es muy impresionante, porque ahí el lenguaje presidencial sigue siendo completamente pomposo, protocolario. Es increíble que todavía estén en eso. Un lenguaje que para qué hablan así. Una cosa tan protocolaria, tan formal, tan reverente que uno dice: ¿cómo puede ser? Pues así es todavía. Latinoamérica es así. Esa *mexicanez* como imperial. Y hay que ver lo que son las tomas de posesión presidenciales en Centroamérica. Entre más chiquito el país, más pompa, más largo, más absurdo todo.

Ese hiperpresidencialismo —asimétrico, insisto, mucho poder para ciertos asuntos, impotencia casi total para los más importantes— tiene quizás otra razón de existir: elevar, en la medida de lo posible, la figura del presidente, colocarla en un pedestal en el que, de manera equivocada, se cree inalcanzable por las críticas. Los ciudadanos pueden tolerar la incompetencia. También la impopularidad. Pero en política difícilmente se puede sobrevivir a ambas a la vez. O no se puede durante un prolongado lapso de tiempo, lo que una pintada en un muro de la Ciudad de México vendría a ilustrar con tanta precisión como socarronería. Apareció —cuentan lo más sarcásticos— tras la decepción por la falta de resultados con el primer gobierno del conservador PAN, que había sucedido a siete décadas de presidentes del PRI. Y decía: "¡Que se vayan los inútiles y que vuelvan los corruptos!" Si la pintada apareció o no —resulta bastante improbable que lo hiciera— importa poco: captura con precisión el sentir de millones de ciudadanos, tanto en México como en el resto de América Latina.

∴

**ESTA HIPERTROFIA** presidencial contrasta con una realidad difícil de negar: la permanente falta de Estado. Uno puede discrepar de ello, por supuesto. Así lo hicieron casi todos los presidentes con los que hablé, quienes se mostraron convencidos de que, por el contrario, los brazos del Estado llegaban hasta los últimos rincones de sus países, pese a la abundante evidencia en contra. Resulta sorprendente, como mínimo, la creencia de todos ellos en que el Estado en América Latina existe en toda su potencialidad y extensión en el territorio; de que las órdenes y los decretos salidos de sus palacios presidenciales llegan a los lugares más remotos de la República, cuando las pruebas en contra resultan abrumadoras.

Los ejemplos no escasean. Está documentado de sobra que hospitales y escuelas en México, contabilizados y supuestamente en servicio, se encuentran abandonados, deteriorados hasta el punto de resultar inservibles. Más grave aún, algunos nunca se construyeron. El Estado colombiano ha permanecido ausente de gran parte del territorio durante décadas, como es bien sabido, ocupado por las distintas guerrillas. Lo sorprendente es que, desmovilizadas algunas de éstas tras los acuerdos de paz, el Estado viera cómo organizaciones criminales ocupaban el territorio sin que las fuerzas del orden lo hicieran primero, según me explicó en el búnker de la Fiscalía General del Estado en Bogotá su titular, Néstor Humberto Martínez, en 2018, con pasmosa naturalidad.

El fiscal me contó los detalles: en muchas zonas se trataba de bandas criminales dirigidas o controladas por mexicanos.[15] Incluso se habían traído de México ingenieros y agrónomos,

---

[15] También narcos mexicanos —y sicarios colombianos— parecen estar detrás del asesinato de uno de los candidatos presidenciales en las últimas elecciones en Ecuador.

quienes habían logrado incrementar la frecuencia de las cosechas. Martínez me explicó todo ello sin ironía ni signo aparente alguno de que fuera consciente de la paradoja: él era, en su condición de fiscal general, como mínimo un alto representante de ese Estado que estaba viendo cómo los criminales iban ocupando el terreno que abandonaban los guerrilleros ante la pasividad del propio Estado.

• • •

**EN DICIEMBRE DE 2021,** el expresidente de Colombia Juan Manuel Santos publicó una carta abierta a su antecesor en el cargo, Álvaro Uribe. El texto se inscribía en la agria polémica entre ambos a cuenta del proceso de paz con las Fuerzas Armadas Revolucionarias de Colombia (FARC) y constituía el último rifirrafe que les enfrentaba en este asunto. Pero más allá de las recriminaciones, había en la misiva de Santos una confesión sobre sus años de gobierno —consciente él o no de su profundidad, pero honesta en su apariencia—, que trascendía la pelea y que, de forma misteriosa, ilumina la principal tesis de este libro. Santos afirmaba que ambos tuvieron el gran honor de presidir Colombia durante ocho años consecutivos. Para añadir a continuación: "Hicimos lo que pudimos".[16] No escribió "hicimos lo que quisimos". O hicimos lo que "la patria nos exigía". Tampoco hicimos "lo que nuestros conciudadanos esperaban de nosotros". No. Hicimos lo que pudimos. Le echamos ganas, pues, que hubiera dicho Chernomyrdin de hablar español.

---

[16] Texto completo de la carta en https://twitter.com/JuanManSantos/status/1472673108234547200?s=20&t=fi88eZ0M1PiHSmm0CELdCg.

# 3

## ¿PONER A UN CIVIL?
## NO, ESTO AQUÍ NO SE PUEDE

**LA CARTOGRAFÍA DE MÉXICO** en asuntos de seguridad el 1º de diciembre del año 2000, cuando Fox se convirtió en el primer presidente de México que no militaba en el PRI en siete décadas, no podía resultar más desesperanzadora: un creciente poderío de las bandas criminales dedicadas al negocio de la droga; una profunda corrupción en amplias capas de los distintos cuerpos de policía; una impunidad cercana al 100% (sólo se resolvían uno o dos asuntos de cada 100 denuncias, según las propias autoridades); más una procuraduría de justicia y un sistema judicial prácticamente inoperantes.[1] Fox conocía todo esto. Es lo que él mismo había denominado las cloacas del Ejército y de las instituciones. Su victoria había alimentado la esperanza de una transición a una democracia más homologable internacionalmente. Durante su campaña electoral, la promesa de poner coto a las violaciones de los derechos humanos en administraciones pasadas e investigarlas había constituido un asunto relevante. Las expectativas eran altas. Y, en efecto, su llegada a la presidencia supuso un cierto impulso. Fue breve. Fue convulso. Y tuvo un final desgraciado.

---

[1] El número de delitos denunciados sin resolver apenas ha variado en 20 años. Según informes de organizaciones como Human Rights Watch o México Evalúa, alrededor del 95% de los casos de violencia quedó en la impunidad en 2022.

La elección del nuevo secretario de la Defensa Nacional se reveló como el primer obstáculo. La relación que se establece entre el jefe del Ejército (o su equivalente, la terminología cambia de país en país) y un presidente, que además es el comandante supremo de las Fuerzas Armadas, reviste un carácter especial. En la memoria de todos los latinoamericanos de mi generación permanece indeleble la traición del general Augusto Pinochet a Salvador Allende en 1973, a quien no solamente había jurado lealtad sino cuyas muestras de fidelidad se prodigaron hasta justo antes de la rebelión y el posterior bombardeo de La Moneda, el palacio presidencial. El daño a Chile, a la libertad, a la idea de que los militares podían convivir con una democracia avanzada resultó inconmensurable en todo el continente. Pero todo ello sucedió hace 50 años. A ningún mandatario de la América Latina contemporánea se le cruza por la cabeza la sombra de Pinochet cuando llega el momento de nombrar al jefe de los militares. Los problemas son otros ahora.

En democracias asentadas, con constituciones funcionales —en la letra y en el espíritu— y con las fuerzas de seguridad dedicadas a la defensa de la soberanía, la integridad del territorio nacional y, en menor medida, a operaciones humanitarias, nombrar al máximo jefe militar no supone dolor de cabeza o preocupación alguna para nadie: ni para el presidente o presidenta, ni para el Ejército, ni para los ciudadanos. En un sistema avanzado y estable se trata de un mero trámite, en ocasiones ni siquiera asociado a la alternancia de las fuerzas políticas en el gobierno. Por desgracia, este panorama se limita seguramente a la Europa continental y al universo anglosajón. En países con problemas serios de violaciones de los derechos humanos por parte de los militares —casi toda Latinoamérica—, con un grado notable de autonomía de éstos respecto al poder civil, y con sus fuerzas comprometidas con el combate al tráfico de drogas y la seguridad ciudadana en distintos grados —casi siempre por exceso—, la cuestión adquiere otros tonos, más oscuros. Y más problemáticos.

¿Cómo se elige al secretario de la Defensa en México? ¿Cómo se hace en otros países? ¿De cuánto margen dispone el presidente para esa elección? Y una vez elegido, ¿qué grado de control se puede mantener sobre él y, por extensión, sobre el conjunto de las Fuerzas Armadas y de seguridad? Hasta Carlos Salinas de Gortari el dictamen parecía claro: los militares en México sólo se cuadran (o se cuadraban) ante el comandante en jefe, esto es, el presidente de la República. La respuesta podía parecer nítida. La realidad quizá no lo era tanto. Se trata, sin embargo, de cuestiones fundamentales en una democracia. Las preguntas son muy claras. Son las respuestas las que mayormente resultan confusas, o resultan problemáticas.

Así se lo planteé a Vicente Fox en su rancho de Guanajuato.

—A ver, en México el Ejército trae una gran institucionalidad.

—Sí, pero ésa no es la cuestión, presidente.

(Aunque pensé para mí que ésa sí era una gran cuestión, por supuesto. También pensé que habría tiempo para tratarla después y que mejor no descarrilar la conversación desde el principio.)

—La ecuación número uno es a quién voy a poner ahí. Y cómo voy a tener ascendencia. Busqué entre los 40 generales, no puedes ir más allá. Y encontré uno bueno, humanista, mi estilo, y dije: éste es. No va a traer el garrote, ni las ametralladoras. Va a ser Ejército, pero moderno. Ése fue el que tuve. Me funcionó muy bien ese general. Pero busqué a alguien humanista. Acuérdate de que yo hice un ejercicio que nadie hace. Busqué *head hunters* y estudios de análisis para ver la psique del cuate, del perfil, y todo a cada uno. A ese general lo mandé a ese ejercicio y a otros varios. Encontré que él era con el que yo podía para más. No veía yo problemas serios que tuviera que mandar el Ejército a tal cosa.

Más allá de su batalla con la sintaxis (mayormente perdida), la respuesta del presidente proporciona mucha información sobre su elección del secretario de Defensa; oculta otra tanta (los problemas de todo tipo que ésta ocasionó); y contiene dos frases muy relevantes cuya importancia se verá más adelante. La primera reviste forma de pregunta: "¿Cómo voy a tener ascendencia?" La segunda consiste en un desliz: "No veía yo problemas serios que tuviera que mandar al Ejército a tal cosa". Y como la mayoría de deslices, revela más de lo que promete a simple vista.

• • •

**EN MÉXICO NO EXISTE** un Ministerio o Secretaría de Defensa único, en el sentido democrático que se da en otros países, desde el que un civil dirija, coordine y además *simbolice* la preeminencia del poder civil sobre los militares. En el gabinete hay (al menos) dos generales. El de la Defensa Nacional y el de la Marina. Pero es el primero sobre el que recae el privilegio de la superioridad. El orden de mando es el siguiente: el comandante en jefe es el presidente de la República; a continuación la máxima autoridad militar, que recae en el secretario de la Defensa Nacional; le sigue el secretario de Marina, luego el jefe del Estado Mayor Presidencial. Y ahí se acaba. Al contrario que en otros países, en México no existía un Estado Mayor Conjunto de las Fuerzas Armadas.[2] Hasta Fox, el proceso de selección del secretario de la Defensa, la máxima autoridad militar, transcurría en una niebla impenetrable, cuajada de misticismos, puntuada por discursos sobre el valor y la patria, sus misterios nobles y antiguos. Al final, el presidente anunciaba el nombre, presentado como de su única voluntad, aunque todo el mundo sabía o sospechaba que no. Un ritual cansino y difícil de descifrar desde fuera. De tomarse al-

---

[2] Raúl Benítez Manaut, "Transformaciones funcionales y continuidad institucional: la administración de la defensa en México", *La administración de la defensa en América Latina. Volumen III. Estudios comparados*, Instituto Universitario General Gutiérrez Mellado, Madrid, 2008. En febrero de 2021, bajo la presidencia de Andrés Manuel López Obrador, se creó el Estado Mayor Conjunto de la Defensa Nacional. No ha quedado claro de forma inmediata si, más allá del cambio de denominación, el nuevo organismo supondrá una mejora en las dinámicas entre militares y civiles en el gobierno mexicano.

guien el trabajo de hacerlo, se hubiese visto —como con las leyes y las salchichas— la parte menos edificante: la inflexibilidad en el escalafón de los generales, su feroz defensa de éste, las peleas entre ellos por los ascensos, la ambición por el mando supremo. Y poco más.

Uno de los mayores temores de Fox aquellos días consistía en acabar nombrando secretario de la Defensa a un general con esqueletos en el armario, especialmente en asuntos de violaciones a los derechos humanos.[3] Peor aún, descubrir que había elegido a otro Gutiérrez Rebollo, metido en negocios con los traficantes de drogas, al que hubiera tenido que destituir y detener a los pocos meses: un golpe mortal tanto a su presidencia como a las esperanza de cambio de la sociedad, tras siete décadas de régimen del PRI.

• • •

**RESULTÓ ELEGIDO** el general Clemente Gerardo Ricardo García Vega. Fox se decidió por él entre un grupo de unos 18 generales (no 40 como dice: en aquel momento sólo había unos 30 generales en activo).[4] De todas formas, se trataba de un conjunto bastante amplio (en comparación con procesos de selección anteriores, en los que sólo dos o tres nombres aparentaban aspirar de verdad al puesto). El proceso, según cuentan dos estrechos colaboradores del presidente, resulta muy ilustrativo.[5] Fox tuvo que decidir entre seis nombres. Uno quedó excluido porque había un desfase entre el dinero que cobraba y su nivel de vida. Incluso entre otros militares tenía fama de corrupto: quedaron

---

[3] Roderic Ai Camp, *Mexico's Military on the Democratic Stage*, Praeger Security International/Center for Strategic and International Studies, Westport, Washington, posición 3682 (edición Kindle), 2005.

[4] *Ibidem*, posición 3680 (edición Kindle).

[5] Rubén Aguilar y Jorge G. Castañeda, *La diferencia. Radiografía de un sexenio*, Grijalbo, México, pp. 42 y 43, 2007.

cinco. Entre los dos últimos, Fox eligió a Clemente Vega. El otro candidato fue nombrado subsecretario, destituido un año después por sospechas de malos manejos y enviado a Londres como agregado militar. En todo el proceso de selección, efectivamente, se utilizaron *head hunters* o algo parecido (¿hay *head hunters* especializados en buscar ministros de Defensa?). En realidad, los *head hunters* se limitaron a entrevistar a los candidatos elegidos de manera previa,[6] que se sometieron a todo tipo de pruebas e investigaciones. Esto en Estados Unidos se denomina *vetting*, proceso habitual que, con distintos grados de severidad, se aplica a todos los empleados públicos, desde un ayudante en el ala oeste de la Casa Blanca a un alto cargo del gabinete. En México, sin embargo, el empleo de este mismo proceso para un militar que aspira al cargo de ministro produjo una conmoción entre los generales.

García Vega era el vigésimo cuarto en el escalafón. En peor posición estaba el nuevo secretario de la Marina, Marco Antonio Peyrot González, que tuvo que ser promocionado a almirante para poder ocupar el puesto.[7] A la hora de tomar la decisión, Fox consultó también con su antecesor, Ernesto Zedillo —el mismo que, según me dijo cuando nos vimos en Madrid, era parte de la mafia y de la cloaca—; y con el secretario de la Defensa Nacional de éste, general Cervantes Aguirre. La decisión en sí fue arriesgada y valiente, independientemente del resultado final.

El general Vega no conocía a Fox, pero sí tenía contacto personal con Adolfo Aguilar Zínser,[8] quien iba a ser nombrado consejero nacional de Seguridad, un cargo de nueva creación. La elección de García Vega levantó ampollas en el generalato. A finales de noviembre, pocos días antes de anunciarse el gabi-

---

[6] *Ibidem*, p. 24.

[7] Roderic Ai Camp, *Mexico's Military on the Democratic Stage*, posición 3696 (edición Kindle).

[8] *Ibidem*, posición 3682 (edición Kindle).

nete —tradicionalmente los presidentes tomaban posesión de su cargo en México el 1º de diciembre—, un grupo de 15 generales se reunió con Fox y con Aguilar Zínser. Les hicieron saber a ambos de su oposición de plano al nombramiento de García Vega. Su promoción a general, adujeron, era relativamente reciente (un año). Y además no tenía suficiente experiencia en el comando directo de la tropa.

Que estas objeciones fueran más o menos peregrinas no constituye, sin embargo, lo más relevante de este episodio. Lo verdaderamente extraordinario es que un grupo de generales se sintiera en posición de comunicarle al futuro presidente de México —le faltaban unos días para asumir el cargo y para convertirse por tanto también en comandante en jefe de todos ellos— su malestar por un nombramiento. Y su oposición a éste. ¿Cómo calificar esta actitud? ¿Desacato? ¿Y cómo debe manejar un presidente semejante desafío? De haber sido un solo general, y haber manifestado su disconformidad en público, la destitución inmediata hubiese sido el único desenlace razonable en una democracia avanzada.

¿Pero cómo destituir en masa a 15 generales, la mitad de todos los que en aquel momento estaban en activo? ¿Cuáles hubieran sido los riesgos —y las consecuencias— de haberlo hecho, en un momento además en el que no sólo tomaba posesión un nuevo presidente, sino que lo hacía después de 71 años de mandatarios de otro partido, el PRI? ¿Cuáles eran los arreglos del PRI con el Ejército? ¿Cómo conocer a fondo y de forma independiente el entramado entre militares y civiles que se había formado en México desde la Revolución, a comienzos del siglo anterior, y que había derivado, de una forma u otra, en la madeja de intereses cruzados que dificultaba o impedía una lucha adecuada contra la delincuencia organizada? Fox había llegado a la conclusión, inducido por alguno de sus colaboradores más estrechos, con razón o sin ella, pero con motivos plausibles, de que resultaba necesario romper la relación tóxica que suponía para el flamante presidente cargar con un nombramiento sobre el que no disponía de ningún margen y del que luego quedaba, de alguna manera, preso. Hay que darse cuenta de la soledad del presidente ante las Fuerzas Armadas, con sus arcanos, su inercia de paquidermo, su legendaria falta de transparencia.[9] En la propia Presidencia de la República no se puso nunca en pie una dependencia, con funcionarios civiles y con conocimiento de los asuntos militares, que pudiera respaldar al presidente en sus decisiones respecto de las Fuerzas Armadas.[10] Tampoco se acumuló documentación relativa a la defensa ni se construyó una dinámica de relacionarse con los militares, de poner en perspectiva o en cuestión sus planteamientos, de discutir sus propuestas de ascensos, sus exigencias, sus prioridades, fiscalizar sus fracasos y sus debilidades. Era el presidente, solo, frente al máximo jefe militar del país. Ésa es la *relación especial*. De esa soledad deriva en parte la impotencia del presidente.

Demasiadas cuestiones para uno, además, que aún no había jurado su cargo. Pero Fox se mantuvo firme frente a la presión de los generales que se resistían al elegido para secretario de la Defensa. Pocos días después anunció el nombramiento del general García Vega. Sin embargo, tampoco tomó ninguna medida

---

[9] Ai Camp relata en su libro la siguiente anécdota. Después de meses enviando faxes para pedir una entrevista con el general García Vega, éste le espetó al entonces corresponsal de *Los Angeles Times*, James Smith, tras concedérsela: "La única razón por la que estoy hablando con usted es porque me lo ha ordenado el presidente". Y añade: "Hace tres décadas, David Ronfeld escribió: 'El Ejército mexicano es quizás el más difícil de América Latina para los investigadores académicos. Desde luego, es la institución más difícil para investigar en México'". Y complementa Ai Camp: "Lo más notable de esta afirmación es que, a pesar de los extraordinarios cambios políticos desde 1994, esta descripción sigue plenamente vigente en el siglo XXI". *Ibidem*, posición 164 (edición Kindle).

[10] Raúl Benítez Manaut, "Transformaciones funcionales y continuidad institucional: la administración de la defensa en México", en *La administración de la defensa en América Latina. Volumen III*.

respecto de los 15 generales que, en un claro traspaso de su autoridad, se habían opuesto a ese nombramiento.

• • •

**EN EL LIBRO DE CALDERÓN** *Decisiones difíciles*, publicado en 2020, se encuentra una referencia importante a este episodio. Escribe sobre los meses en los que él ya era presidente electo (desde julio de 2006) pero Fox aún era presidente a secas (hasta el 1º de diciembre de ese mismo año):

> Durante el periodo de transición, noté una gran inconformidad con el método que se había utilizado durante el sexenio de Fox, por medio del cual se alteraron sustancialmente la jerarquía y la antigüedad militar y naval, el "escalafón" en la elección de Secretarios a través de los *head hunters*. Eso irritó de manera notable a las Fuerzas Armadas. Se generó así la idea de que un presidente electo podía actuar con desdén hacia las Fuerzas Armadas y sus "tradiciones".[11]

Calderón, que recuerda el episodio lo suficiente como para incluirlo en su libro, parece sin embargo no haber reflexionado lo más mínimo sobre las implicaciones de lo que cuenta en él. Se contenta con utilizarlo como otra piedra que arrojar sobre el tejado de su predecesor, con el que mantuvo —y mantiene— una batalla personal y política. Leyendo con detenimiento el párrafo, sin embargo, no resulta difícil para cualquier observador concluir que, después de haber ejercido la presidencia durante seis años, en pleno siglo XXI, y haber escrito un libro sobre los desafíos que supone ser presidente de México, Calderón no tiene una idea clara —o no tiene una idea— de lo que supone ser

---

[11] Felipe Calderón Hinojosa, *Decisiones difíciles*, Penguin Random House, México, pp. 182-183, 2020.

presidente de un país, o de lo que supone escribir un libro sobre esa experiencia. Tampoco de lo que puede contar. Ni de lo que, de forma inadvertida, revela cuando cuenta lo que cuenta.

La relación de preguntas que suscita el relato de Calderón es extensa. Las respuestas, inquietantes. Uno, en apariencia, seis años después del incidente con Fox, los militares seguían irritados por la manera en la que éste había nombrado al secretario de la Defensa. O más bien estaban interesados en que *pareciera* que seguían irritados con la elección de García Vega. Cuanto menos, querían que Calderón lo supiera de primera mano. ¿Con qué militares habló éste? Resulta razonable suponer que entre ellos se encontraba el general Guillermo Galván, a quien luego nombraría secretario de Defensa y, por tanto, pieza clave en la subsiguiente guerra contra el narco que su gobierno impulsaría. Fueran los que fueran, su superior jerárquico seguía siendo el general García Vega. Y lo que estaban haciendo con el entonces aún presidente electo constituía un claro acto de deslealtad. Por parte de los generales. Y, por supuesto, por parte del futuro presidente, que todavía no era presidente ni, por tanto, comandante en jefe de los militares con los que departía. El comandante en jefe de todos ellos seguía siendo Fox.

Dos, Calderón da la razón a los militares cuando éstos sostienen que un presidente —el comandante en jefe, no hay que olvidar esto— *debe* respetar sus "tradiciones". No parece que el exmandatario haya reflexionado ni un minuto sobre esto. Al menos no hay indicación alguna en el libro. Se deduce del relato de Calderón que los presidentes deben respetar los arreglos de los militares y sus juegos de poder. En definitiva, *deben* renunciar a parte de los poderes que les otorgan los ciudadanos porque existe un territorio aparentemente fuera del espacio democrático, o anterior a éste, preexistente, digamos, o predemocrático; un lugar que reúne únicamente a los militares y a sus "tradiciones", donde el presidente no puede ni debe entrar. Lo contrario es mostrar "desdén". Y de forma indirecta, arriesgarse a las consecuencias.

Leyendo su libro, tiene uno la sensación de que Calderón se refiere a las "tradiciones" de los militares —lo escribe así, "tradiciones", entre comillas en el texto original— como una especie de danza folclórica o rito ancestral cuya existencia o celebración no guarda relación alguna con la vida democrática de un país, ni tiene consecuencias sobre sus ciudadanos. No hay, probablemente, manera más clara ni más contundente de respaldar la supremacía y la autonomía de los militares respecto al poder civil. Poner fin a esta situación ha sido una demanda de larga trayectoria no sólo en México. También en numerosos países de América Latina: Colombia y Brasil son quizá los casos más destacados, con resultados disparejos. Su permanencia —en los países donde se produce—, por el contrario, constituye sin duda alguna la desviación más importante en temas militares con las prácticas de las democracias avanzadas en Occidente. Las correspondientes consecuencias negativas sobre los problemas de la seguridad y la violencia resultan también innegables.

Y tres, quizás el cargo más grave. Calderón parece no darse cuenta —tal vez por eso lo cuenta con una tranquilidad tan pasmosa— de que si los militares con los que se reunió le manifestaron su irritación por cómo se había nombrado al general García Vega seis años antes, lo hicieron con una intención cuyas implicaciones él no acaba de captar. El propósito consistió, sin duda alguna, en que aquello no se repitiese. En otras palabras, presionar de forma indebida al presidente electo para que respetase sus "tradiciones". De tan transparente que resulta esa determinación, uno casi se imagina a los lectores del libro ruborizándose ante la explicación de Calderón. Presionar de forma indebida es un pleonasmo, además. Cuando un militar presiona a un presidente, aun cuando éste sea sólo electo, lo hace siempre de forma indebida. Calderón, tiene uno la impresión, ni se dio cuenta entonces, cuando sucedieron los hechos, ni 20 años después cuando lo explicó en su libro. Al relatarle la anécdota en Madrid a alguien que muchos años antes había participado en el proceso de nombramiento de otro secretario de la Defensa, captó el matiz al instante y me interrumpió, con una risa maliciosa: "No fue cuita [lo de los generales]. Fue advertencia".

Efectivamente, fue advertencia. "Noté una gran inconformidad [entre los generales con los que habló]", escribe Calderón, como quien percibe una gran humedad en el ambiente tras haber diluviado o siente mucho calor tras estarse un tiempo al sol sin protección. Quizás hubiese resultado más ajustado escribir "los generales me hicieron ver que..."; o "los generales me advirtieron de que aquello no se podía repetir, que no podía desdeñar al Ejército ni despreciar sus tradiciones" a la hora de nombrar a los nuevos responsables de la Defensa y de la Marina. Pero no. Escribió "noté una gran inconformidad". Cuita, advertencia o inconformidad, el resultado fue que Calderón nombró secretario de la Defensa a la persona que hasta ese momento se había desempeñado como subsecretario de la Defensa, general Guillermo Galván Galván. Todo ello tuvo sus consecuencias —y graves— cuando Calderón inició su mandato, como se verá después. Las había tenido también con Fox.

• • •

¿**CUÁNTO SABÍA** la nueva administración de Fox del estado de cosas que heredaba? ¿Cómo iban a ser sus políticas al respecto? En México, uno diría que en todas partes, pero especialmente en este país, las medidas que un gobierno adopta —o que de manera cuidadosa evita adoptar— dependen, como no puede ser de otra manera, de la herencia recibida y su percepción, real o equivocada, de lo que es urgente, de lo que es necesario y, sobre todo, de lo que es posible.[12] Esta última categoría incluye con claridad las quejas de los militares por la autonomía que mostró

---

[12] Luis Astorga, *El poder y la sombra. Seguridad, traficantes y militares*, Tusquets, México, 2007.

¿PONER A UN CIVIL? NO, ESTO AQUÍ NO SE PUEDE

Fox en el arranque de su mandato. Un comportamiento que éste convenientemente desatendió, o no tuvo más remedio que ignorar, lo que por sí solo dice mucho de la supuesta subordinación de los militares al poder civil.

Éstos desplegaron una notable capacidad de maniobra, valga la metáfora militar. En apenas un año pusieron coto a lo que consideraban excesos de Fox. El presidente les había desafiado, o les había desoído, con el nombramiento del general García Vega. También lo había hecho con la creación del puesto de consejero de Seguridad Nacional, una figura que no existía en la administración gubernamental mexicana, seguramente por muchas razones, la principal de las cuales era la oposición del estamento militar. Los generales, siempre atentos a la menor interferencia de cualquier autoridad civil en su autonomía y sus asuntos por considerarles incompetentes, vieron este nuevo organismo como lo que era, o como lo que aspiraba a ser: un intento de fiscalizarles. O al menos de mantener un cierto grado de control civil, de acceso directo a sus informes, estrategias y actividades. Al frente de este puesto de nueva creación Fox nombró a Adolfo Aguilar Zínser.

• • •

**CONOCÍ A AGUILAR ZÍNSER** unos años antes, a mediados de los noventa del siglo pasado. Fue a través de amigos, pero también por razones casi familiares. Una de sus hermanas, Luz Emilia, se casó con Salvador Camarena, periodista, amigo con el que compartíamos departamento. Ejercí de testigo en esa boda, celebrada en la casa familiar en Coyoacán, un adinerado barrio al sur de la ciudad. Antes de saber que ésa era la residencia de su familia, siempre nos sorprendía, al pasar por la calle, la presencia de dos militares a la puerta, vigilando la propiedad día y noche. Los Aguilar Zínser eran una familia importante en México (como *royalty* en un país donde no hay *royalty* de verdad, la costa este de Estados Unidos, por ejemplo, pero sí familias cuyos nombres mantienen un cierto peso). Venían de los Quevedo, que en el tránsito del siglo XIX al XX fueron ingenieros, botánicos, médicos, políticos, psiquiatras, hacendados, a veces varias de esas cosas a la vez, siempre dentro de la mejor tradición liberal ilustrada. Al empeño de Miguel Ángel de Quevedo (su bisabuelo) se le debe la declaración del primer parque nacional de México, el Desierto de los Leones. La razón del extra de vigilancia a la puerta de casa, sin embargo, era otra, según su familia: el expresidente Miguel de la Madrid vivía cerca.

Aguilar Zínser, un abogado de prestigio apreciado por su integridad y por su honestidad intelectual, era un político que, sin militar nunca en ningún partido, había participado en numerosas iniciativas de la izquierda mexicana. Destacó su protagonismo en el llamado Grupo San Ángel, impulsado entre otros por el escritor Carlos Fuentes, que durante años aglutinó a intelectuales y políticos de diversa orientación, preocupados todos ellos por que México tuviera una transición no violenta cuando el régimen del PRI llegara a su fin. La información surgía por muchas vías. Pero Fuentes y Aguilar Zínser fueron durante aquellos años quienes con mayor agudeza analizaron las evoluciones de aquel frente amplio cuyo objetivo primero consistía en desalojar al PRI del poder, y que me mantuvieron al tanto de ello. Zínser, que había logrado una importante votación al Senado como candidato independiente,[13] era un hombre de la izquierda. Su entrada en el gobierno del conservador Fox se explica porque, en aquellos años, tras siete décadas de régimen del PRI, se valoraba más el mero cambio, con las transformaciones políticas y democráticas que éste podía suponer, que la orientación política o los planes del nuevo presidente. Planes que, por otra parte, nunca fueron ni muy precisos ni muy constantes.

---

[13] Se presentó al Senado en 1997 como independiente en las listas del Partido Verde. Antes había sido miembro de la Cámara de Diputados en 1994 por el Partido de la Revolución Democrática (PRD), una formación de izquierdas. Aguilar Zínser nunca se afilió a partido político alguno.

Resulta muy probable que Fox, Aguilar Zínser y el nuevo secretario de la Defensa Nacional discutieran y acordaran, en líneas generales, los cambios que el flamante consejero de Seguridad Nacional consideraba necesario introducir. De lo contrario, no hubiese habido razón alguna para saltarse el escalafón militar de forma tan conspicua y nombrar a García Vega. Ni éste hubiese aceptado el cargo de no haber compartido los planes del presidente y de Aguilar Zínser. Si no fue así, se lo ocultó a ambos. Fuera como fuese, el acuerdo —si lo hubo, y si fue sincero por las tres partes— no duró mucho.

• • •

**APENAS UNOS DÍAS ANTES** de que Fox tomara posesión, una investigación periodística, firmada por Roberto Zamarripa, descubrió lo que muchos sospechaban, pero cuya magnitud o gravedad nadie parecía haber imaginado. Zamarripa[14] era un reportero extraordinario, serio, huraño y divertido a la vez, muy respetado en el oficio, y a quien mi grupo de amigos y yo —todos periodistas, todos más jóvenes que él, todos más inexpertos— admirábamos en los años noventa por su destreza, su precisión en el análisis y, muy especialmente, por la amplitud y variedad de fuentes a su alcance, de informantes secretos dispuestos a contarle cosas. Uno de ellos fue la base de la noticia publicada en el diario *Reforma* el 28 de noviembre: "Funciona el Cisen de policía política. Graban a diario miles de llamadas telefónicas".[15]

El Cisen en México era el Centro de Investigación y Seguridad Nacional, dependía de la Secretaría de Gobernación y era el

---

[14] Roberto Zamarripa asumió la dirección del periódico *Reforma* en octubre de 2023.

[15] Roberto Zamarripa, "Funciona el Cisen de policía política. Graban a diario miles de llamadas telefónicas", *Reforma*, 28 de noviembre de 2000.

único servicio secreto controlado por civiles (que se conozca).[16] El resto está en manos de militares. Según la nota de Zamarripa, el Cisen había grabado de forma ilegal, esto es, sin autorización ni control judicial, a expresidentes de la República; a futuros presidentes de la República —aunque esto último no podían saberlo del todo: eran espías, pero no brujas adivinadoras— como Vicente Fox o Andrés Manuel López Obrador; a dirigentes de la oposición; a dirigentes del partido en el poder, el PRI; a secretarios de Estado; a gobernadores; a periodistas; a los jefes de los periodistas. Investigaba además muchas otras cosas, como cuentas bancarias de algunos de ellos. En total, el Cisen acumuló más de cuatro millones de fichas informativas. Apenas el 3% de su tiempo y de su esfuerzo se dedicaba a tareas relacionadas con la seguridad nacional, según la información publicada. Nadie confirmó la noticia, naturalmente. Pero tampoco nadie la desmintió. En 2023, un antiguo director del Cisen me contó en una conversación en Ciudad de México que, efectivamente, a eso se dedicaba el organismo en aquella época, cuando él llegó al cargo —a espiar a la clase política y a los periodistas— y que eso siguió siendo así bajo su mando. "Supongo que continúa funcionando de la misma manera", agregó.

El resto del sistema de seguridad y procuración de justicia no parecía estar en mejores condiciones. Mes y medio después de que Fox asumiera la presidencia, a mediados de enero de 2001, apenas recién nombrado —su puesto se creó por un decreto del día 8 de enero—, Aguilar Zínser lanzó un primer aviso en público. Durante una conferencia en el Instituto Tecnológico Autónomo de México (ITAM), una de las universidades de élite más prestigiosas de México, afirmó que estaba "aterrado" por las condiciones en las que había encontrado la fiscalía o Procuraduría

---

[16] Durante la presidencia de Andrés Manuel López Obrador, a partir de diciembre de 2018, el Cisen fue sustituido (o rebautizado) por el Centro Nacional de Inteligencia (CNI).

General de la República (PGR),[17] como se la conocía entonces en México. No dio más detalles. Pero recalcó que la institución estaba "totalmente desarticulada, diezmada y desmoralizada". Los informes confidenciales que manejaba Fox señalaban además que la procuraduría estaba también penetrada por las bandas de traficantes de drogas y totalmente corrompida.[18]

A nadie que hubiera vivido en México en la década de los noventa podía sorprenderle esta afirmación. No habían pasado ni cuatro años desde que el fiscal Chapa andaba *sembrando* cadáveres en el jardín de un acusado. Otra cosa es que la expresara con semejante claridad, y en público además, un alto representante del gobierno. La andanada debió de resonar con fuerza en la PGR, por supuesto. También en el conjunto de las fuerzas de seguridad de Estado. Aquí venía alguien, un civil, por lo demás, del que probablemente habían desconfiado durante muchos años, al que habían espiado sus comunicaciones y sus movimientos, y sobre el que habían compilado un sustancioso *dossier*, a señalarles como parte —y no menor— del problema de seguridad en México.

En mayo de aquel año, Aguilar Zínser publicó un artículo en el diario *El País*. En principio, se trató de un ejercicio ordinario. Con ocasión de una visita oficial a España, el dignatario en cuestión, de mayor o menor rango, concede una entrevista o publica un texto en algún periódico local con la intención de anunciar su presencia y presentar los objetivos del viaje. Es costumbre exaltar las excelentes relaciones entre ambos países, adherirse a nobles propósitos —por lo general inalcanzables—, así como proclamar los deseos compartidos de solucionar, si no todos, al menos la mayoría de los problemas de la humanidad. Los periódicos los publican; unos pocos funcionarios de las cancillerías elaboran algunas notas de circulación interna; fuera de

---

[17] Jorge Carrasco, "Aterradora situación de PGR, aseguran", *Reforma*, 19 de enero de 2001.
[18] Rubén Aguilar y Jorge G. Castañeda, *La diferencia*, pp. 42 y 43.

esos círculos nadie lee el artículo o la entrevista en cuestión y al día siguiente todo el mundo se ha olvidado. El texto de Zínser tenía, sin embargo, otra intención. Y otros destinatarios. Sin apenas concesiones a las habituales delicadezas diplomáticas, se podía leer lo siguiente (las cursivas son mías):

> Las nuevas doctrinas de seguridad tienen como marco de referencia y como límite a las libertades democráticas. Por fortuna, *más y más es el juego democrático y no la lógica militar o la paranoia de los aparatos de inteligencia, lo que moldea los conceptos de seguridad nacional en América Latina.*

Pocos lectores del periódico en España debieron prestar atención a esta frase. Y menos aún la entendieron. Pero en México, los jefes de esos aparatos de inteligencia sí captaron el mensaje.

Quizás ésa no era la realidad, todavía. Pero la intención de Zínser sí resultaba clara. A partir de ese momento iban a ser los civiles, elegidos democráticamente, quienes marcaran a los militares y a los aparatos de inteligencia cuáles iban a ser las prioridades de la seguridad nacional. La autonomía con la que habían operado tocaba a su fin. Resulta difícil de imaginar a nadie de los que operaban con "lógica militar" o aquejado de la "paranoia de los aparatos de inteligencia" contento o resignado con las declaraciones en España del consejero. En el mismo artículo, Zínser envió también un último mensaje. Iba dirigido a todo ese entramado que durante décadas había controlado la política, la seguridad y el reparto de los bienes mal habidos con la corrupción, la *nomenklatura* de la que hablaba el presidente Salinas, cuyos miembros pertenecían mayoritariamente, según él mismo, a su partido, el PRI. Escribió Zínser:

> El 2 de julio de 2000 [día del triunfo electoral de Fox], la transición democrática llegó a México cuando el crimen organizado comenzaba ya a estrangular al Estado y agobiar a la sociedad. Más

que ninguna otra fuerza, el crimen organizado aprovechó el deterioro del viejo sistema [los 71 años del régimen del PRI] para corromper a las instituciones, para ampliar clientelas y complicidades, para lavar sus ganancias, vertiéndolas imperceptiblemente en el sistema financiero, los bienes raíces, el comercio, los servicios, la industria del país.[19]

En otras palabras, la *nomenklatura* a la que se refería Salinas.

Todo ello era estrictamente verdad. Y aunque la parte política de este entramado, el PRI, había perdido la Presidencia, este partido aún controlaba numerosas instancias municipales y estatales (México es formalmente un país federal). Por su parte, y pese a la maniobra que llevó a García Vega a la Secretaría de la Defensa Nacional, los generales seguían siendo los mismos, la estructura era la misma, los mandos intermedios eran los mismos, la tropa era la misma. Las capacidades intelectuales y operativas del consejero de Seguridad Nacional eran considerables y así lo había demostrado en su carrera política. Pero la tarea parecía imposible de vencer. Y a veces, de forma quizá sorprendente, las cosas son como parecen. O acaban siendo como parecen.

Resulta probable que Fox hubiese sobreestimado sus propias capacidades (nada extraño en él, por otra parte). Pero ciertamente había subestimado las del entramado policiaco-militar. El presidente de la República había dispuesto, históricamente, de mucho poder, aunque las grietas en el sistema que aparecieron con Carlos Salinas de Gortari (1988-1994) y sobre todo con Ernesto Zedillo (1994-2000) indicaban ya otra cosa. El equilibrio se había desplazado. Y Fox era impotente para cambiar nada. Había elegido a Aguilar Zínser para reformar el sistema. Pero no le dio poder para hacerlo. Porque él mismo no disponía de ese poder. Quizá ni siquiera era consciente de ello. No tardaría en averiguarlo.

---

[19] Adolfo Aguilar Zínser, "La nueva seguridad internacional", *El País*, 16 de mayo de 2001, en https://elpais.com/autor/adolfo_aguilar_zinser/a/.

• • •

**UNA NOCHE** de aquel mes de mayo, Neus Caballer, una amiga periodista, y yo nos reunimos con Aguilar Zínser en un pequeño bar del centro de Madrid. Llegó con el aparato de seguridad que cabía esperar de un alto cargo extranjero (del ramo de la seguridad, además) en visita oficial: furgoneta blindada oscura, coches con escoltas. Bajó de su auto, entró y se sentó en una mesa justo en la puerta, a la entrada del local. Luego hizo algo impropio, pensaría uno, de un consejero nacional de Seguridad: desconectó su teléfono celular, fue a esconderlo al baño y volvió a la mesa. En público no se había referido apenas al Ejército. Pero sentado con nosotros contó que su visión de éste no era mucho mejor que la que tenía de la fiscalía. Y que ambas instituciones estaban minadas por una enorme corrupción y unos estrechos vínculos con el crimen organizado.

Su conclusión era firme. Resultaba imprescindible retirar al Ejército del combate contra las drogas. Involucrarle había sido una decisión —y un error— del anterior presidente, Ernesto Zedillo. Su presencia estaba aún muy lejos todavía del protagonismo que habrían de tomar durante el mandato del propio Fox. Y, por supuesto, de la involucración masiva que vivirían con el sucesor de éste, Felipe Calderón. Pero los signos de la podredumbre estaban ya a la vista para quien quisiera ver. Zínser era perfectamente consciente de ello. También de las dificultades de desmontar aquel entramado. Nos detalló los recelos y las resistencias del aparato de seguridad y de los militares a sus planes de reforma. Nos contó que existían *dossiers* sobre nuestras andanzas como periodistas en México en los años noventa. En una inquietante línea de continuidad de esas cloacas, subterráneas y oscuras, los servicios de inteligencia, esta vez militares, siguieron espiando a periodistas, activistas de oposición, defensores de los derechos humanos o abogados de víctimas de crímenes de Estado o de desapariciones a manos de elementos de las Fuerzas Armadas. En 2014, la fiscalía, bajo la presidencia de Enrique Peña Nieto, adquirió el programa Pegasus, construido por una empresa israelí, que permite infiltrarse y tener acceso a todos los contenidos de un teléfono celular. Decenas de activistas sociales, dirigentes políticos o periodistas (entre ellos Salvador Camarena, amigo nuestro y excuñado del propio Aguilar Zínser) fueron víctimas de este espionaje.

Ya bajo la presidencia de Andrés Manuel López Obrador se supo que esas operaciones se seguían realizando y que era el Ejército el que operaba Pegasus, cuya licencia había comprado (o renovado) en 2019. Descubierto el espía, el presidente López Obrador se apresuró a deslindarse de las prácticas durante presidencias anteriores —aunque de rebote confirmó las suyas— con el argumento favorito de los falsos predicadores cuando se les descubre en falta: "Nosotros no espiamos como ellos. Lo que hacemos nosotros es inteligencia".

Aquella noche con Aguilar Zínser en Madrid, sin embargo, no le creímos cuando nos dijo que nosotros mismos habíamos sido espiados. O a mí me costó creerlo. Mi amiga periodista, Neus Caballer, afirma no obstante que a ella no le sorprendió en absoluto. Mi argumento consistía en que nosotros éramos unos *don nadies* en el complejo tablero político mexicano de aquellos años. Pero claro, si los agentes del Cisen sólo dedicaban una parte ínfima de sus esfuerzos, el 3% más o menos, a asuntos de seguridad nacional, en algo tendrían que emplear el resto de su tiempo. Nos tomamos una copa o dos. Aguilar Zínser salió del bar, a cuya puerta le estaba esperando la caravana de coches, y desapareció por las estrechas calles del centro de Madrid, bajo una ligera lluvia. Fue la última vez que le vimos vivo.

• • •

**FOX HABÍA RESISTIDO** el año anterior la presión de los militares para que no nombrara al general García Vega al frente de la Defensa Nacional. Pero fue éste el que no resistió la de sus compañeros de armas. O quizá nunca había creído en los planes que Aguilar Zínser le había esbozado a él y al presidente durante el proceso de su nombramiento. El caso es que el presidente, presionado o convencido por García Vega y el resto de los generales, acabó cediendo a sus pretensiones. Apenas un año después, la presidencia de Fox dio un vuelco extraordinario en la lucha contra el narcotráfico y la delincuencia, dejando atrás sus planteamientos iniciales de controlar a los militares.

La negativa de estos últimos a aceptar la intromisión de mandos civiles se concentró en Aguilar Zínser. El consejero de Seguridad Nacional no era sólo un civil. Era, sobre todo, un civil que creía con firmeza en el Estado de derecho, en el imperio de la ley y en la conveniencia de que los militares se sometieran a la disciplina y el escrutinio propio de una democracia. Su idea era construir en México un consejo de seguridad nacional equivalente en capacidades y poder de decisión al National Security Council de Estados Unidos. Zínser ya había advertido de que, en el pasado, bajo el concepto de *seguridad nacional*, los aparatos del Estado —en especial los de inteligencia— habían empleado su tiempo y sus recursos básicamente para apuntalar el régimen, espiando y chantajeando a sus adversarios políticos, así como en cometer y encubrir todo tipo de abusos, violaciones de los derechos humanos, guerra sucia y espionaje ilegal. Todo eso tenía que acabar. Y los militares debían rendir cuentas de sus actividades (y en general, rendir cuentas, a secas, ante el poder civil, encarnado por un Consejo Nacional de Seguridad que no fuese una broma o un trapo para tapar vergüenzas). Un familiar de Aguilar Zínser, muy cercano a él, me dijo muchos años después que éste estaba horrorizado por lo que iba descubriendo, y que lamentaba lo ingenuo que había sido en los artículos que había publicado en periódicos y revistas antes de ser consejero de Seguridad Nacional. También ignoró —era su carácter— los temores que este familiar le expresó sobre los posibles riesgos para su vida en los que estaba incurriendo.

Lo que sucedió después, por desgracia, no había dejado de ser predicho. Zínser quería acabar con este estado de cosas. Fox también lo quiso. Por eso le nombró. Por cuánto tiempo lo quiso o con cuánta convicción se empeñó en ese cambio es una cuestión cuya respuesta habrán de dilucidar en el futuro sus biógrafos, las tesis doctorales o las investigaciones sobre la época. Lo cierto es que pronto cambió de idea. O le convencieron de cambiar de idea. O le forzaron a cambiar de idea. Mientras, tanto el resto del aparato de seguridad como los militares se comprometieron a fondo desde el primer minuto para que las reformas del consejero de Seguridad no llegaran a puerto alguno. La opacidad con la que el Ejército ha ejercido sus prerrogativas en México complicaba las cosas para Zínser.

Del propio Cisen se sabía poco. De las demás centrales de espionaje, dos de ellas militares, no se conocía absolutamente nada. Los aparatos de inteligencia del Ejército, la Armada, la Secretaría de Seguridad Pública y la Procuraduría General de la República únicamente reportaban a sus jefes. Y el propio Aguilar Zínser —tal vez anticipando su fracaso— reconoció en una entrevista que no contemplaba todavía la posibilidad de acceder a los informes de estas agencias.[20]

Muchos expertos consideraron, con razón, que ello no podía más que debilitar su posición como consejero de Seguridad. Y que la situación ponía en evidencia su falta de poder real. Aparecieron artículos en prensa en los que "fuentes militares" afirmaban, sin ironía aparente alguna, que las informaciones "delicadas" sólo se podían entregar al presidente de la República.[21] Lo que presuponía que alguien decidía previamente qué era "delicado" y qué no, que tenía esa capacidad, un poder que se le hurtaba por

---

[20] Alonso Urrutia y Jesús Aranda, "La seguridad nacional, sinónimo de guerra sucia y espionaje durante los gobiernos priístas", *La Jornada*, 2 de abril de 2001, en https://www.jornada.com.mx/2001/04/02/seguridad.html.

[21] *Idem.*

la vía de los hechos al consejero de Seguridad. Quedaba un último sarcasmo, naturalmente. Que hubiera informes que sólo se le podían entregar al presidente de la República era una cosa. Que se le entregasen o no —o que se le entregaran los que interesaba y se le ocultasen los que convenía—, como todo el mundo podía entender, era otra.

La reforma de este sistema contaba con la abierta oposición del propio general García Vega. En contra estaba también el director del Cisen y el secretario de Gobernación. Fue suficiente para que las cosas no cambiaran. Las Fuerzas Armadas mantuvieron su autonomía y evitaron lo que siempre habían criticado —y a lo que siempre se habían resistido—: "la injerencia de los civiles inexpertos".[22] Los problemas comenzaron muy pronto en el Consejo de Seguridad. Los ministros afectados —Defensa, Marina, Seguridad Pública y la Fiscalía— argumentaron que la ley no le otorgaba poder alguno a Aguilar Zínser y comenzaron a pedir citas directas con el presidente.[23] Como me comentó hace poco un miembro del gabinete de Fox, Zínser nunca tuvo oportunidad alguna. Si no se había cambiado, o transferido, formalmente, la autoridad —y el decreto del 8 de enero que creó el puesto de Zínser no lo había hecho—, ¿quién seguía disponiendo de ella? "Pues los de antes", concluyó: "Los militares y el secretario de Gobernación".

No fue el único choque. Otro de los conflictos que más desgastaron a Zínser fue su empeño en abrir los archivos de la guerra sucia durante los años setenta, crear una comisión para esclarecer los hechos y depurar responsabilidades. A los seis meses de su nombramiento este tema había envenenado ya del todo su relación con el general García Vega y con el secretario de

---

[22] Raúl Benítez Manaut, "México: las relaciones civiles-militares ante la encrucijada democrática en la primera década del siglo XXI", *La administración de la defensa en América Latina. Volumen II. Análisis nacionales*, Instituto Universitario General Gutiérrez Mellado, Madrid, 2008.

[23] Rubén Aguilar y Jorge G. Castañeda, *La diferencia*, p. 61.

Gobernación. Ambos se negaron de forma tajante. El presidente, por voluntad más o menos propia, acabó respaldando a sus ministros.

Apenas un año después de su nombramiento, Aguilar Zínser dejó el cargo de consejero de Seguridad Nacional. En una entrevista en julio de 2004 contó luego:

> Yo me di cuenta a lo largo de ese año de que Fox no tenía ningún interés en hacer reforma alguna de los aparatos de seguridad. Estaba más bien en el plan de no mover nada. Ante esta situación le dije al presidente: "Yo me voy a casa; la función que me encomendaste, tú no quieres que se cumpla".

Fox le pidió unos días, al cabo de los cuales le ofreció irse a Nueva York como embajador de México en Naciones Unidas.

Varios de sus colaboradores contaron después que los militares le negaban todo tipo de información. "Enseguida, ya nadie le hacía caso a Adolfo", me dijo no hace mucho un alto cargo de seguridad en aquel gobierno, tomando una taza de té en su casa de Ciudad de México. Sin tener acceso a datos e informaciones de inteligencia clave resultaba imposible tomar decisiones informadas ni coordinar nada. Mucho menos cuestionar el proceder de los jefes de las fuerzas de seguridad. Su puesto no tenía sentido. O en circunstancias normales habría tenido demasiado sentido. Su salida fue la señal más clara hasta ese momento de que los impulsos renovadores del presidente Fox habían topado con un límite: la intransigencia del aparato militar y de seguridad, la falta de voluntad, o de capacidad, del propio presidente, su inconstancia en la política —evidente también en otros asuntos— o probablemente una combinación de todo lo anterior. No se nombró sucesor alguno: el propio Fox asumió el mando del gabinete de Seguridad Nacional. Y no se nombró sucesor alguno porque el problema no era la persona elegida, en cuyo caso se nombra a otra, sino la mera existencia del puesto en sí.

Cuando Zínser llegó a Nueva York como representante de México en la Organización de las Naciones Unidas (ONU), eran los tiempos de la segunda Guerra del Golfo. En el Consejo de Seguridad (que presidió en momentos clave), Zínser jugó un papel relevante en organizar, junto con el embajador de Chile, Juan Gabriel Valdés, la resistencia ante los intentos de Estados Unidos de darle un barniz de legitimidad a la guerra. Eso irritó sobremanera a la administración estadounidense, que le espió y se quejó en repetidas ocasiones de su actitud. Pero Zínser y Valdés salvaron todos los obstáculos: Bush y sus aliados no lograron el sello de licitud que pretendían. Aparentemente, resultó más factible esquivar al aparato diplomático y de seguridad de Estados Unidos que al Ejército mexicano.

Pasado un año y aprovechando una conferencia que algunos periódicos malinterpretaron o quisieron malinterpretar, Estados Unidos lanzó una ofensiva en su contra. Fox le pidió la renuncia, en un nuevo ejemplo de su falta de constancia o de firmeza en política. "Fox se agarró de eso [las críticas de Washington] e inmediatamente la arremetió en mi contra, en contra de su embajador en Naciones Unidas. Hablé con su secretario particular, quien me notificó que el presidente ya no tenía tiempo de hablar conmigo", declaró a un periodista. El presidente ni siquiera le contestó al teléfono. Zínser volvió a México. En la misma entrevista[24] se mostró orgulloso de pertenecer a la generación que había sacado al PRI de la Presidencia de México. Y extremadamente crítico del Ejecutivo al que había pertenecido.

> Este gobierno les falló a sus electores, les falló a sus aliados, les falló a sus colaboradores. No llevó a cabo ninguna de las reformas que prometió. No realizó ningún acto de voluntad política de transformar el país y se entregó a los intereses establecidos.

---

[24] Fernando Botero Zea, *Conversaciones en la cantina. Entrevista con Adolfo Aguilar Zínser*, Ediciones Felou, México, 2013.

Este gobierno no es mejor que los gobiernos del PRI. Es bastante peor.

Resultaría fácil menospreciar estas acusaciones, atribuyéndolas al natural despecho de un alto cargo expulsado de una administración gubernamental. Nadie que conociera a Aguilar Zínser, sin embargo, caería en esa falacia. Uno de los máximos responsables de la administración de Carlos Salinas, en las antípodas ideológicas y de praxis políticas de Zínser, me refirió lo siguiente, charlando un día en Madrid (no estábamos hablando del antiguo consejero de Seguridad, sino del gobierno de Fox en general): "Se quedaron cortos. Concedieron demasiado a las estructuras del PRI". Dicho por alguien que, sin embargo, y legítimamente, tenía todo el derecho a defender lo que había construido durante los gobiernos del PRI, pero que veía la necesidad de desmontar el sistema por el riesgo de que, al cambiar las circunstancias, sucediese exactamente lo que sucedió. Unos meses más tarde, Aguilar Zínser murió en un extraño accidente de tráfico en el que se vieron involucrados un autobús y un vehículo pequeño. La investigación oficial concluyó que no hubo nada raro. Tenía 55 años.

• • •

**LA VENTANA DE OPORTUNIDAD** se había cerrado. Tras 71 años de régimen de partido único, habían bastado 12 meses para liquidar cualquier quimera de que el sistema que nutrió de savia a aquél podía ser reformado, mucho menos desmantelado. Ya sin Aguilar Zínser en el gobierno, la Secretaría de la Defensa fue adquiriendo un papel más importante y más directo en la estrategia contra las drogas. Su titular, el general García Vega, más protagonismo público. Y más desparpajo en mostrar su autonomía. A partir de 2004 comenzó a criticar en público al sistema judicial por las escasas penas que se imponían a los condenados por narcotráfico. El 19 de febrero de 2005, durante las celebraciones del Día de la Armada en el Heroico Colegio Militar, en presencia del presidente Fox y de otros dirigentes políticos, señaló con dureza lo que consideraba deficiencias del gobierno civil. Meses después solicitó un perdón general para los abusos contra los derechos humanos cometidos en el pasado (mayormente por militares y policías, por supuesto). Una petición que fue apoyada de inmediato por el PRI, que había gobernado como régimen en ese pasado, y cuyos dirigentes eran los más expuestos a eventuales condenas de haber prosperado una investigación.

Otro punto de fricción fue la conveniencia o no de tener un único ministro o secretario de Defensa, y que este puesto fuera ocupado por un militar o un civil, una cuestión que en aquellos años se debatía en toda América Latina. En Bogotá, el presidente César Gaviria me había comentado un día lo siguiente, a propósito de la incapacidad de los presidentes mexicanos de reformar las estructuras militares:

> ¿Por qué no ponen un civil? Y me dicen: "No, eso aquí no se puede; eso aquí no; no se puede pensar en eso". Es como una reverencia que el PRI les hacía a las Fuerzas Armadas. Desde 1991, aquí en Colombia hay ministros civiles. Y no pasó nada. Todo mundo obedecía al ministro civil. Y ahí nos dimos cuenta de que era mejor [tener] ministros civiles. Porque les pueden atacar y tienen que contestar. A los generales no.

No detalla Gaviria a quién le planteó la pregunta ni quién la contestó. Él fue presidente de Colombia entre 1990 y 1994, a lo que siguió una época como secretario general de la Organización de los Estados Americanos (OEA), entre este último año y 2004. Durante ese periodo tuvo acceso y ocasiones de mantener conversaciones reservadas con altos cargos del gobierno mexicano y, por supuesto, con los sucesivos presidentes de la República:

¿PONER A UN CIVIL? NO, ESTO AQUÍ NO SE PUEDE

Carlos Salinas, Ernesto Zedillo y Vicente Fox. Sólo los dos primeros eran del PRI.

Y el primero que no fue del PRI, Vicente Fox, dejó pasar esa oportunidad. La creación de un consejo unificado de Seguridad Nacional pareció abrir una rendija. La cerró de golpe la persona que Fox, contra la opinión de la mayoría de los compañeros de armas, había aupado al mando supremo: el general García Vega. Preguntado en el Congreso de la Unión sobre la posibilidad de nombrar un ministro único de Defensa y que éste fuera civil, García Vega quiso ser lo suficientemente rotundo como para que cualquier presidente en el futuro oyera bien los deseos, o las exigencias, o las órdenes, del Ejército. Otro militar en otro país hubiera contestado, o hubiera podido contestar, que ésa era una cuestión que pertenecía al ámbito de la política. Y que eran los políticos —y por extensión, la sociedad— quienes tenían la potestad de decidir. Y que el Ejército cumpliría las leyes. García Vega incluso hubiese podido declarar todo eso sin correr el riesgo de que nadie, menos aún el presidente, se tomase la declaración en serio, o por sincera. Y por tanto factible. Pero ni siquiera se molestó en ello. La respuesta del general fue "no" a la primera pregunta. Y "no" a la segunda.[25] Fox pensó en unificar la Secretaría de la Defensa y la de Marina, y que ello haría más efectiva la acción de las Fuerzas Armadas. No pudo.[26] El Ejército mexi-

---

[25] Roderic Ai Camp, *Military on the Democratic Stage*, posición 3720 (edición Kindle).

[26] Rubén Aguilar y Jorge G. Castañeda, *La diferencia*, p. 64. Resulta extraordinariamente llamativo que tanto Aguilar, quien fue portavoz de Fox, como Castañeda, quien se desempeñó como su primer secretario de Relaciones Exteriores, liquiden este episodio con cinco palabras en un libro de más de 350 páginas: "Nada de eso se logró". La cita completa es: "Se pensó también en un proceso de integración de la Secretaría de Marina y la Secretaría de la Defensa. Fox pensaba que eso haría más efectiva la acción de las Fuerzas Armadas. Nada de eso se logró [...]". Aguilar y Castañeda no explican por qué no se logró ni por qué Fox, puesto que sí lo deseaba, no lo consiguió. La flexibilidad de la forma reflexiva en español despliega aquí toda su potencia

cano no iba a permitir ninguna alteración del *statu quo*: ni mando único ni mucho menos un civil. Y nadie —nadie significativo, entiéndase bien—, dentro o fuera del Congreso, dijo nada.

• • •

**HE QUERIDO LLEGAR** a este punto del relato antes de abordar el cabo suelto —mejor dicho, los dos cabos sueltos, una pregunta y un desliz— que la respuesta de Fox dejaba en el aire. Sus palabras fueron las siguientes (destaco tanto la pregunta como el desliz con cursivas):

> La ecuación número uno es a quién voy a poner ahí. *Y cómo voy a tener ascendencia.*[27] Busqué entre los 40 generales, no puedes ir más allá. Y encontré uno bueno, humanista, mi estilo, y dije: "Éste es. No va a traer el garrote, ni las ametralladoras. Va a ser ejército, pero moderno". Ése fue el que tuve y me funcionó muy bien ese general. Pero busqué a alguien humanista. Acuérdate que yo hice un ejercicio que nadie hace. Busqué *head hunters* y estudios de análisis para ver la psique del cuate, del perfil, y todo a cada uno. A ese general lo mandé a ese ejercicio y a otros varios. Encontré que él era con el que yo podía para más. *No veía yo problemas serios que tuviera que mandar el Ejército a tal cosa.*

La última frase de la respuesta de Fox —el desliz— resulta, *a priori*, también la más misteriosa: "No veía yo problemas serios que tuviera que mandar el Ejército a tal cosa". ¿Por qué dice Fox que no veía problemas serios para mandar al Ejército, sin precisar adónde o a qué? ¿Y por qué lo dice en ese preciso momento si

---

y su ambigüedad: no *se* logró. Ello evita a los autores tener que escribir "Fox no lo logró" o alguien, el Ejército u otros, "lo impidieron", o proporcionar alguna otra explicación plausible. No. Simplemente "no se logró".

[27] Fox utiliza el término *ascendencia* en el sentido de "ascendente". La Real Academia Española restringe la equivalencia entre ambas formas sólo a Cuba.

no se le ha preguntado por eso? Se estaba hablando del nombramiento de García Vega. Y estamos al comienzo de su mandato.

Caben varias interpretaciones. La primera consiste en que Fox, en esta conversación en 2019, esté proyectando hacia atrás todo lo que se ha vivido en México desde entonces: el involucramiento masivo de los militares en la lucha contra el narco, las decenas de miles de muertos y desaparecidos, los asesinatos y las crueldades sin nombre. No veía él problemas serios *por aquel entonces* como para emplear de forma masiva a los militares en la lucha contra el crimen organizado, como sí harían después sus sucesores (especialmente Felipe Calderón). Pero *visto lo visto desde entonces*, quizá se equivocó. Las violentas críticas que hasta hoy —se verán después— verbaliza Fox contra Calderón parecen descartar esta posibilidad.

La otra interpretación posible es más sutil. Pero resulta más interesante. Fox dice que no veía él motivos serios para enviar el Ejército a *tal cosa*. ¿Qué es "tal cosa"? No puede ser otra que su utilización en la lucha contra el narcotráfico. Y si él no veía motivos serios, es que alguien más sí los veía. Alguien más sí creía tener razones sobradas. Ese alguien no era, con toda certeza, su flamante consejero nacional de Seguridad, Aguilar Zínser. Lo que revela el desliz de Fox es que alguien estaba ya presionando en el año 2000 para conseguir lo que logró sólo seis años después, con Felipe Calderón de presidente: una guerra total y sin cuartel (y sin planes ni recursos ni capacidad alguna). La escena recuerda a lo que escribió Salinas sobre este mismo asunto: "Mi gobierno se opuso" a que el Ejército mexicano efectuara investigaciones y combatiera a las bandas de narcotraficantes. No se trata de ideas o de estrategias dentro de un Ejecutivo que actúa de forma colegiada. Cuando Salinas escribe "mi gobierno se opuso", todo el mundo en México entiende lo que de verdad está diciendo: "Yo me opuse". Salinas se opuso. Años después, Fox también se opuso, o dice que se opuso. Ninguno aclara contra quién o quiénes se opusieron. Pero mirando los datos, queda claro que los años de

Calderón fueron especialmente propicios para el involucramiento de Estados Unidos y sus agencias de seguridad, especialmente la DEA (Drug Enforcement Agency), cuyos agentes hicieron y deshicieron a voluntad.[28] De cualquier manera, y por la razón que fuere, Fox nunca estuvo dispuesto a llegar a los extremos de sus sucesores Calderón, Peña Nieto o, bajo otro esquema, López Obrador. En esto siempre ha sido muy claro. Estuvo en contra entonces. Y lo estaba todavía en 2019, cuando hablé con él.

Pese a todo ello, probablemente en busca de equilibrios, nombró a un general por primera vez al frente de la Procuraduría General de la República. Y tras el fracaso del experimento Aguilar Zínser, aparcó cualquier veleidad de reforma. Como se vería a lo largo de su mandato (que dura seis años en México y se conoce como el *sexenio*), colocó los principales operativos contra el narco en manos de militares. Tiene uno la impresión, más bien, de que todo ello le sucedió arrastrado por la realidad y siempre con reticencias. Hay muchos ejemplos. Pero el siguiente ilustra a la perfección el mecanismo.

La Fiscalía Especializada para la Atención a Delitos contra la Salud (FEADS) era el organismo que sustituyó al Instituto Nacional para el Combate a las Drogas, desmantelado en 1997 tras la detención del general que lo dirigía, el ya famoso Jesús Gutiérrez Rebollo, por estar a sueldo de los criminales. En una operación relámpago, el jueves 16 de enero de 2003, el Ejército ocupó las instalaciones de la FEADS en 11 de los 31 estados del país. Fue una acción con escasos precedentes, que vino a certificar la corrosiva penetración de las bandas delincuenciales en todas las instituciones del Estado.[29] Más de 150 policías, investigadores y

---

[28] Carlos A. Pérez Ricart, *Cien años de espías y drogas. La historia de los agentes antinarcóticos de Estados Unidos en México*, Penguin Random House, México, p. 321, 2022.

[29] Juan Jesús Aznárez, "El Ejército mexicano desmantela la policía antidroga por corrupción", *El País*, 18 de enero de 2003, en https://elpais.com/diario/2003/01/18/internacional/1042844412_850215.html.

administrativos fueron retenidos en la capital para determinar el origen de sus propiedades, sospechosas de haber sido adquiridas de forma ilegal. El grado de corrupción estructural entre sus mandos y casi 700 agentes[30] sorprendió, dada la relativa juventud del organismo.

El fiscal (el general que había nombrado Fox) anunció que la FEADS sería desmantelada (como su antecesora) y sustituida por otra entidad. También se investigaba a más de 500 agentes de la antigua Policía Judicial Federal (PJF, ya extinta) y 10 de la nueva Agencia Federal de Investigación (AFI). De tanto crear cuerpos policiales o fiscales (INCD, FEADS, PJF, AFI), desmantelados cuando el narcotráfico los pudría con sobornos y cohechos, México se estaba quedando sin alternativas. Más aún, se estaba quedando también sin letras en el abecedario para tanta sigla. Sólo quedaban los militares.

Como afirmaba una crónica de la época: "Cuando los cuerpos locales de policía son corrompidos, llegan los policías federales para poner orden, y cuando éstos sucumben, interviene el Ejército, acechado también por las millonadas manejadas por los cárteles".[31]

Pese a todo lo anterior, la determinación de Fox se mantuvo relativamente firme. No meterse en el avispero, como denomina él la *guerra contra el narco* de Calderón, pese a la amenaza que por omisión, inacción o permisividad ello suponía para la vida y el bienestar de los mexicanos, como trágicamente habría de verse en los años venideros. No se metió, se examinarán luego sus razones. Y no lo hizo aunque era perfectamente consciente del creciente control de las bandas criminales sobre partes de la economía y el territorio mexicano.

---

[30] Carlos A. Pérez Ricart, *Cien años de espías y drogas*, p. 320.

[31] Juan Jesús Aznárez, "El Ejército mexicano desmantela la policía antidroga por corrupción", en *El País*.

∴

**ANTES DE ESTE DESLIZ,** Fox se hizo una pregunta que también quedó como un cabo algo suelto. "¿Cómo voy a tener ascendente?", se interpela a sí mismo el presidente de la República en referencia a su secretario de la Defensa Nacional. La cuestión, en sí misma, no podría resultar más que estrambótica en cualquier democracia avanzada. Y la respuesta, sonrojante por obvia: porque el presidente de la República *es* el comandante en jefe y si el secretario o ministro de Defensa, por muy general del Ejército que sea, se resiste a una orden, discrepa de una directriz o maniobra para dificultar el despliegue de una política —faltas todas ellas que el general García Vega cometió con seguridad—, siempre tiene la puerta abierta para marcharse. O para que le echen.

No en México, por supuesto. La pregunta que se hacía Fox puede en efecto producir sonrojo. Pero está bien tirada y tiene fundamento. Su preocupación sobre qué "ascendencia" o capacidad de influir, no digamos ya de ordenar o mandar, revela que el presidente era consciente de que, efectivamente, había límites en su relación con los militares. Límites que intuía —"¿cómo voy a tener ascendente?"— y que habría de descubrir pronto. Como se ha visto en las páginas anteriores, el general García Vega, solo o en compañía de otros, boicoteó el Consejo de Seguridad Nacional creado por el presidente, encabezado por Aguilar Zínser. Como consecuencia de lo anterior, éste salió del gobierno. El general también cerró las puertas a cualquier veleidad de reforma de los ministerios militares, fuera cual fuera la opinión de los legisladores y, en última instancia, de los ciudadanos, justo en el momento en que la cuestión se hubiese podido poner encima de la mesa tras 71 años de régimen del PRI.

En definitiva, la fuerza gravitatoria del Ejército y la presión de sus pares pudo más que la obediencia debida al presidente de la República. Por desgracia, la pregunta que con acierto se hacía el presidente Fox sobre cómo o cuánta ascendencia iba a tener sobre el Ejército se respondió sola en los años y las presidencias siguientes: poca y delimitada. Con todo, Fox se mantuvo firme en su idea inicial de no involucrar al Ejército de forma masiva en el combate contra el narco. Su sucesor, pese a los consejos y las advertencias que recibió, hizo lo contrario. El resultado fue una hecatombe.

## 4

## MIRA, CON EL *NARCO* NO TE METAS

**LA ESCENA NO PODRÍA** parecer más anodina. En una escuela de enseñanza secundaria, a mediados de los años setenta, un profesor pregunta a sus estudiantes qué desearían ser de mayores. Uno a uno desgranan sus preferencias. Las respuestas resultan, por lo general, tan comunes, corrientes y faltas de interés como la pregunta misma: médico, profesor, astronauta... Hasta que le llega el turno a Felipe Calderón. Ante el asombro de sus compañeros, el niño Calderón contesta: "Presidente de la República".[1] Unos 30 años después, Calderón se colocaría, efectivamente, la banda presidencial. En otros seis dejaría a México sumido en la peor crisis de violencia de su historia. Con la ventaja de juzgar en retrospectiva, aquella escena en la escuela no resultó tan anodina como pareció en su momento.

Uno de los últimos días de invierno, en marzo de 2019, acudí a las oficinas de Calderón, en el sur de la Ciudad de México, cerca de San Ángel Inn (así quedó registrado en mi grabadora), un restaurante tradicional muy popular entre las clases acomodadas de toda la ciudad, turistas con dinero, políticos y periodistas. De in-

---

[1] El periodista mexicano Salvador Camarena relata esta historia cuya fuente es Alma Delia Álvarez, compañera de escuela de Calderón. Álvarez había hablado antes con *The New York Times*. Salvador Camarena y Jorge Zepeda Patterson, *El presidente electo. Instructivo para sobrevivir a Calderón y su gobierno*, Planeta, México, p. 15, 2007.

mediato me acompañaron a una sala de espera y me senté en una de las butacas. Una asistente muy amable se acercó, se presentó y sin más preliminares me dijo: "El presidente Calderón me ha preguntado si la entrevista va a ser sobre la guerra contra el narco".

Le contesté que, como le había anticipado, mi intención era hablar en general sobre las dificultades que supone gobernar México y América Latina. Pero que, naturalmente, también pensaba tratar el asunto de la guerra contra el narco. Me aseguró que el expresidente me atendería en breve y se retiró sin más comentarios. Calderón me recibió en su despacho a los pocos minutos.

Antes, en el ascensor, había coincidido con Margarita Zavala, su esposa. Con ella andaba por entonces Calderón lanzando un nuevo movimiento político tras romper con el Partido Acción Nacional (PAN), la formación que les había llevado a la presidencia tanto a él como a su antecesor, Vicente Fox. Ella se había marchado tras no conseguir la nominación como candidata a la presidencia de México. Le recordé a Zavala que nos habíamos conocido en los años noventa. Me saludó con la cortesía profesional de los políticos, como si lo recordara, algo altamente improbable por lo demás.

Les conocí a ambos a mediados de los años noventa del siglo pasado. Con 33 años, Calderón era el secretario general más joven del PAN, conservador y de fuerte raigambre católica. Fue luego presidente del partido, diputado, director de un banco público unos pocos meses, secretario (ministro) de Energía menos de un año, cargo del que dimitió tras una escaramuza política con el presidente Fox, con la idea ya instalada de que iba a buscar la presidencia en 2006, objetivo que logró (Fox tenía otro candidato). En aquella campaña le confesó a un periodista lo siguiente: "Tengo un temperamento fuerte, pero también un carácter muy firme [...] Estoy convencido de que a este país le hace falta carácter, le hace falta liderazgo firme, decisiones firmes, mano firme también".[2]

---

[2] Salvador Camarena y Jorge Zepeda Patterson, *El presidente electo*, p. 48.

No resulta fácil establecer de dónde provienen esas convicciones tan sólidas. Ni tampoco por qué son tan sólidas, o por qué sostiene él que son tan sólidas. Su tiempo de servicio público apenas sumaba dos años (él tenía ya más de 40) y su vida política había transcurrido mayormente en el seno del partido. Incluso después de haber ejercido la presidencia de México durante seis años y haber publicado un libro sobre su vida política recientemente,[3] cuesta encontrar una formulación general de sus ideas o un sustento teórico de éstas. La primera parte de ese libro, *Decisiones difíciles*, recuerda vagamente a un largo relato de *boy scouts* católicos.[4] Mucho entusiasmo en el futuro del partido —y en el suyo propio, sobre todo—; mucha fe en el cambio; mucha reunión; mucho viaje a eventos (de partido) y mucho predicar su evangelio político, aunque sin apenas detalles sobre en qué consistía éste.

Completa el texto la minuciosa enumeración de las pequeñas miserias y enfrentamientos en el seno de su partido. Asuntos menores todos ellos, pero generosamente tratados en el libro porque quizá nadie le explicó a Calderón en su día que no hay nada revelador en ellos, y que esos minúsculos conflictos constituyen el día a día de cualquier formación política desde los tiempos de Jesucristo. El resto de la obra se limita a defender sin fisuras su acción de gobierno. Y a disimular o minimizar aquello que incluso a él le resulta imposible defender, con fisuras o sin ellas. Se incluyen también los habituales ajustes de cuentas, más o menos insignificantes, más o menos mezquinos.

La sensación que queda, en resumen, es la de un político con más ambición que capacidades, que vio descarrilar su mandato por la ola de violencia que se desató en el país a partir de 2006 —en parte por sus decisiones— y que parece dedicar desde

---

[3] Felipe Calderón Hinojosa, *Decisiones difíciles*, Penguin Random House, México, 2020.

[4] En aras de la transparencia, yo fui miembro del Movimiento Scout Católico (MSC) español en mi adolescencia.

entonces una parte notable de su tiempo a rehabilitarse ante la historia. Una tarea complicada. Cuando salió el tema de la guerra con el narco en la conversación, ya sentados ambos en sendas butacas en su despacho, Calderón me dijo:

—La tradición del PRI viejo que heredó Fox y mucha de su gente es: "Mira, no te metas con ellos, ahí llévatela tranquila".

Hay mucho en esta frase sobre lo que reflexionar. Lo más urgente quizá sea lo siguiente. El consejo de un presidente de la República a su sucesor en el cargo fue —conviene prestar atención a cada palabra— "ahí llévatela tranquila". Es cierto —como argumentó Fox el día que le visité en su rancho— que los índices de violencia se encontraban en niveles relativamente bajos durante aquellos años. Pero también lo es que la impotencia de las fuerzas del orden para asegurar el imperio de la ley resultaba ya evidente. No sólo para un observador atento. También para la generalidad de los ciudadanos. En realidad, para todo aquel que quisiera ver. Lo mismo sucedía con las causas de todo ello: la extendida corrupción entre los cuerpos policiales, así como su incapacidad manifiesta ante el creciente poder de las bandas criminales.

Lo segundo que conviene sopesar con minuciosidad es qué quiere decir exactamente Calderón cuando alude a "la tradición del PRI viejo". Hasta el triunfo de Fox en el año 2000, el Partido Revolucionario Institucional (PRI) gobernó durante 71 años —en aquel momento el sistema de partido único más longevo del mundo—, décadas durante las que tejió un espeso entramado de intereses en el que políticos, empresarios, sindicalistas, escritores o artistas mantenían unas relaciones simbióticas, transparentes unas, siniestras otras, antidemocráticas y corruptas la mayoría. Prácticas que confirieron una capa de legitimidad a un régimen que, a todas luces y bajo cualquier criterio internacional, carecía de ella.

Esa larga lista de actores incluye también a las bandas criminales dedicadas al tráfico de drogas. Su supeditación al poder político —gobernadores, jefes de policías estatales y locales— está bien documentada desde el inicio del régimen, en los años veinte del siglo pasado. El académico Luis Astorga señala lo siguiente en un preciso estudio sobre el periodo de gobierno de Calderón:

> La característica de todos esos años es que con los acuerdos entre el poder central y los poderes locales, el manejo del fenómeno de las drogas estará vinculado a los gobernadores, a los jefes de las policías y a la principal estructura del poder local, sobre todo en los estados del norte y noroeste del país [...] El tráfico de drogas en México nació subordinado a la política desde los tiempos de la Revolución, se reforzó en el Estado posrevolucionario dominado por el partido de Estado [...] y así continuó durante siete décadas.[5]

Que la vieja guardia del PRI y algunos colaboradores de Fox compartieran una estrategia respecto a las bandas de traficantes mezcla de convivencia, sociedad de socorros mutuos y siniestra *Realpolitik* es una cosa. Que un presidente le dijera a su sucesor que ése era el *statu quo* que convenía mantener es otra. La acusación resulta más grave, con una carga moral y unas consecuencias muy distintas sobre la gobernabilidad del país, sobre la vida y la muerte de sus ciudadanos. Cuando le insistí a Calderón sobre el matiz, éste se reafirmó:

—A mí me dijo literalmente Fox en su oficina de la transición, en una de las dos ocasiones en las que pude hablar antes de ser presidente en cinco meses: "Mira, con eso no hay que meterse".

Se mire por donde se mire, el relato resulta extraordinario. Dice Calderón que Fox le advierte de que no se meta con "eso". Y le resulta difícil a uno imaginar una expresión más gráfica de la impotencia del poder, o del presidente en turno, o del Estado, en un asunto, además, del que dependerán las vidas de tantos miles de personas. No se trata ya de la impotencia de un presidente para tener ascendencia sobre el secretario de la Defensa Nacional,

---

[5] Luis Astorga, *"¿Qué querían que hiciera?" Inseguridad y delincuencia organizada en el gobierno de Felipe Calderón*, Grijalbo, México, pp. 159-160, 2015.

como se ha visto con Fox. O sobre la administración para que ésta ejecute sus planes políticos sin arrastrar los pies. O sobre los diversos grupos que buscan mantener sus privilegios a como dé lugar. No. Impotencia del Estado en sí.

El presidente sabe que existe "eso": grupos delincuenciales que a partir del tráfico de drogas extienden sus tentáculos a cada vez más actividades. Secuestran, cobran extorsiones a otros negocios en territorios que controlan, se infiltran a base de sobornos en los cuerpos de seguridad, ponen y quitan políticos, asesinan con impunidad. Y le dice a su sucesor que no se meta con "eso". Porque no hay manera de que nadie salga bien librado de ese enfrentamiento. Y su sucesor decide ignorar ese consejo (se analizarán luego las razones). Y la decisión de ignorar ese consejo desemboca en una catástrofe inenarrable, de proporciones inconmensurables, un cúmulo de horrores cuyo desglose continúa espantando casi 20 años después. Con "eso" no te metas. Con razón. Porque no se puede, concluiría uno. O no se pudo. O no se podía sin arreglar antes los numerosos descosidos en los cuerpos de seguridad y los organismos de inteligencia que coadyuvaron a la hecatombe. Cosa que, evidentemente y vistos los resultados, ni se hizo ni se intentó hacer en serio.

Cuenta Calderón que Fox le dice que no se meta con "eso" en una de las dos ocasiones en las que pudo hablar con él durante la transición entre ambas administraciones. Fruto de que durante siete décadas todos los presidentes fueron del mismo partido, México mantenía una transición presidencial de cinco meses, un periodo anacrónicamente extenso en una democracia moderna.[6] Un rastreo por los periódicos de la época arroja en efecto que Fox y Calderón se reunieron dos veces.[7] La primera fue el 6 de

---

[6] Una reforma reciente ha acortado ese periodo. En 2024, la elección se celebró en junio y la toma de posesión de la ganadora, en octubre.

[7] En realidad, fueron tres. Pero una de ellas, el 9 de octubre de 2006, tuvo lugar en el rancho San Cristóbal, propiedad de Fox, en Guanajuato. Según Notimex, la agencia de noticias estatal mexicana, el encuentro "trans-

septiembre, en la residencia oficial de Los Pinos. Fox recibió a Calderón en su despacho, donde conversaron durante unos 30 o 40 minutos. Luego pasearon por los jardines interiores del complejo "para ultimar los detalles de los acuerdos alcanzados".

Un cierto misterio envuelve el segundo encuentro. Tuvo lugar el 15 de noviembre. Calderón llegó, solo, poco antes de las 8:30 de la mañana. Entró a la residencia oficial por la puerta central, donde fue recibido por el jefe del Estado Mayor Presidencial, el general Armando Tamayo. Una hora después se fue. Según la agenda oficial de Fox, el encuentro no estaba programado.[8]

Se dijeran lo que se dijeran ambos presidentes, Calderón guarda un rencor mal disimulado sobre el proceso de transición, así como sobre el contenido y el número de reuniones ("una de las dos ocasiones en las que pude hablar antes de ser presidente en cinco meses"). Pero especialmente a propósito de lo siguiente, el punto que enfrentó a ambos en los meses y años subsiguientes. Que Fox le entregó a Calderón un país "en paz"[9] y sin mayores problemas de orden público, según el primero. Que Calderón recibió un país al borde del colapso en seguridad, con las bandas criminales dedicadas al narcotráfico controlando parte del territorio nacional, y con el Estado al borde de la claudicación ante los delincuentes, según él mismo.

---

currió en un ambiente de concordia [...] Calderón acudió acompañado por su esposa, Margarita Zavala, y sus tres hijos". Parece normal que, siendo una reunión familiar, en el rancho del todavía presidente, no figure ni en la memoria de Calderón, al menos respecto al tema que ocupa este texto: el de la seguridad del Estado y el surgimiento del tráfico de drogas y de la actividad de las bandas de traficantes. Rubén Aguilar y Jorge G. Castañeda, en su libro *La diferencia*, sostienen que fueron cinco las reuniones.

[8] Redacción, "Sin acompañantes, Calderón se reúne con Fox en Los Pinos", *Proceso*, 15 de noviembre de 2006, en https://www.proceso.com.mx/223021/sin-acompanantes-calderon-se-reune-con-fox-en-los-pinos.

[9] John Lyons, "Fox Reviews His Leadership of Mexico", *The Wall Street Journal*, 14 de septiembre de 2006, en https://www.wsj.com/articles/SB115820111790862714.

En 2006, el año en que Fox abandonó la presidencia y Calderón la asumió, México registró de media 9.5 homicidios por cada 100 000 habitantes.[10] Seis años después, al final del mandato de Calderón, el indicador se había disparado a 21.5 homicidios. Se produjeron decenas de miles de muertos y de desaparecidos. Las denuncias de abusos contra el Ejército se multiplicaron. Y la percepción general era de conmoción e incredulidad por la forma en la que el Estado mexicano parecía estar perdiendo el control de partes del territorio. También en foros internacionales, donde comenzó a formularse la pregunta, primero en voz baja, después ya de forma abierta, que todo gobernante —y todo ciudadano— teme: ¿se había convertido México en un Estado fallido, o se encaminaba de forma inexorable a ello? Estas dudas, expresadas en voz alta en foros internacionales, habían ya arruinado la imagen de la presidencia de Calderón. Aunque el presidente, que acabó su mandato con índices de aprobación cercanos al 60%, aún no fuera consciente. O no quisiera ser consciente de ello. Hasta que lo fue. Dedicaría muchos esfuerzos a reescribir la historia en los años siguientes.

El consenso de los analistas políticos fue que la presidencia de Felipe Calderón sería recordada como la más violenta de los últimos 50 años.[11] Los mexicanos, por lo general, lo vivieron como un descenso al infierno de Dante en el que cada nivel multiplicaba los índices de asesinatos, los decapitados, las personas desaparecidas, desmembradas, enterradas en cemento o disueltas en ácido. Fueron días negros. Las torturas, los excesos de las fuerzas del orden, las masacres continuaron sumándose en las dos adminis-

---

[10] Banco Mundial, "Homicidios intencionales (por cada 100 000 habitantes) en México", en https://datos.bancomundial.org/indicador/VC.IHR.PSRC.P5?locations=MX.

[11] María Fernanda Somuano Ventura y Reynaldo Yunuen Ortega Ortiz, "Introducción: el periodo presidencial de Felipe Calderón Hinojosa", artículo en revista *Colmex*, núm. 219, 2015, en https://repositorio.colmex.mx/concern/articles/pn89d717r?locale=es.

traciones que siguieron a la suya, hasta que el horror total acumulado a finales de 2019 resultó difícilmente imaginable: 275 000 asesinados, 61 000 desaparecidos, 3 000 fosas clandestinas.[12]

Cada presidente calibra de forma distinta lo urgente, lo necesario y lo posible. La particular mezcla de lo urgente, lo necesario y lo posible que destiló Calderón, sin embargo, produjo un claro parteaguas con un pasado en el que los equilibrios de los traficantes de droga, la clase política, los militares y las fuerzas policiales —equilibrios todos ellos entreverados de corrupción— no se traducían en los niveles de violencia que en los últimos años han horrorizado a México y al mundo. En el imaginario colectivo de muchos mexicanos, Calderón se convirtió en el presidente que por ineptitud, por cálculo político, por maldad o por una mezcla de todo lo anterior desató los demonios del país. Así que la pregunta de su ayudante —"¿La entrevista va a ir sobre la guerra contra el narco?"— de seguro reflejaba, de alguna manera, las propias angustias del expresidente. Y al mismo tiempo resultaba perfectamente comprensible.

• • •

**LOS ERRORES DE CALDERÓN,** con todo, no borran las responsabilidades de su antecesor. La libertad y la igualdad son banderas más fáciles de enarbolar que la seguridad o el orden, porque estas últimas comportan sanciones y prohibiciones. Y en última instancia, el uso de la fuerza para respaldarlas. Cuando un Estado deja de asegurar el imperio de la ley —más allá de un delito o de una actividad en particular— está sentando las bases de una sociedad desarticulada cuyo destino final no puede ser otro que el caos y la desconfianza universal. Y México estaba perdiendo a ojos vista tres monopolios irrenunciables para cualquier Estado: el de la fuerza legítima; el de promulgar y hacer cumplir

---

[12] René Delgado, "Abrazos de salva", *Reforma*, 25 de enero de 2020.

las leyes; y el de recaudar impuestos, en parte porque las bandas criminales obtenían cada vez más ingresos de cobrar una tasa a individuos y empresas, grandes y pequeñas, pero sobre todo pequeñas —el llamado *derecho de piso*— por ejercer su actividad y evitar males mayores, normalmente acabar cosido a balazos. México había perdido el monopolio de la violencia legítima. Aunque, de forma paradójica, el Estado no se había echado nunca atrás a la hora de ejercerla cuando lo consideró imprescindible. La matanza de estudiantes en Tlatelolco en 1968 fue quizás el episodio más traumático de la historia reciente de México. Para Fox, esa violencia —la razón de Estado— marca a un presidente. Él quiso evitarlo. Y, de alguna manera, lo logró. Su sucesor no. Así que, en su rancho en Guanajuato, le pregunté cómo debería haber gestionado Calderón la herencia que él le dejó como presidente en diciembre de 2006. ¿Cómo haber evitado la espiral de violencia, los homicidios, así como las violaciones de los derechos humanos, las torturas y las desapariciones por parte de las fuerzas del orden que se habrían de suceder en los años posteriores a su mandato? La reflexión de Fox, en apariencia sin ironía alguna, fue la siguiente:

> Si yo tuviera vivo al obispo Samuel Ruiz [el religioso que ejerció de mediador en el conflicto[13] con el Ejército Zapatista de Liberación Nacional, EZLN] y yo estuviera de presidente, mandaba al obispo, le diría: "Vete a ver a esos cuates [se refiere a las bandas de traficantes], a ver cómo se calman". Si a mí me hubiera tocado ese problema, esa hubiera sido mi solución. No me tocó, entonces para qué chingados me meto. Pero yo me hubiera ido por esa vía. Estados Unidos está lleno de criminales, de drogas. Y conviven.

---

[13] El 1º de enero de 1994, el autodenominado Ejército Zapatista de Liberación Nacional se levantó en armas en el estado de Chiapas contra el gobierno mexicano. Tras unas semanas de combates, el conflicto se encauzó por una larga y tortuosa senda de negociaciones y acuerdos, que se alargaron años. El presidente en el momento del estallido del conflicto era Carlos Salinas de Gortari.

En Europa mejor te haces pendejo. A grado tal que llegas mejor a legalizar y terminas esas guerras inútiles. A mí me llegaron a crear el mito de un presidente débil que no ejercía. ¿Por qué no corrí a los macheteros de las calles? Por estrategia. ¿Por qué López Obrador no corre o no lleva a la cárcel a estos que le tomaron la glorieta de Insurgentes, los destrozos que hicieron [en referencia a varias protestas en el inicio del mandato de López Obrador]? Por estrategia. No por miedo. A mí me acusaron de que fue por miedo y debilidad. A López Obrador no le dicen que es por miedo o debilidad, que es por estrategia. Yo así lo hice y así salí de la Presidencia, afortunadamente con el cariño de mucha gente, con la aprobación del 65% y sin broncas grandes.

La bondad de cualquier decisión política ha de ser juzgada, entre otros parámetros, también por sus consecuencias a mediano y largo plazos. No sólo por las más inmediatas. Guanajuato, la entidad de la que Fox fue gobernador antes de ser presidente —"salí de la Presidencia con el cariño de mucha gente"—, y donde mantuvimos la conversación, es la desgraciada prueba de cargo. En enero de 2010, ese estado registró 36 homicidios; en enero de 2020 contó más de 400. El expresidente de México Andrés Manuel López Obrador declaró en 2020 que la violencia en Guanajuato estaba fuera de control,[14] como si la cosa no fuera con él: es el PAN, opositor, el que gobierna la entidad. "Mientras no hubiera muertos, ¿qué chingados?", me había dicho Fox. Los muertos tardaron, pero llegaron. Los muertos llegaron también a Guanajuato. Los muertos llegaron a las puertas del rancho del expresidente.

Pese a que insistiera —durante la charla que mantuvimos en Guanajuato— en la paz sin muertos que reinó bajo su presidencia, la verdad es que el escenario de seguridad en 2006 era ya extremadamente comprometido. La República mexicana había per-

---

[14] Elena Reina, "La narcoviolencia en la tierra mexicana de la prosperidad", *El País*, 16 de febrero de 2020, en https://elpais.com/internacional/2020/02/15/mexico/1581790190_767676.html.

dido el control territorial de amplias zonas del país. Los conflictos con Estados Unidos por la violencia en la frontera norte subían de tono. Las guerras entre bandas de traficantes se multiplicaban —aunque aún no llegaban a la intensidad de los años siguientes— y el trasiego constante de drogas hacia el vecino del norte se mantenía, como mínimo, inalterado.[15] Pero lo que se le ocurrió al presidente en aquel momento, 15 años después de los hechos, fue lo siguiente: "Vete a ver a esos cuates, a ver cómo se calman".

• • •

QUIZÁ PORQUE no les fue a ver ningún obispo, los cuates no se calmaron. Dos años después de salir Fox de la Presidencia, la situación era otra. Completamente distinta y mucho peor. El 21 de agosto de 2008 tuvo lugar la XXII Sesión Ordinaria del Consejo Nacional de Seguridad Pública, en la que se firmó un documento a cuyo nombre no le faltaba ambición: Acuerdo Nacional por la Seguridad, la Justicia y la Legalidad. México es muy dado a firmar acuerdos para acabar con cualquier plaga. Se practica incluso entre organismos del mismo gobierno,[16] tratando de

---

[15] María Fernanda Somuano Ventura y Reynaldo Yunuen Ortega Ortiz, "Introducción: el periodo presidencial de Felipe Calderón Hinojosa", artículo en revista *Colmex*.

[16] Como ejemplo de la persistencia —e inutilidad— de esta práctica, el 5 de marzo de 2020, el presidente de México Andrés Manuel López Obrador "firmó un acuerdo de colaboración" con el presidente de la Suprema Corte de Justicia y con el fiscal general de la República "a fin de esclarecer los hechos" de septiembre de 2014, conocidos como *caso Ayotzinapa*, cuando 43 estudiantes fueron secuestrados y asesinados en el estado de Guerrero, en circunstancias todavía no esclarecidas. Vale la pena enfatizar el hecho: tres instituciones del Estado (presidente de la República, presidente de la Suprema Corte y fiscal general) acuerdan colaborar entre sí para esclarecer un caso que llevaba seis años sin ser esclarecido. Alma E. Muñoz y Alonso Urrutia, "Firma AMLO convenio con la SCJN y la FGR para esclarecer el caso Iguala", *La Jornada*, 6 de marzo de 2020, en https://www.jornada.com.mx/2020/03/06/politica/013n3pol.

crear la ilusión entre los ciudadanos de que las autoridades, la iniciativa privada y cualquiera de buena fe que se quiera sumar disponen de la voluntad política —y las herramientas— para solucionar los problemas, cosa que rara vez sucede. Pero no hay voluntad. O hay poca voluntad. Y no existen las herramientas. No se necesitaba ser adivino en 2008 para prever que resultaba muy improbable que el Acuerdo Nacional por la Seguridad, la Justicia y la Legalidad fuera a traer seguridad, justicia o legalidad, como efectivamente resultó.

El diagnóstico de aquel documento, sin embargo, era correcto. De la farragosa prosa oficial y los eufemismos —otra constante de América Latina en general, y de la política mexicana en particular—, los académicos especializados en el estudio de las bandas criminales y el narcotráfico entresacaron la siguiente conclusión: "Se reconoció lo evidente: la corrupción, la impunidad, la falta de coordinación entre autoridades, la inseguridad, la violencia, el deterioro institucional en los ámbitos de la seguridad pública y la procuración de justicia, 'problemas desatendidos a lo largo de décadas'".[17] Era, casi palabra por palabra, lo que Adolfo Aguilar Zínser nos había contado siete años antes a Neus Caballer y a mí en un bar de Madrid.

Menos de un año después, en abril de 2009, un documento conjunto de la Secretaría de Gobernación, la Secretaría de la Defensa, la Secretaría de Marina, la Secretaría de Seguridad Pública y la Procuraduría General de la República (fiscalía) sostenía que "la violencia y la inseguridad tenían secuestradas a muchas poblaciones del país" en el arranque de la presidencia de Calderón.[18] Los más críticos podrán argüir que el presidente había forzado la mano a todos los organismos y las hadas madrinas de su gobierno para que pintasen de negro tenebroso el paisaje que

---

[17] Luis Astorga, *"¿Qué querían que hiciera?"*, p. 40.

[18] "Modelo de operación estratégica y táctica frente a la delincuencia organizada. Por un México libre de delincuentes", 30 de abril de 2009.

él había heredado de Fox. La intención no declarada de esta maniobra habría sido, por supuesto, justificar de forma retroactiva la necesidad de la decisión de combatir frontalmente a las bandas criminales con el Ejército (así como su correlato, el aumento en el número de homicidios y las denuncias de violaciones a los derechos humanos). Quizá fuera así. Pero la descripción no podía ser más precisa, como por desgracia se vio luego.

La simulación no es ajena a ningún discurso político, tampoco en México. O especialmente en México. Sólo que esta vez era cuestión de vida y muerte; de miles de ciudadanos que serían asesinados, torturados o habrían de desaparecer en los años siguientes. México aún ignoraba, pero habría de descubrir pronto, el terrible destino que le esperaba. Y si los altos responsables políticos eran conscientes del sustrato altamente inflamable sobre el que el país se asentaba, no está tan claro que sí supieran de lo inadecuado de las herramientas con las que se aprestaban a combatirlo; de lo errado de las estrategias, de los paupérrimos medios y de la escasa capacidad y preparación de las fuerzas del orden; ignorancia ésta a la que sus mandos no eran completamente ajenos.

La paradoja de estos informes que venían a reconocer con impronta oficial la impotencia del Estado mexicano en la lucha contra las bandas de traficantes y malhechores es que se produjeron en 2008. Para entonces, Calderón y sus militares llevaban ya dos años de guerra abierta con aquéllos. Se elabora el documento con toda la pompa (Acuerdo Nacional para la Seguridad, la Justicia y la Legalidad) no antes, o en preparación de la batalla con las organizaciones criminales. Se firma el pacto dos años después. Mayormente para justificar, de forma retroactiva, lo que ya comenzaba a perfilarse como un fracaso épico.

• • •

**LA TRANSICIÓN** entre Fox y Calderón se produjo el 1º de diciembre de 2006. Calderón había ganado las elecciones del mes de julio anterior por una diferencia mínima, de apenas 0.56 puntos porcentuales, el proceso electoral más controvertido desde la elección de 1988.[19] Logró un magro 35.89% del voto válido (en México no hay segunda vuelta o balotaje), una cifra con la que resultaba difícil o resultaba imposible proyectar la imagen de que el candidato o su programa habían logrado un amplio respaldo social. Entre acusaciones de fraude, el perdedor, Andrés Manuel López Obrador, no aceptó el resultado y organizó un movimiento de resistencia civil en las calles. Hubo impugnaciones. La máxima autoridad electoral no certificó hasta el 5 de septiembre que el triunfo de Calderón era válido.

Pero el candidato dio muestras de impaciencia ya al día siguiente de la votación. El lunes 3 de julio acudió al noticiero estrella de Televisa, la cadena más poderosa del país. Insistió en que le reconocieran su triunfo. Criticó a *The New York Times* que, como la mayoría de los periódicos internacionales, había destacado lo ajustado de la votación, que el escrutinio no había terminado y que aún faltaba un largo camino hasta que Calderón fuera declarado presidente electo. El presentador del programa también se lo recordó, lo que terminó por exasperarle.[20] El escritor Juan Villoro señaló:

> Calderón ha mostrado que la calma no es lo suyo. En su entrevista con [Carlos] Loret de Mola arremetió contra *The New York Times* y dijo que los norteamericanos debían venir a tomar lecciones

---

[19] En 1988, el candidato del PRI, Carlos Salinas de Gortari, fue proclamado vencedor después de una caída del sistema de escrutinio de votos en un momento en el que iba por delante su contrincante, Cuauhtémoc Cárdenas, de Partido de la Revolución Democrática (PRD) y tótem de la izquierda mexicana. Cárdenas es hijo de Lázaro Cárdenas, el presidente que nacionalizó el petróleo en los años treinta y uno de los mandatarios más queridos en México. Tanto el candidato perdedor como muchos analistas e historiadores consideran que, efectivamente, el PRI consumó un fraude electoral aquel año para asegurar el triunfo de Salinas.

[20] Salvador Camarena y Jorge Zepeda Patterson, *El presidente electo*, p. 182.

de democracia. Si cuando está de buenas se refiere así al país más poderoso del mundo, habrá que verlo en una crisis de carácter.[21]

Villoro había *leído* bien a Calderón. El carácter de éste había de jugar un papel destacado en las crisis que siguieron. Y en las opciones que él tomó ante aquéllas.

Numerosos analistas consideran que el resultado de la elección y la falta de legitimidad, real o percibida —o real y percibida— del triunfo de Calderón marcaron el inicio de su mandato. Y, eventualmente, también el desastroso final.[22] No se trataba únicamente de que el candidato opositor le rechazara en las calles. Casi la mitad de la población le ponía en cuestión. Y después de la elección de 1988, gran parte de la izquierda consideraba que por segunda vez les habían robado un triunfo en las urnas. No sólo no se aceptaba la legitimidad de la victoria de Calderón. En el fondo, se ponía en cuestión el sistema político mismo.[23] El expresidente me reconoció que los problemas de falta de legitimidad sí le pesaron al inicio de su presidencia:

—Del minuto menos cero, como dice el actual presidente,[24] ¿no? Del minuto menos diez yo llegué a una presidencia con la mayor oposición decidida a derrocarme por una vía más o menos violenta. Eso implica un margen de acción extraordinariamente limitado.

—¿En ese momento se dio cuenta de que su poder era limitado?

---

[21] Juan Villoro, "La división", *Reforma*, 7 de julio de 2006.

[22] Lorenzo Meyer, "Felipe Calderón o el infortunio de una transición", *Foro Internacional*, vol. LV, núm. 1, 2015, en https://forointernacional.colmex.mx/index.php/fi/article/view/2261.

[23] *Idem*.

[24] Se refiere Calderón a López Obrador, quien en unas declaraciones aseguró que el crecimiento económico "en algunos estados del sureste es de menos cero", en https://www.youtube.com/watch?v=xg8ARayUHZU. Liga consultada el 21 de marzo de 2020. El video ya no está disponible en YouTube.

—Pues no hay un momento. Cuando estás llegando a la presidencia y tu primera tarea es poder tomar posesión y hacer la protesta constitucional, el tener el poder para hacer cosas ya es una exquisitez. Desde el primer momento siempre fue luchar contra la adversidad.

No resulta extraño, pues, que Calderón interpretase cualquier incidente de orden público durante los largos meses de transición como un desafío a su legitimidad y una amenaza a su eventual toma de posesión. Y que, por tanto, sintiera que necesitaba afirmar su autoridad con los militares, a juzgar por el relato que me hizo Fox en su rancho:

> Al término [de mi mandato], otra vez Calderón me acusó con aquello de Oaxaca[25] [unas protestas del sindicato de maestros que degeneraron en revuelta y se salieron de control], cuando él ya era [presidente] electo, cuando él ya se acercaba a la fecha de tomar posesión [1º de diciembre]. Como en México siempre pasa, prueban al nuevo presidente, prueban los violentos, aceleran su paso, meten presión, como pasó en ese momento en Oaxaca con los maestros. Y subió la presión y subió. Yo mandaba a mi excelente secretario, al que se me murió y su gente, buenísimo secretario de Gobernación, ahorita me viene el nombre [Carlos Abascal Carranza], a negociar, calmar, ofrecer, ver cómo paramos esto y llega Calderón a mi oficina y a sombrerazo y grito me dice: "Señor presidente, le demando que pare usted Oaxaca a como dé lugar". Y yo le dije: No lo voy a hacer creando muertos. "Pues manda la [Policía] Federal y manda al Ejército". [Le respondí:] No voy a crear muertos cuando sabemos cuál es el juego en México.

---

[25] A lo largo de muchos meses en 2006, maestros del estado de Oaxaca, que exigían mejoras para las escuelas y otras reivindicaciones, se enfrentaron con las fuerzas del orden y se produjeron numerosos disturbios. Los incidentes se agravaron en los meses de octubre y noviembre, poco antes de la toma de posesión de Calderón.

De esa desavenencia Calderón ofrece en su libro una versión edulcorada, tangencial y notablemente críptica. Esto es, sospechosa. Ni rastro de su reunión con el presidente Fox, a gritos y sombrerazos, según este último. Vistas las fechas de los dos encuentros documentados que mantuvieron ambos durante la transición, resulta más que probable que eso ocurriera en el segundo, aquella breve y misteriosa visita del 15 de noviembre cuando Calderón llegó solo a Los Pinos y salió poco después, una cita que no estaba en la agenda oficial del presidente, y cuando el conflicto de Oaxaca se encontraba en su apogeo.

• • •

**LA TOMA DE POSESIÓN** de Calderón, el 1º de diciembre de 2006, resultó accidentada, por decir lo menos, dando así cuerpo a sus peores pesadillas. La ceremonia, tradicionalmente solemne, adornada con los atributos imperiales que habían caracterizado el régimen del partido único durante décadas, resultó un tumulto para todos los participantes. Y una vergüenza para el Estado. El presidente entrante lo vivió como una humillación. Calderón alcanzó a colocarse la banda presidencial en el Congreso de la Unión entre gritos, protestas y empujones en un acto que apenas duró 10 minutos. Luego se trasladó al Auditorio Nacional, donde pronunció un discurso ante un público fiel. Fue ahí cuando, por primera vez, dejó entrever que el eje de su gobierno lo constituiría la lucha frontal contra las bandas criminales.

Había comenzado el desastre. Sin conocer el detalle del nivel de preparación, parece evidente que el escaso contacto entre el presidente saliente y el entrante (según la propia confesión de Calderón, sólo dos ocasiones), especialmente en temas de seguridad, resultó insuficiente y, sobre todo, poco productivo. El breve periodo de tiempo entre su accidentada toma de posesión (1º de diciembre) y el anuncio de las operaciones militares (11 de diciembre) no permitió, o no pudo permitir, una elaboración detallada de los planes y las estrategias de la guerra, de sus necesidades, de la fortaleza del enemigo ni de sus consecuencias. Se pasó en una mera quincena del *no te metas en ello* al *vamos con todo*.

¿Con cuánta meticulosidad se preparó la operación que habría de alargarse durante todo el mandato presidencial de Calderón? ¿Cuál fue el nivel de detalle y articulación? ¿Cuánto tiempo tomó el estudio de las posibles consecuencias? Resulta difícil de precisar, dado el carácter necesariamente secreto de las reuniones que el presidente electo mantuvo con los mandos militares que iban a hacerse cargo de la operación. Quizá todo eso se trató, de forma vaga, en las reuniones de Calderón con la cúpula militar, según cuenta en su libro de memorias: no iban a pasarse cinco meses los generales únicamente quejándose del maltrato al que, según sentían, Fox les había sometido seis años antes. O rumiando en silencio quién podía o no ser el siguiente secretario de la Defensa Nacional. Es posible que los generales discutieran con el presidente electo la guerra contra el narcotráfico que se avecinaba. Si no lo hicieron —y hay sólidos indicios de que no lo hicieron, como se verá después—, peor.

A falta de documentación oficial, el rastreo en los periódicos durante aquellos meses ofrece pocas pistas. Pero, según afirma Diego Enrique Osorno, un periodista mexicano que ha dedicado la mayor parte de su carrera profesional a investigar a los grupos criminales dedicados al negocio de la droga, "personas cercanas a la toma de decisiones en Los Pinos [la por entonces residencia oficial de los presidentes mexicanos][26] aceptaron en 2009 que la decisión de la *guerra contra el narco* se tomó sin pensar en las consecuencias". Tampoco "se consultó previamente con gente especializada en el tema, ni de México ni de otros países".[27]

---

[26] Los Pinos fue la residencia oficial del presidente de la República hasta que Andrés Manuel López Obrador decidió dejar de usarla al comienzo de su mandato (2018-2024).

[27] Diego Enrique Osorno, *El cártel de Sinaloa. Una historia del uso político del narco*, Grijalbo, México, 2009.

La prueba empírica de todo lo anterior es la propia catástrofe que se abatió sobre el país. Si no se puede derrotar al enemigo es porque éste resulta superior en efectivos o estrategias. O porque las fuerzas propias están menos capacitadas o preparadas. O quizá sean menos de las necesarias. O están infiltradas por el enemigo. Y si todo eso no se sabe, no cabe otra deducción: los servicios de inteligencia o de contrainteligencia no han sido capaces de detectarlo. En política, escribió el filósofo polaco Leszek Kołakowski, que le engañen a uno no constituye una excusa válida.[28] Uno diría que en la guerra, menos todavía.

El poderío de las bandas criminales estaba ciertamente al alza en 2006. Pero resulta claro que el impulso principal de combatirlas —de frente y de inmediato—, sin la adecuada preparación, vino de la necesidad del nuevo presidente de exhibir fuerza por la debilidad política con la que había llegado al cargo, de la habilidad de los militares de utilizar esto último, de todo junto a la vez. Calderón necesitaba a los militares. Ni por tradición institucional ni por inclinación personal cabía esperar otra cosa. Ya había dejado dicho, además, que México requería mano firme. La combinación resultó extremadamente tóxica. Quisieran la guerra o no, los militares no estaban preparados para ella; ni sabían, de forma colectiva, que no lo estaban. Que no tenían poder suficiente para derrotar a esa hidra. Ni tenían idea de su tamaño. Ni de su poder de fuego. Tampoco sabían que no lo sabían. Y el presidente no sabe ni una cosa ni la otra. Sobre el estado real de sus propias fuerzas —o de las del enemigo—, el presidente no tiene la menor idea.

---

[28] Timothy Snyder, *On Tyranny: Twenty Lessons from the Twentieth Century*, Random House, Nueva York, 2017.

# 5

## SE DESATA LA GUERRA

**UNA MAÑANA** de febrero de 2019, lluviosa como casi todas las mañanas en Bogotá, de febrero o no, me reuní con César Gaviria en su casa, un amplio departamento en un barrio bien, entre la séptima avenida y la montaña. Los ventanales filtraban una luz suave que producía una tranquilidad un tanto irreal. Obras de arte en mesas y paredes reforzaban la atmósfera distinguida que respiraba la casa, un entorno en el que costaba imaginar el grado de violencia que ha marcado la vida del expresidente. Su hermano Juan Carlos sufrió un secuestro en 1996. Su hermana Liliana fue asesinada por guerrilleros de las Fuerzas Armadas Revolucionarias de Colombia (FARC) en 2006. Él mismo fue propuesto a la presidencia tras el asesinato del candidato del Partido Liberal, Luis Carlos Galán. La proclamación sucedió en el cementerio durante el sepelio de este último, cuyo jefe de campaña era Gaviria.

El arte es una de sus pasiones conocidas. Instalada en el centro del salón destaca una extraordinaria pieza de Miguel Ángel Rojas, un artista que, entre otros temas, ha explorado con profundidad el dolor y las huellas que décadas de guerra han dejado en el cuerpo y en el alma de los colombianos. Cuando entró Gaviria, le comenté mi admiración por Rojas, cuya obra ha alcanzado en los últimos años una elevada cotización. El expresidente le aprecia mucho. Empezó a coleccionar muy pronto, apostando muchas veces por artistas en el principio de su carrera, cuando eran poco conocidos. "Ahora no la podría comprar", bromeó. Yo tampoco, pensé, aunque no dije nada.

A Gaviria (presidente entre 1990 y 1994) le tocó una época bien berraca, como dirían en Bogotá. Los enfrentamientos de las bandas de narcotraficantes entre sí y con las fuerzas de seguridad, los asesinatos, secuestros y extorsiones al propio Estado alcanzaron cotas delirantes. No sólo respecto a cualquier baremo en América Latina. En algún momento de su mandato, Colombia se convirtió en el país más violento del mundo. Atentados masivos, decenas de muertos: la presión de las bandas de traficantes casi estranguló a la propia capital. En noviembre de 1989, una bomba derribó un Boeing 727 de la compañía Avianca que acababa de despegar de Bogotá. Hubo más de 100 muertos. El objetivo era matar a Gaviria, quien tenía previsto tomar ese vuelo. El presidente padeció traiciones de jefes de las fuerzas de seguridad, como casi todos los mandatarios colombianos (y también del resto del continente, por supuesto). Al contrario que estos últimos, sin embargo, habla con claridad sobre la connivencia de policías y militares con los delincuentes. O de la sorpresa que le supuso que elementos de las fuerzas del orden se coludieran con los traficantes de drogas para arruinar operaciones planificadas al detalle durante meses. Gaviria se escandalizó más de la traición de los policías que de los militares. Siempre hay grados, al parecer. También entre delincuentes.

> O sea, descubrieron hoy que generales de la policía estaban involucrados en las drogas, en el cártel de Cali, eso fue una sorpresa muy desagradable. Porque yo conocía a los del Ejército [por vínculos con el] paramilitarismo; no todo el Ejército, pero a bastantes oficiales. En la policía [resultó ser] una cosa muy generalizada.

La conversación gravitó sobre los peores años de Colombia, a los que me referiré más adelante. Pero hablamos también de México. Tras dejar la presidencia de Colombia, Gaviria dirigió la

Organización de Estados Americanos (OEA) durante una década. Eso le proporcionó un profundo conocimiento de los asuntos del continente. En un momento de la entrevista citó de memoria la tasa de penetración bancaria en México (busqué luego el dato; era correcto hasta en los decimales). Esa experiencia en la OEA, sin embargo, no le impidió comentar conmigo los aciertos y los fallos (mayormente los fallos) de otros países distintos al suyo, algo que cualquier diplomático tiende a evitar ya desde la escuela primaria. En eso fue muy franco durante toda la charla. Gaviria creía que México sufre de muchos problemas específicos que complican su lucha contra las redes de delincuentes:

> Es en el esquema de seguridad en donde ellos [los mexicanos] tienen un trabajo de aprender tremendo. A pesar de todo el trauma, los miles de muertos, todo, tienen una Secretaría de la Marina, una Secretaría Militar [de la Defensa Nacional] y uno dice: ¿por qué no centralizan un poco la autoridad? Yo les digo que tienen un problema de seguridad muy grave: tienen muchos enfrentamientos de las *inteligencias* [servicios de información].

• • •

**PARA QUE TENGAN** muchos enfrentamientos entre sí se necesita primero tener muchos servicios de información. ¿Cuántos son muchos? ¿O cuántos son demasiados? La lista es más larga de lo que dice Gaviria. Un estudio[1] publicado en 2017 las detalla todas en un tono que quizá de forma involuntaria —inducido por la complejidad de la propia estructura— combina pinceladas de Kafka, de los hermanos Marx de *Una noche en la ópera* ("la

---

[1] Otto René Cáceres Parra, "El sistema de información e inteligencia Plataforma México", URVIO. *Revista Latinoamericana de Estudios de Seguridad*, núm. 21, pp. 175-190, Quito, diciembre de 2017, en https://documentcloud.adobe.com/link/track?uri=urn%3Aaaid%3Ascds%3AUS%3A997e-2b9f-855d-482a-a8b9-0bf2decb28da.

parte contratante de la primera parte, etcétera") y, de forma inevitable, algo de Cantinflas:

> Las labores de inteligencia en México son llevadas a cabo a través de diversas instituciones, *siendo las más importantes*[2] la Secretaría de la Defensa Nacional (Sedena), Secretaría de Marina (Semar), Procuraduría General de la República (PGR) y la Secretaría de Gobernación (Segob), misma que coordina labores de seguridad pública por medio de la Comisión Nacional de Seguridad (CNS), la cual tiene a su cargo a la Policía Federal (PF); labores de seguridad nacional a través del Centro de Investigación y Seguridad Nacional (Cisen) y políticas migratorias por medio del Instituto Nacional de Migración (INM).

Podría ser de otra forma, pero ésta es la que es. Con semejante sopa de siglas resulta muy difícil, por decirlo de forma suave, que la lucha contra la delincuencia no sufra de cierta dispersión y de falta de cooperación institucional. Para agravar las cosas, como sostenía Gaviria, quien coincide con las conclusiones del estudio citado antes,[3] el alto grado de desconfianza entre ellas resulta difícilmente comprensible, o compatible, o ambas cosas, en un Estado moderno. También resulta inimaginable fuera de México, donde a veces da la sensación de que la administración crece por acumulación de capas, sin que las nuevas sustituyan a las anteriores. Simplemente se superponen.

> Otra cosa que tienen los mexicanos es echarles la culpa a los policías del fenómeno del narcotráfico. Claro, son unos policías que son corruptos. Pero ése no es el problema. Es un escapismo decir que es la policía. Pues no, claro, la policía la han corrompido. Pero el

---

[2] Las cursivas son mías.

[3] Otto René Cáceres Parra, "El sistema de información e inteligencia Plataforma México", en URVIO. *Revista Latinoamericana de Estudios de Seguridad.*

problema fundamental es que ellos no tienen una estructura frente al narcotráfico, no tienen operaciones especiales, no tienen buena inteligencia, no creen en eso. Creen que recibir inteligencia es sacrificar la soberanía. Es un mundo de cosas que no les funcionan.

Cuando Gaviria habla de "recibir inteligencia" no precisa de quién. Pero todo el mundo, dentro y fuera de Colombia, lo sabe: Estados Unidos.

Una cosa que descubrí en la persecución de [Pablo] Escobar [líder del cártel de Medellín] muy asombrosa es que desde hace 30 años o más, hay estos aviones gringos que son capaces de interferir las comunicaciones de una ciudad entera; le meten la voz y son capaces de encontrar una llamada de una persona y eso es una cosa casi... Nosotros lo buscamos así [a Escobar]. Obviamente yo tuve que dejarlos entrar a ellos [los estadounidenses]. La inteligencia militar americana todavía tiene un apartado inmenso [en Colombia]. Más grande que el de [algunos] países europeos. Es impresionante. Aquí el gobierno puede grabar simultáneamente 30 000 conversaciones telefónicas, 40 000, una cosa así. Solamente la policía tiene un centro que puede grabar 15 000. Pero fuera de eso está otra serie de instituciones, está el Ejército, la Fiscalía. Nosotros aprendimos a usar bien la inteligencia.

Colombia, además, hizo un esfuerzo extraordinario para profesionalizar a la policía y darle un prestigio a la institución que no tenía.

Lo otro es que la carrera de policía la volvieron súper importante. Tú sabes que ingresas a la carrera de oficial en la policía, ¿qué educación te pagan? A ver, ¿en qué universidad del mundo quieres estudiar tal cosa? Quieres estudiar, no sé, ciencias nucleares o cualquier cosa cuántica o física, se lo pagan. Les pagan cualquier universidad del mundo y entonces imagínate lo que es para un muchacho que le paguen su carrera en cualquier universidad del mundo, en lo que quiera estudiar. Entonces, ésa fue la manera en que la policía se fue... Se fue creando una oficialidad que realmente es limpia, está motivada ¿sí? Fue una cosa crítica, puramente educación. Yo te doy la educación que tú quieres. Eso cambió por completo la noción de los policías, y los muchachos hoy quieren ser policías. No quieren ser maestros. Es bien extraño, quieren ser policías, pero no quieren ser maestros.

En algún momento, el general Óscar Naranjo, director general de la Policía entre 2007 y 2012, fue la personalidad más apreciada por los colombianos, según las encuestas. Naranjo ejerció luego como vicepresidente del gobierno con Juan Manuel Santos. Un cuarto de siglo después de que Gaviria fuera presidente, la tecnología y la capacidad de espionaje de Estados Unidos ayudaron a Santos a arrinconar a los guerrilleros de las FARC hasta el punto de sentarles en una mesa para negociar un acuerdo de paz. Que Washington llevaba décadas proporcionando ayuda a Colombia no era secreto alguno. Lo que sin embargo permaneció oculto hasta el 21 de diciembre de 2013 fue la magnitud de esa ayuda: un programa secreto de miles de millones de dólares, que incluía escuchas y vigilancia electrónica de la Agencia Nacional de Seguridad (NSA) y que no estaba incluido en el Plan Colombia de 9 000 millones que había comenzado en el año 2000 (y que sí era público).

A partir de 2006, este plan secreto suministró a las Fuerzas Armadas colombianas un pequeño artefacto que, instalado en una bomba de gravedad convencional —y por tanto de escasa precisión—, permite a ésta dirigirse con asombrosa exactitud hacia el objetivo previamente localizado con la tecnología de la NSA.[4] Una de esas bombas acabó con la vida de Raúl Reyes,

---

[4] Dana Priest, "Covert action in Colombia, U. S. intelligence, GPS bomb kits help Latin American nation cripple rebel forces", *The Washington Post*, 21 de diciembre de 2013, en https://www.washingtonpost.com/sf/investigative/2013/12/21/covert-action-in-colombia/.

un alto jefe de las FARC, mientras dormía en un campamento en Ecuador. Otros líderes guerrilleros también fueron eliminados de la misma forma. Para camuflar ante la guerrilla y ante los observadores militares el uso de esa potente y eficaz arma, el Ejército colombiano bombardeaba campamentos rebeldes de forma simultánea con otros aviones, que a su vez arrojaban centenares de bombas para esconder que una sola de ellas, dotada con esta tecnología de precisión, se dirigía en medio del fragor directamente hacia la cabeza del líder elegido.

Nada de ello, le dije a Santos en una ocasión[5] a principios de 2014, hubiera sido posible sin esa ayuda decisiva de Estados Unidos.

No solamente la ayuda específica de Estados Unidos con esa tecnología. Nosotros hemos recibido ayuda de muchos países en muchos frentes, ayuda que apreciamos, ayuda que ha sido sumamente útil. La iniciativa bipartidista de política exterior de Estados Unidos más exitosa de los últimos 50 años sin duda alguna ha sido el Plan Colombia. Y si logramos la paz, entonces es cerrar con broche de oro.

La paz se firmó en 2016. Pese a las zozobras subsiguientes, el acuerdo con las FARC, la guerrilla más antigua de América Latina, ha sobrevivido más o menos intacto. Y a Santos le otorgaron el Premio Nobel de la Paz.

• • •

**TODO LO ANTERIOR** resulta impensable en México. Para entender sus ambivalentes relaciones con Estados Unidos es ne-

---

[5] Javier Moreno, "Me imagino a representantes de las FARC sentados en el Congreso", entrevista con Juan Manuel Santos, *El País*, 18 de enero de 2014, en https://elpais.com/internacional/2014/01/18/actualidad/1390080275_427674.html.

cesario remontarse a mediados del siglo XIX, cuando tras una guerra tan corta como desigual Washington se anexionó el 55% del territorio mexicano de entonces: los actuales estados de California, Nevada, Utah y gran parte de Colorado, Nuevo México y Arizona. Texas se había independizado una década antes con la ayuda de Estados Unidos, país en el que se integró poco después. A los políticos mexicanos, tanto en el poder como en la oposición, la retórica nacionalista siempre les reporta dividendos. Que los militares arrastren los pies, boicoteen o incluso se nieguen de forma abierta a compartir datos de inteligencia y de seguridad, sin embargo, debería levantar sospechas incluso entre las monjas de la caridad.

Algunos episodios se adentran con decisión en el pantano de la inverosimilitud. En 1995, un proyecto de Estados Unidos sobre seguridad regional colectiva en materia de narcotráfico preveía la formación de una flota aérea multinacional. Los detalles debían perfilarse con posterioridad. Por parte de México, sin embargo, el general Gutiérrez Rebollo se negó a ello con un razonamiento difícilmente rebatible y de gran consistencia lógica: "Los cielos mexicanos los protegen los mexicanos".[6] Dos años después, ya como zar antidrogas, fue detenido por estar a sueldo del clan de los Arellano Félix, quienes debieron de ser los únicos, junto con las monjas de la caridad, que no levantaron las cejas sorprendidos cuando el general hizo valer la autoridad de los mexicanos sobre sus cielos frente a Estados Unidos. A diferencia de otros países de América Latina, México siempre ha rehuido también la recepción de cantidades importantes de su vecino del norte para ayuda militar o para la guerra contra los narcotraficantes. No hay nada parecido, en magnitud, al Plan Colombia. Ciertamente, las constantes injerencias de la CIA (los servicios

---

[6] Carlos Fazio, "México: el caso del 'narco-general'", *Crimen uniformado. Entre la corrupción y la impunidad*, The Transnational Institute (TNI), Ámsterdam, 1997, en https://www.tni.org/en/article/mexico-the-narco-general-case.

de inteligencia estadounidenses) y la DEA (la agencia antidrogas) en México, sus peleas y cuitas con sus homólogas al sur de la frontera —e incluso entre ellas mismas— nunca favorecieron un buen clima de cooperación entre ambas naciones. El listado de los abusos, desmanes y desprecios de la DEA en particular resulta de especial interés para entender los recelos de los mexicanos.[7]

Sin buena información, reacios cuando no impermeables a la ayuda estadounidense en asuntos de espionaje, faltos del equipo suficiente para hacer eficaz esta guerra y con todos los cuerpos de seguridad infiltrados por los delincuentes, la lucha contra el narco en México no podía más que hundirse en la ineficacia. Las purgas constantes en las filas de las fuerzas del orden en Colombia, según Gaviria, y el perfeccionamiento de los procedimientos explican la manera en la que, poco a poco, su país logró mejorar la eficacia de estos operativos:

> De hecho es un tema de entrenamiento de policía. Los operativos contra el narcotráfico son así: grupos pequeños, personal especializado, mucha inteligencia, *compartimentalizar* la información al cien por ciento. De aquí sale un avión y no sabes para dónde va. Va para tal parte, no sé qué... Algo los está esperando. Pero la gente que va a la operación no tiene idea de adónde va. Ni a qué. Y es así como se ha logrado darle golpes pues muy severos a esta gente.

México, por el contrario, demostró en demasiadas ocasiones que las mejores prácticas que describe Gaviria no se aplicaban.

---

[7] El libro de reciente aparición de Carlos A. Pérez Ricart, *Cien años de espías y drogas. La historia de los agentes antinarcóticos de Estados Unidos en México* (Penguin Random House, México, 2022) proporciona un jugoso listado de los enfrentamientos, celos profesionales, rencillas ocultas y peleas abiertas entre la CIA y la DEA a propósito del combate contra las drogas en México. Como consecuencia de ello, y también de su propio sentimiento de superioridad, las relaciones con sus contrapartes mexicanas han sido históricamente malas, o al menos mejorables, por decirlo de forma diplomática.

O no se aplicaban a conciencia. O no formaban parte de las habilidades y técnicas del Ejército y la policía mexicanos. Tantas ocasiones, de hecho, que cabe la duda legítima de cuál era la voluntad real de las autoridades —al menos de parte de las autoridades—, más allá de la retórica oficial y triunfalista sobre los éxitos en la lucha contra las bandas criminales. Por mucho que se jaleen en los discursos públicos, para halagar a los militares e impresionar a los ciudadanos más impresionables, las habilidades y las competencias de las fuerzas del orden resultan siempre difíciles de verificar. En cualquier sitio en general. Y en México en particular.

Un caso muy ilustrativo, más por la importancia del personaje que por la singularidad del evento, involucró al general Moisés García Ochoa. Siendo aún coronel, García Ochoa se encontraba en aquel famoso despacho la noche en la que el general Gutiérrez Rebollo fue detenido. Años después, estuvo a punto de ser nombrado secretario de la Defensa por Enrique Peña Nieto en 2012. Un informe secreto de la DEA, la agencia antinarcóticos estadounidense, fechado el 15 de diciembre de 1997, relataba cómo el coronel dirigió un operativo contra el cártel de Juárez durante el cual dejó escapar a Amado Carrillo Fuentes al no dar las órdenes de lanzar la operación hasta que el vehículo en el que supuestamente viajaba el capo había abandonado ya la zona.[8] Con estos datos —o supuestos datos—, manejados de manera conveniente por Washington, el nombramiento se frenó.

La crónica debilidad de las instituciones y la debilidad de los presupuestos dedicados a seguridad, pese a las fanfarrias oficiales, son otros dos factores que contribuyen a explicar la distinta evolución de ambos países en problemas de seguridad, según Gaviria:

---

[8] Ginger Thompson, Randal C. Archibold y Eric Schmitt, "Hand of U. S. Is Seen in Halting General's Rise in Mexico", *The New York Times*, 4 de febrero de 2013, en https://www.nytimes.com/2013/02/05/world/americas/us-stepped-in-to-halt-mexican-generals-rise.html.

Es difícil establecer, pero este país [Colombia] está llegando al 5% [del PIB] en gastos de seguridad, como Estados Unidos más o menos. México está por ahí en el 1 por ciento. El objetivo de Peña Nieto era subirlo al 1.5%, pero creo que no lo subió, creo que se quedó por ahí en el camino, en el 1.30 por ciento. Así sigue y a López Obrador no se le va a pasar por la cabeza hacer eso. En gran medida, el problema de inseguridad en México nace de [esa] debilidad. Y fuera de eso, la justicia no avanza. La fiscalía en México, lo que ellos llaman *procurador*,[9] es lo más ineficiente e incapaz e impotente, y un funcionario sin ninguna autoridad.

• • •

**EN RESUMEN,** ése era el país en líneas generales que Felipe Calderón recibió el día 1º de diciembre de 2006, lo supiera él o no. Y cualquiera de las dos respuestas posibles resulta igualmente problemática. Los militares controlan la información y los mandatarios dependen de esa información —sobre el país, sobre los propios militares, sobre la fuerza, la organización y la capacidad de resistencia de los enemigos del Estado— para tomar decisiones. A veces tienen información adecuada. Muchas otras carecen de ella. Y siempre —siempre— la controlan en su propio beneficio. Ése es un gran poder, como se verá en el capítulo siguiente. No todos los presidentes lo entienden. Todo lo que sucedió luego indica que Calderón no lo entendía. O al menos que no lo entendía el día en que se convirtió en presidente.

La denominada *guerra contra el narco* de Calderón estalló, pues, con unas fuerzas del orden ineficientes; permeadas por la corrupción; con centenares de mandos entre Ejército, Marina, Policía Federal y policías locales comprometidos por el narcotráfico,

---

[9] La institución, siempre en dependencia del Poder Ejecutivo, se denominó Procuraduría General de la República (PGR) desde su fundación en el año 1900 hasta 2018, cuando pasó a llamarse Fiscalía General de la República (FGR).

cuando no corporaciones enteras (tan recientemente como en 2018, militares y autoridades federales tomaron el control de la policía del municipio de Acapulco, en el conflictivo estado de Guerrero, detuvieron a algunos de sus jefes y desarmaron a los 700 agentes que la componían);[10] con unos sistemas de inteligencia inoperantes en lo fundamental; con un aparato del Estado totalmente incapaz de imponerse en una lucha a la que, además, llegaba en desventaja por el apresuramiento con el que se preparó y se lanzó el operativo.

• • •

**FUERA COMO FUERA,** el 11 de diciembre, 10 días después de que Calderón sustituyera a Fox, dio comienzo formalmente la guerra contra el narco. Fue una fecha extraña. Nadie que hubiese seguido con atención los hechos, las declaraciones, las comparecencias de las autoridades habría concluido de forma lógica que esa jornada era la primera de guerra alguna. Más allá de las declaraciones, claro: el poder de las palabras y los discursos de fabricar realidades alternativas. Mucho menos hubiera imaginado nadie, o hubiera podido imaginar lo que habría de venir después, las decenas de miles de muertos, el descenso al abismo de la violencia de todo un país entre espasmos de dolor e incredulidad. Y fue extraño porque ese día cambió todo. Aunque en la superficie apenas se percibieran unos leves remolinos, una breve agitación de las aguas, y nada más. Conviene quizá por ello detenerse a hacer algunas consideraciones sobre ese momento clave, parteaguas amargo y cruel en la historia de México.

Esa jornada, el presidente no tuvo actividad pública alguna. Por la mañana se reunió en privado con integrantes de su gabi-

---

[10] Karina Suárez, "Las autoridades federales toman el control de la policía en Acapulco", *El País*, 26 de septiembre de 2018, en https://elpais.com/internacional/2018/09/25/mexico/1537903539_288996.html.

nete de seguridad, con quienes afinó el anuncio de la operación[11] (no la operación en sí: no la había). No fue Calderón quien comunicó la supuesta resurrección del Estado mexicano. En su lugar, el secretario de Gobernación, Francisco Ramírez Acuña —junto con los secretarios de Defensa, Marina, Seguridad Pública y el procurador general de la República—[12] dio a conocer algunos detalles, de una vaguedad extraordinaria, del plan que se iba a implementar en Michoacán, un estado en el que los asesinatos y ajustes de cuentas entre bandas de narcotraficantes habían ido en aumento en los meses anteriores,[13] y el riesgo de perder el control del territorio era muy serio.

Los medios fueron convocados a última hora. Se les proporcionaron números en abundancia y al mismo tiempo se les hurtó información relevante. Por ejemplo, la duración prevista del operativo. Porque no había previsión alguna al respecto. En un preocupante adelanto de lo que iba a constituir la política de (des) información en los años siguientes, sí se dieron a conocer algunos resultados con datos reciclados de días anteriores. Cada dependencia explicó lo suyo por separado. Se habló del apresamiento de un buque pesquero en Puerto Chiapas (estado de Chiapas) cargado con drogas y del desmantelamiento de un laboratorio de metanfetaminas en Cherangueran (una aldea en Michoacán con una población de 250 habitantes). Eduardo Medina Mora, que llevaba menos de cinco días como procurador general, informó de que, como parte de los "trabajos preparatorios", seis días antes se había decomisado el "mayor cargamento de pseudoefedrina

---

[11] Claudia Herrera Beltrán, "El gobierno se declara en guerra contra el hampa; inicia acciones en Michoacán", *La Jornada*, 12 de diciembre de 2006, en https://www.jornada.com.mx/2006/12/12/index.php?section=politica&article=014n1pol.

[12] Respectivamente, general Guillermo Galván Galván; almirante Mariano Saynez Mendoza; Genaro García Luna y Eduardo Medina Mora.

[13] Lo pidió el gobernador Lázaro Cárdenas Batel, del Partido de la Revolución Democrática (PRD), de izquierdas.

de la historia" en el puerto de Lázaro Cárdenas, también en Michoacán. No quedó claro de inmediato si se trataba del mayor cargamento de la historia de Lázaro Cárdenas, de Michoacán, de México o del mundo. El secretario de la Defensa, general Guillermo Galván Galván, indicó por su parte que el total de fuerzas destinadas a actividades de reconocimiento aéreo, erradicación de plantíos y control de territorio estaba conformado por 4260 elementos del Ejército, 46 aeronaves, 246 vehículos terrestres y 19 perros.

Todo eso, según dijeron, para dar cumplimiento a la orden del presidente, impartida el 1º de diciembre, el mismo día de su toma de posesión. Aquí conviene hacer de nuevo una pausa para analizar con detalle la cronología. Calderón es presidente de la República desde el 1º de diciembre. Ese mismo día nombra a su gabinete, que toma posesión con efecto inmediato. Elige al procurador general de la República. Pero éste ha de ser ratificado por el Senado y no asume su puesto hasta el día 7 de aquel mes. Cuatro días después se produce la conferencia de prensa y el anuncio de la guerra al narco. No resulta necesario sufrir síndrome conspiranoico alguno para detectar que más que un operativo militar, estamos ante una operación mediática. "Ese día [11 de diciembre] se puso encima de la mesa lo que ya se tenía", me confirmó años después un alto cargo que participó directamente en la organización de aquel acto en Los Pinos. "La orden del presidente fue presentar lo que se tuviera". Tan improvisado fue todo que los dos secretarios militares, el de Defensa y el de la Marina, "no tenían ni idea" de lo que se estaba decidiendo, según la misma fuente.

• • •

**CIERTAMENTE CALDERÓN** creía que su misión era restaurar el imperio de la ley en México. Su antecesor había asistido a los crecientes desperfectos de éste con dolosa pasividad, en su opinión. Pero también era muy consciente del riesgo que suponía el ajustado margen de su victoria en las urnas, que le colocaba en una situación de extrema debilidad política. Miles de personas se movilizaban en la calle. Durante semanas hubo protestas en el Paseo de la Reforma, una de las principales avenidas de la capital. El mismo día que Calderón asumió la presidencia, su rival se proclamó "presidente legítimo" ante otros tantos miles de seguidores en el Zócalo, la gran plaza pública de México. ¿Actuó Calderón de la forma en la que lo hizo por razones estrictamente políticas, de lo que le han acusado siempre sus críticos? ¿Y sin preparación alguna, añadiría yo? ¿O, por el contrario, lo hizo movido por la convicción de que la estabilidad y aun la viabilidad de México como Estado dependían de que se combatiera frontalmente a las bandas de narcotraficantes? Ésa ha constituido desde entonces la principal falla tectónica en el relato de la violencia en México. Él sostiene que no había alternativa. Muchos —o la mayoría— no le creen.[14] Incluidos algunos de sus colaboradores. Un antiguo miembro de su gabinete con conocimiento profundo de todas las áreas de seguridad me dijo en 2023: "Felipe entró a la guerra para legitimarse". Y lo hizo en contra de su advertencia y de la de otros miembros de su círculo cercano en el gobierno: "Presidente, esto es una ola a la que se va a subir muy fácilmente, pero de la que no va a poder bajarse luego", le dijeron.

---

[14] Sin testimonios directos, pero basándose en un análisis de las premisas gubernamentales, dos miembros destacados del gabinete del presidente Fox —del mismo partido que Calderón–, el portavoz, Rubén Aguilar, y el secretario de Relaciones Exteriores, Jorge G. Castañeda, llegaron a la misma deducción en un libro publicado en 2009: "La conclusión de este texto, derivada del análisis de los documentos esgrimidos por el gobierno para explicar/justificar/defender su decisión, es que la razón primordial de la declaración de guerra del 11 de diciembre de 2006 fue política: lograr la legitimación supuestamente perdida en las urnas y los plantones, a través de la guerra en los plantíos, las calles y las carreteras, ahora pobladas por mexicanos uniformados". Rubén Aguilar y Jorge G. Castañeda, *El narco: la guerra fallida*, Punto de Lectura, México, p. 13, 2009.

## ¿QUIÉN MANDA AQUÍ?

De todas las falacias a las que es dable el ser humano, la más tozuda quizá sea la tendencia a convertir el pasado —y los datos necesariamente dispersos que lo componen— en un relato coherente una vez sucedidos los hechos. Más contingente de lo que nos gustaría, más aleatoria, la Historia resulta, además, *stricto sensu*, incoherente. Excepto que se la dote de coherencia. Y si el relato, además de coherente, aporta algún tipo de valor político, resulta entonces irresistible. Ese día 11 de diciembre de 2006 no se anunció ninguna guerra, sino un operativo al que se bautizó de forma más bien modesta —y correcta— como Operación Conjunta Michoacán. Con el paso del tiempo, sin embargo, Calderón y su gente vieron el potencial político y mediático de referirse a la creciente implicación del Ejército en los operativos contra las bandas de narcotraficantes como "guerra". Crearon el relato. Y se apropiaron de él. Luego, cuando la repulsa se convirtió casi en universal, trataron de difuminar el cuento. Así que, de forma totalmente fabricada, el 11 de diciembre pasó a la historia como el inicio de la guerra contra el narco. Cómo los militares —o el propio Calderón— pensaban abordar semejante tarea resulta incierto.

Durante el acto en la residencia presidencial con los secretarios militares, el procurador y los secretarios de Gobernación y de Seguridad Pública se informó asimismo de que ya se había instalado un *centro de inteligencia*, esto es, de servicios secretos —aunque si se anunció en público ya dejó de ser tan secreto— en Apatzingán (estado de Michoacán). Más precisamente, en el cuartel de la 42ª Zona Militar. Justo en ese sitio también se había detenido durante el operativo a 13 presuntos narcotraficantes, incautado tres fusiles AK-47 (tres, no es una errata), conocidos como *cuerno de chivo*; 1100 cartuchos de diferentes calibres y 10 cargadores para AR-15, un arma semiautomática. Dada la ambición retrospectiva que adquirió el operativo, pensaría uno que se trataba de un botín magro en exceso. Pero nadie dijo nada.

• • •

**FUE PRECISAMENTE** en Apatzingán donde el presidente apareció, el día 3 de enero, vestido de chamarra militar verde olivo y gorra de campo con escudo de cinco estrellas. Felicitó a los soldados destacados en la base por el Año Nuevo. Y añadió:[15]

> Especial reconocimiento, desde luego, hacemos al Ejército, a la Armada, a la Fuerza Aérea de México, por su decidida colaboración en esta batalla frontal contra el crimen. En esencia, *han iniciado ustedes este gobierno* y este mismo año cumpliendo firmemente con el deber de salvaguardar la seguridad interior del país. *Han dado muestra de que la acción conjunta y coordinada de las fuerzas del orden otorga buenos resultados a la sociedad.*[16]

Como prueba de esos buenos resultados se informó a continuación del éxito en los 22 días de campaña contra las bandas de traficantes.

El arqueo de caja resultante fue, efectivamente, exiguo: 540 hectáreas de plantaciones de marihuana desmanteladas; 6 229 kilogramos decomisados de la misma droga; cuatro kilos de semilla de amapola; 127 armas largas y cortas; 35 vehículos, más 19 341 pesos y 2 321 dólares en efectivo.[17] Conjuntamente y de forma coordinada, pero cada una de las fuerzas de seguridad que participaron en el operativo —Secretaría de la Defensa Na-

---

[15] Las cursivas son mías.

[16] Carlos Castillo López (comp.), *Discursos presidenciales de Felipe Calderón Hinojosa*, Fundación Rafael Preciado Hernández / Partido Acción Nacional (PAN), México, p. 24, 2016, en https://issuu.com/frph/docs/d_presidenciales_fch_f1b7de68888db6.

[17] Claudia Herrera y Ernesto Martínez, "Vestido de militar, Calderón rinde 'tributo' a las fuerzas armadas", *La Jornada*, 3 de enero de 2007, en https://www.jornada.com.mx/2007/01/04/index.php?section=politica&article=003n1pol.

cional, Secretaría de Marina, Secretaría de Seguridad Pública y Procuraduría General de la República—, publicaron sendos reportes de sus logros por separado, ya fueran kilos de marihuana decomisados, plantas arrancadas o vehículos asegurados. La Secretaría de la Defensa, por ejemplo, decomisó 55 armas de fuego; la Marina, tres armas de fuego; la Secretaría de Seguridad, 15; y la Procuraduría, 21. Ya no hubo más actualizaciones. El botín parecía escaso. *Era* escaso. Pero el mensaje de Calderón a Fox resultaba meridianamente claro: "conmigo de presidente las fuerzas del orden actúan de forma coordinada". Y a los mexicanos: "su seguridad está a salvo". Ambas afirmaciones eran sendas mentiras, y gordas, según habría de comprobarse después.

Analistas políticos y especialistas en protocolos militares criticaron con dureza que el presidente utilizara para el acto vestimenta militar y gorra con escudo de cinco estrellas.[18] Pasados unos años, uno de los máximos responsables de aquel operativo me dijo: "El gran error de Felipe fue vestirse de verde [militar] en Apatzingán. Él mismo se confundió. Ahí sí empezó la guerra contra el narco, no el día de la conferencia de prensa en Los Pinos a principios de diciembre". En aquel momento pudo parecer —desde luego así le pareció a mi interlocutor— que el anuncio del 11 de diciembre era una simulación más —"pongan todo lo que tengan encima de la mesa"— y que, pasados unos días, ejercido el golpe de efecto, todo volvería a sus cauces habituales. Pero cuando este alto cargo del gobierno vio a Calderón arengando a las tropas, vestido de verde militar, cambió de opinión: el presidente había perdido los papeles.

Faltaban aún seis años de presidencia. Seis años de una violencia horrenda y miles de muertos. Faltaban las víctimas, "como parte central del costo mexicano de la guerra contra el narcotráfico", según explica Lorenzo Meyer, un historiador y académico

---

[18] Daniel Lizárraga y Francisco Castellanos, "El presidente militarizado", *Proceso*, núm. 1575, 7 de enero de 2007.

mexicano. A los muertos resulta necesario añadir los desaparecidos, el aumento de la corrupción y los comportamientos salvajes que se dieron: "Torturas, desmembramientos, exhibición de cadáveres y ejecuciones colectivas que implicaron la degradación de la calidad de vida de los mexicanos".[19]

El lenguaje de los comunicados y de los responsables militares del primer día del operativo, el 11 de diciembre de 2006, deliberadamente vago en su pomposidad, diseñado para transmitir una imagen distorsionada de los triunfos del Ejército, se convertiría en una constante de todo el mandato de Calderón. Si acaso, ese triunfalismo se acentuó a medida que, con el paso de los años, el fracaso se hacía más evidente. Repasando este deslizamiento del lenguaje me vino a la cabeza una carta que Marcel Proust le envió a un amigo durante la Primera Guerra Mundial. En ella, el escritor comentaba su alegría por las victorias del Ejército francés frente a los alemanes, según informaban los comunicados oficiales que publicaban los periódicos. Lo que le preocupaba a Proust, sin embargo, era que, situados sobre el mapa, estos triunfos se producían cada más cerca de París.[20]

¿Cuán cerca de París? Esto es, ¿cómo de indiscutibles eran los éxitos de las fuerzas de seguridad de Calderón en su combate contra las bandas criminales? Estudios de organismos internacionales, como el Índice Global de Paz (Global Peace Index), del Institute for Economics and Peace, señalaron a México como uno de los países con mayores tasas de violencia en 2013, un año después de la salida de Calderón de la presidencia.[21] Al final de su mandato

---

[19] Lorenzo Meyer, "Felipe Calderón o el infortunio de una transición", *Foro Internacional*, vol. LV, núm. 1, 2015, en https://forointernacional.colmex.mx/index.php/fi/article/view/2261.

[20] George D. Painter, *Marcel Proust: biografía*, Alianza Editorial/Lumen, Madrid, 1972.

[21] México ocupó ese año el puesto 133 de 162 países examinados, según el Índice Global de Paz (Global Peace Index), https://www.files.ethz.ch/isn/165595/2013_Global_Peace_Index_Report.pdf.

resultaba imposible calificar de exitosa su política contra las organizaciones delictivas de traficantes de drogas. El 95% de la cocaína consumida en Estados Unidos seguía pasando por México. Y las bandas mexicanas mantuvieron su posición hegemónica.[22]

Calderón tenía razón en 2006. La grave situación de seguridad era muy cierta. El control creciente de los malhechores sobre amplias partes del territorio suponía un enorme desafío. De no atajar el envalentonamiento de los criminales, el riesgo para la viabilidad del Estado resultaba también angustioso. Pero, al mismo tiempo, necesitaba dar un golpe en la mesa para reafirmarse en el cargo. Obtuviese o no la legitimidad que ansiaba, el problema fue que las medidas improvisadas, descoordinadas (pese a los discursos que presumían en contrario) y, en última instancia, tomadas a la desesperada, se mostraron ineficaces para frenar a los grupos delincuenciales, al mismo tiempo que resultaron contraproducentes en términos de muertes y violaciones de los derechos humanos.[23]

En resumen, el acto oficial en Los Pinos en el que se declaró la guerra al narco —lo que se anunció, cómo se hizo, así como las cifras que se ofrecieron— dejó claras dos cosas. La primera fue el interés propagandista y de estrategia política del anuncio: una operación lanzada en tiempo récord y por ello, necesariamente, con escasa preparación. La segunda es quizá peor. Nadie en aquella sala tenía la menor idea de la fuerza a la que se enfrentaban; de la robustez de las bases económicas y sociales de las bandas de narcotraficantes; del número y la potencia de su armamento. Un oficial que participó con mando en plaza en aquel operativo me contó: "No se tenía ni idea de nada. Ni cuántos eran, ni dónde estaban, ni cuándo nos iban a golpear".

---

[22] Lorenzo Meyer, "Felipe Calderón o el infortunio de una transición", en *Foro Internacional*, vol. LV.

[23] Luis Astorga, *"¿Qué querían que hiciera?" Inseguridad y delincuencia organizada en el gobierno de Felipe Calderón*, Grijalbo, México, p. 222, 2015.

No lo sabía ninguno de ellos. No lo sabía el presidente. Y no lo sabía el presidente porque los múltiples servicios de información, las *inteligencias,* con sus luchas intestinas, sus escasos recursos, su pobre operatividad e incluso, con toda probabilidad, sus intereses particulares (o directamente delictivos), no le habían proporcionado la información adecuada.

Tampoco nadie, en especial ningún alto responsable militar, le había ofrecido seguramente un relato honesto del deficiente estado en el que se encontraban las fuerzas del orden para el combate que Calderón pretendía emprender: falta de experiencia en el tipo de operaciones que la *guerra* iba a comportar, porosidad de muchos mandos a la corrupción de los traficantes y, sobre todo, como se ha señalado con anterioridad, la precariedad de los servicios de información.

En una suerte de trágica paradoja, la *inteligencia* —los servicios de información— produjo en primera instancia, y principalmente, ceguera al Estado. Y ello pese a que algunos altos cargos sí eran conscientes, o sí eran en parte conscientes de la situación. Y los que no lo eran fue porque no quisieron. Un mes y medio antes de que Calderón tomara posesión, el aún procurador (fiscal general) del Ejecutivo anterior reveló lo siguiente en una conversación con un periodista:

> Son muy pocas las capacidades de investigación que se tienen. Por ejemplo, las capacidades para hacer información de inteligencia son mínimas. La policía como tal no tiene facultades para investigar. Esa facultad la tiene el ministerio público, que no está capacitado para investigar.[24]

Fuera porque desde el principio de su mandato Calderón era consciente de esta carencia —lo que no le impidió desde luego

---

[24] Diego Enrique Osorno, *El cártel de Sinaloa. Una historia del uso político del narco*, Grijalbo, México, 2009. El periodista es Raymundo Riva Palacio.

lanzar la guerra—, o porque vino a darse cuenta de ello una vez iniciadas las operaciones, el presidente trató de paliar las deficiencias. La respuesta a esta falta histórica en México se bautizó con el nombre de Plataforma México. Se trataba de una "red de vanguardia" que conectaría los tres niveles de gobierno (federal, estatal y municipal) para compartir información al instante entre las distintas corporaciones de seguridad del país por medio de un complejo nodo de telecomunicaciones.[25] Era también un reconocimiento implícito de que las variadas sopas de letras, el troceo de responsabilidades o la desconfianza de las múltiples agencias de seguridad (entre sí) no habían funcionado. Peor aún, esa forma de proceder, como señaló Gaviria, había precipitado a México a unas simas de violencia jamás experimentadas. O lo había permitido. O había coadyuvado a que eso sucediera.

Al frente del proyecto, Calderón situó a su secretario de Seguridad Pública, Genaro García Luna. Por cualquier parámetro que se mida, especialmente por el crecimiento exponencial, jamás antes visto, de las cifras de homicidios en los años siguientes, el experimento de la Plataforma México resultó otra calamidad. Su fracaso, público y elocuente.[26] Esta enorme ineficacia no se puede atribuir a los problemas de arranque de todo proyecto complejo. El desastre en seguridad que vivió México bajo la administración de Calderón continuó con la de su sucesor, Enrique Peña Nieto. Y se mantuvo —y aun empeoró, aunque las cifras siguen en disputa— durante la de Andrés Manuel López Obrador. En política, uno nunca empieza desde cero. Se heredan cosas. Buenas y malas. Entre estas últimas, lo que todos ellos heredaron fue la impotencia del Estado. Impotencia para proteger

---

[25] Otto René Cáceres Parra, "El sistema de información e inteligencia Plataforma México", en *URVIO. Revista Latinoamericana de Estudios de Seguridad*.

[26] Gabriel Zaid, "La seguridad y el Estado", *Reforma*, 23 de febrero de 2020, en https://www.reforma.com/aplicacioneslibre/preacceso/articulo/default.aspx?urlredirect=https://www.reforma.com/la-seguridad-y-el-estado-2020-02-23/op174813?referer=--https://www.google.es/--.

la vida de tantos de sus ciudadanos. Impotencia para asegurarse el uso legítimo y exclusivo de la violencia. Impotencia, en definitiva, para ser Estado en el sentido democrático que ha venido adquiriendo al menos desde la Ilustración.

En un giro final a estos acontecimientos, a la vez sorprendente y no tan sorprendente, Genaro García Luna, tras haberse desempeñado como secretario de Seguridad Pública de Calderón durante seis años, fue detenido el lunes 9 de diciembre de 2019 en Dallas (Estados Unidos). Las autoridades estadounidenses le acusaron de colaborar con el cártel de Sinaloa durante aquel tiempo a cambio de sobornos millonarios.[27] Fue juzgado en Nueva York. El veredicto: culpable. "No tengo dudas de que es culpable", me dijo un día, cenando en Madrid, Elías Cahmaji, el periodista que había cubierto el juicio para el diario *El País*, "pero desde luego, en aquella sala eso no se demostró". Más de un año después, el 16 de octubre de 2024, Genaro García Luna fue sentenciado a 38 años de cárcel.

---

[27] Elena Reina, "Detenido en Estados Unidos el gran estratega de la guerra mexicana contra el narco", *El País*. 10 de diciembre de 2019, en https://elpais.com/internacional/2019/12/10/mexico/1575997429_061837.html.

# 6

## YO NO SOY YO.
## Y EL CABALLO NO ES MÍO

**CONOCÍ A GENARO GARCÍA** Luna cuando era secretario (ministro) de Seguridad Pública de Calderón, durante una de mis visitas a Ciudad de México, rumbo a la Feria Internacional del Libro (FIL) de Guadalajara. A la Plataforma México, el gran centro que permitiría conectar toda la información policial y de los servicios secretos para combatir mejor a las bandas delincuenciales, le faltaba poco para estar plenamente operativa. El secretario me acompañó por las instalaciones. Tras deambular por pasillos y despachos, desembocamos en una gigantesca sala, con decenas de pantallas que cubrían la pared principal. Se podían intuir imágenes en vivo de aeropuertos, pasos fronterizos, filas de automóviles, multitudes. O eso me pareció. "Cuando esté funcionando del todo —me dijo el secretario—, vamos a poder controlar cada frontera, a los narcotraficantes, a los delincuentes, ver todo 'en tiempo real', en todo México." La declaración en sí misma no me tranquilizó en absoluto, aunque me habría costado explicar por qué.

Fuimos después a su despacho. O a un despacho. A preguntas mías, el secretario me confirmó que, efectivamente, había zonas en México, básicamente en Michoacán y Guerrero, en las que el Estado no controlaba todo el territorio. Y a continuación, añadió:

—Llamamos aquí a 100 alcaldes que salieron elegidos en las últimas elecciones y les dijimos: "Miren, sabemos que ha habido

dinero del narco en sus campañas electorales. Sólo les vamos a pedir una cosa: que elijan a sus jefes de policía de una lista de nombres que les vamos a dar, para asegurarnos de que no entregan la seguridad a los narcotraficantes".
—¿Y cuántos le hicieron caso, secretario?
—Cero. Ninguno.
—¿Y que hicieron con esos 100 alcaldes?
—Nada. ¿Qué íbamos a hacer?
A continuación me explicó que en la Secretaría de Seguridad Pública habían echado unos números:
—Tantos policías tenemos. Tanto necesita un policía de media para acabar la quincena [pagar la casa, el carro, el colegio del niño, etcétera]. Sale una cifra. Como el gobierno paga con las nóminas menos de esa cifra, ya sé [concluyó García Luna] que el 25% o el 30% de lo que precisan mis policías no lo pago yo.

¿Quién lo paga? Los narcotraficantes. De las capacidades de expresión verbal de García Luna se podría decir que existían, como mínimo, opiniones distintas. Y el cálculo que me había detallado se parecía más a las cuentas del tratante de ganado que a un estudio serio de un organismo gubernamental. Pero de lo que me acababa de contar se deducía sin obstáculos lógicos insalvables lo siguiente: al menos 100 alcaldes habían nombrado jefes de sus policías locales a personas elegidas directamente por los narcotraficantes, que de esta forma se erigían *de facto* en jefes de la seguridad de esos territorios. Ello, con el conocimiento y la anuencia, al menos implícita, del secretario de Seguridad Pública.

Naturalmente, no cabe descartar en absoluto que todo fuera una patraña. Genaro García Luna había sido jefe de la Agencia Federal de Investigaciones (AFI) durante el sexenio de Vicente Fox. En 2005, orquestó la detención de la ciudadana francesa Florence Cassez, lo que acabó causando un conflicto diplomático con Francia. La operación se retransmitió por televisión, aparentemente en directo, aunque todo resultó ser un montaje, incluido el falso directo. Éste consistió en realidad en una recreación que utilizó a los propios detenidos como actores forzados (a golpes, en algún caso) para que los periodistas pudieran grabar la escena. A cada falsedad del caso que se descubría, García Luna montaba una patraña mayor para taparla, como documentaron numerosos medios. El escritor mexicano Jorge Volpi publicó un libro extraordinariamente detallado sobre este escándalo,[1] en el que la sucesión de trampas, montajes, mentiras, torturas y acusaciones falsas construyen, en capas superpuestas, cada vez más inverosímiles, un preciso y deprimente retrato de la policía en México. Los hechos sucedieron a finales de los noventa y principios de los dos mil. Pero no desdicen en nada al fiscal especial Pablo Chapa Bezanilla, quien seis años antes andaba con videntes *sembrando* cadáveres por jardines de la capital para fabricar culpables. Cuando acabó el sexenio de Felipe Calderón, la AFI en pleno fue disuelta porque reformarla para limpiarla de corrupción se debió de considerar tarea imposible.

Cien alcaldes, me había dicho García Luna. Cien es, además, una cifra demasiado redonda como para no resultar sospechosa. ¿Por qué llamar a capítulo a 100 y no a 87 o a 116? Pero si lo de los 100 alcaldes era un cuento que me contó a mí —o que iba recitando por ahí a otros periodistas—, también se lo debió relatar al presidente de la República. En su discurso inaugural del Consejo Nacional de Seguridad Pública el 29 de febrero de 2012, Calderón se refirió al asesinato de un candidato a gobernador en Tamaulipas dos años antes, a la muerte violenta de una treintena de candidatos a alcaldes, habló de la cooptación por parte de los criminales de jefes policiacos, y aun corporaciones de seguridad enteras —además de tesoreros, regidores de obras públicas o de permisos y licencias—, para realizar a continuación una sorprendente aseveración sobre el intento de

---

[1] Jorge Volpi, *Una novela criminal*, Alfaguara, Madrid, 2018.

las bandas de "incidir en el juego político".[2] Dijo: "En elecciones recientes se tiene registrado el caso de candidatos de todas las filiaciones políticas que han sido *fuertemente presionados*[3] por delincuentes".[4]

En los más de 20 minutos que duró el discurso, el presidente no dio más detalles de lo que, en ese contexto, podía significar "fuertemente presionados". Y si la información provenía de su secretario de Seguridad Pública, como cabe presumir, eludió mencionar que frente a la *fuerte presión* ejercida por los delincuentes, el Estado había optado por no hacer nada. Durante el discurso, de hecho, no añadió nada sobre este asunto. Repitió generalidades —"tenemos la fuerza [para] defender nuestra democracia", otra gran mentira—, reiteró la necesidad de ofrecer "protección personal a los candidatos y autoridades electorales" en futuros comicios y recicló ideas y frases de discursos anteriores ante el mismo foro. No obstante, cualquier observador atento hubiera podido preguntarse, sin más datos, simplemente escuchando al presidente: ¿cuál fue la respuesta a esa *fuerte presión* de delincuentes a candidatos políticos? A candidatos que ganaron sus elecciones, por cierto. Nadie presiona (ni fuertemente ni de ninguna otra manera) a un candidato que haya perdido su elección, excepto, si acaso, sus correligionarios para echarle del partido. La respuesta estaba en el silencio del propio presidente: nada. El Estado no había hecho nada. El Estado no estaba en condiciones de hacer nada. Con todo y el discurso de mano dura, de ley y orden, Calderón no estaba en condiciones de hacer nada. Exactamente la misma respuesta de García Luna cuando le pregunté qué había hecho con esos 100 alcaldes: nada, me contestó.

---

[2] Luis Astorga, *"¿Qué querían que hiciera?" Inseguridad y delincuencia organizada en el gobierno de Felipe Calderón*, Grijalbo, México, p. 57, 2015.

[3] Las cursivas son mías.

[4] Discurso de Calderón en la XXXII Sesión del Consejo de Seguridad Pública, 29 de febrero de 2012. La alocución completa puede verse en: https://www.youtube.com/watch?v=SMUCYenL3S0.

Insisto, de nuevo suponiendo que el relato de García Luna no fuese fruto de sus ampliamente documentadas fantasías de control político-mediático.

• • •

**CUANDO LE CONTÉ** esta conversación al propio Calderón, el día que nos vimos en sus oficinas, su reacción resultó sorprendente. No sólo ignoró los detalles. Ignoró al propio García Luna:

> De hecho, bueno… [el presidente hace una pausa de varios segundos que se antojan eternos; parece dudar, y luego prosigue] El segundo eje era reconstruir las agencias de seguridad y justicia con todo lo que he platicado, control de confianza, lo que llaman los americanos el *vetting process*, lo que utilizan en el FBI, en países [como] Inglaterra y la policía montada de Canadá. Tienes polígrafo, antecedentes, etcétera; y, tercero, meterle muy fuerte al tejido social. Nosotros pusimos 140 universidades gratuitas, 1 100 bachilleratos gratuitos. La verdad es que le metimos [invertimos dinero y esfuerzo en el asunto].

Eso es todo lo que dijo sobre García Luna. Eso es todo lo que quiso decir sobre García Luna y los 100 alcaldes a los que el Estado había permitido que nombraran jefes de policía impuestos por las bandas de traficantes de drogas. En aquel momento, primavera de 2019, su antiguo secretario de Seguridad aún no había sido detenido en Estados Unidos. Sí se habían publicado ya, sin embargo, investigaciones que apuntaban a la rapidez con la que acumuló riqueza, así como la asociación de malhechores en la que había trocado la AFI bajo su dirección.[5] La AFI era la policía

---

[5] La conversación tiene lugar meses antes de la detención de García Luna. Pero ya han comenzado a aparecer indicios de que éste no es el ejemplar funcionario del que Calderón siempre presumió. Entre ellos, el libro de Volpi *Una novela criminal*, o la siguiente investigación de Univisión sobre

de la fiscalía. Se encargaba de los delitos más graves. Apenas dos años después de crearse ya había investigados por corrupción 21 comandantes, 13 subcomandantes, tres segundos comandantes, seis subdelegados y 374 agentes.[6]

Calderón no se encontraba cómodo con el asunto de García Luna, como dejaba entrever su respuesta —la no respuesta, más bien—, los titubeos en su formulación, sus movimientos inquietos en la butaca. Es probable que no se sintiera con fuerza moral para defenderle. O que no se sintiera con fuerza, a secas, para pronunciar su nombre. En los meses finales de su presidencia, cuando dio el discurso en el que se hacía eco de las presiones de los narcotraficantes que me contó García Luna, Calderón era ya consciente de que había perdido la guerra contra el crimen organizado. Y con la pérdida de la guerra al narco, el eje central de su mandato, se había perdido también la presidencia entera. Cualquier otro logro —que los hubo— había de quedar opacado por este fracaso doloroso, descomunal. Y con la presidencia perdida, su lugar en la historia de México no iba a dejar de ser problemático, como finalmente resultó ser el caso.[7]

Las fuentes son diversas y a menudo contradictorias, pero ya muy pronto, en 2014, dos años después de que Calderón dejara de ser presidente de la República, se estableció de forma pro-

---

las propiedades de García Luna en Miami. Peniley Ramírez, "Los secretos incómodos de García Luna: así funcionó en México una oficina privada de seguridad que usó a funcionarios de la guerra contra el narcotráfico", *Univisión*, 19 de marzo de 2019, en https://www.univision.com/noticias/especiales/exclusiva-los-secretos-incomodos-de-garcia-luna-asi-funciono-en-mexico-una-oficina-privada-de-seguridad-que-uso-a-funcionarios-de-la-guerra-contra-el-narcotrafico.

[6] Peniley Ramírez, *Los millonarios de la guerra. El expediente inédito de García Luna y sus socios*, Grijalbo, México, 2020.

[7] "Más allá de la retórica del gobierno central sobre las intenciones de la política de seguridad puesta en práctica, el balance de la administración Calderón en términos de violencia, homicidios y violación de los derechos humanos fue lamentable", Luis Astorga, *"¿Qué querían que hiciera?"*, p. 15.

visional que el número de muertos durante el sexenio por la guerra al narco fue de 64774,[8] cifra conservadora, que habría de incrementarse en los años siguientes por el descubrimiento de fosas clandestinas (algunas con centenares de cadáveres). Lo anterior, sin contar con los desaparecidos. Más las innumerables violaciones de los derechos humanos por parte de las fuerzas del orden, los asesinatos —ejecuciones extrajudiciales, en la jerga de policías y periodistas—, los abusos sin cuento.

Excepto por un ligero descenso en las tasas de crecimiento durante los dos primeros años de su sucesor, Enrique Peña Nieto, del PRI, las cifras han seguido aumentando hasta el momento de escribir estas líneas. El saldo total sobrepasa ya los 250000 muertos. Acabando ya la presidencia de Andrés Manuel López Obrador, nada indica que el poder de las bandas de traficantes haya disminuido, que se esté alcanzando algún punto de inflexión o que se vislumbre arreglo alguno de esta tragedia en los próximos años. De hecho, Claudia Sheinbaum, la sucesora de López Obrador, tendrá que pelear por "recuperar el control del territorio ocupado por el crimen organizado", según una crónica del *Financial Times* de septiembre de 2023. ¿Cuán grande es ese espacio ocupado? "Dicen que el narco controla ahora el 30% del territorio", me comentó en Madrid un muy alto cargo de las últimas administraciones del PRI, que conoce al dedillo los vericuetos de la gobernación en México. Cuando políticos, analistas o periodistas hablan de "control del territorio" por parte de los criminales lo que quieren decir, en realidad, es que el Estado no es capaz de ejercer todas sus funciones en esas zonas, ni proteger las vidas de sus ciudadanos, ni asegurarse el monopolio legítimo de la fuerza. "Pero yo creo que, si cuentan bien, es más", me aseguró mi interlocutor. El periódico británico recordaba que decenas de candidatos a puestos de menor

---

[8] Andreas Schedler, "The criminal subversion of Mexican Democracy", *Journal of Democracy*, vol. 5, núm. 1, p. 6, enero de 2014.

entidad, como alcaldías, habían sido asesinados en los últimos ciclos electorales.⁹

No resulta fácil imaginar qué son, qué representan, cuánto dolor suponen 250 000 muertos. En *La peste*, donde la plaga encarna al mal, Albert Camus sugiere que la única forma de hacerse una idea cabal de la cantidad de muertos que ha causado la enfermedad, la manera de escapar de la fría estadística, en la que los números lo dicen todo pero no dicen nada, consistiría en arrastrar a todos los fallecidos a una playa cercana a Orán, la ciudad en la costa de Argelia donde transcurren los hechos, apilar los cadáveres en un único túmulo y colocar por encima, visibles, unos cuantos rostros de conocidos, de familiares y de amigos. En México, los muertos por la guerra llenarían dos veces el Estadio Azteca, el mayor de la capital.¹⁰

• • •

**EL DÍA EN QUE ME REUNÍ** con Calderón, en la atmósfera tranquila de sus oficinas, nada de lo anterior parecía real. El presidente no mostró interés alguno, como resulta natural, en asumir su parte de responsabilidad, la que fuera, mayor o menor, en el fracaso de la estrategia que diseñó —si hubo diseño alguno— y puso en marcha durante su mandato. Resultó notable, por lo demás, la completa ausencia de cualquier referencia a los muertos, a las víctimas. La carencia total de empatía. Es cierto que yo no pregunté. Y no lo hice porque una respuesta forzada a esa pregunta carece de valor alguno. Quizá sí periodístico. Pero no moral. Equivale al *thoughts and prayers* —"nuestros pensamientos y nuestras oraciones

---

⁹ Christine Murray, "Mexico gears up for female-led presidential race", *Financial Times*, 7 de septiembre de 2023, en https://www.ft.com/content/09487e7d-6cd6-404f-8d34-2dcc0d5c20bc.

¹⁰ Alma Delia Murillo, "Como del odio de Dios", *Reforma*, 11 de diciembre de 2020, en https://www.reforma.com/como-del-odio-de-dios-2020-12-11/op195505.

están con las familias"— que cualquier político estadounidense ofrece tras una masacre a tiros, al tiempo que se opone a cualquier reforma de mínimos para controlar la proliferación de armas. Tampoco le pregunté por el estigma asociado a la guerra al narco. Pero él sí quiso desligarse de ello ("otra cosa, por cierto..."). Fue un movimiento espontáneo que yo no forcé. Tampoco formulé pregunta alguna que desencadenase la siguiente reflexión:

> Otra cosa, por cierto, donde no pude cambiar las cosas, por más de ser presidente y de que lo hubiera querido, es la expresión que acaba usted de usar: la *guerra contra el narco*. Yo lo que nunca pude fue con lo de "la guerra declarada de Calderón", "cuando Calderón le declara la guerra al narco"; o "la declaración de guerra contra el narco", incluso entrecomillado. Digo, ¿cuándo hice tal declaratoria? ¿Quién acuña el término de *guerra al narco*? Pues no sé, fue El País con Jorge Castañeda[11] y CNN. No soy yo.

"No soy yo", dice Calderón. La afirmación —y la escena en sí misma— padece tanto de falta de lógica como de exceso de fingido melodrama. Y guarda escasa relación con la verdad. Los políticos, por lo general, muestran una sobresaliente capacidad de arrinconar datos o emborronar evidencias con tal de mante-

---

[11] Jorge G. Castañeda es un intelectual y político mexicano. Vinculado al llamado Grupo San Ángel, estuvo en los entresijos de la operación que facilitó la llegada de Vicente Fox a la presidencia de México, y fue subsiguientemente su secretario de Relaciones Exteriores. Ha mantenido siempre una actitud muy crítica con Calderón y su presidencia. En un artículo en el que repasaba las cambiantes explicaciones de Calderón sobre el origen de la guerra contra el narco —que efectivamente fueron mutando tal como fue avanzando su mandato—, Castañeda remató: "Y ahora en Londres, nos informa que 'es muy claro que hay una correlación desde el momento que se quitó la prohibición de la venta de armas y de rifles de asalto, en Estados Unidos, en 2004' y la violencia generada por los cárteles. Cuando uno cambia de explicación como de traje, y se es inteligente y de buen gusto, como Calderón, es porque tanto los trajes como las explicaciones le dejan insatisfecho". En su faceta periodística, Castañeda ha sido colaborador, entre otros, de CNN, *The New York Times* o *El País*.

ner la coherencia de sus relatos. Calderón utilizó la palabra *guerra* cuando le convino políticamente. Pero como me había dicho el presidente Gaviria: "Cuando uno habla de guerra, tiene guerra; la degradación que se viene es impresionante; despierta unas actitudes bárbaras en la gente; la gente empieza a comportarse de una manera salvaje y bárbara".

Cuando vino esa degradación, Calderón dejó de hablar de guerra. Ese "no soy yo" me recordó un viejo adagio ruso que se utiliza para negar por adelantado toda culpa o responsabilidad: "Yo no soy yo, y el caballo no es mío". Lo podría decir —aunque no lo he leído ahí— cualquier campesino detenido por un policía del zar en un relato de Gógol o de Turguénev. Me hizo recordar también que durante todo el mandato de Felipe Calderón como presidente (1º de diciembre de 2006 a 1º de diciembre de 2012), yo fui el director de *El País* (4 de mayo de 2006 a 4 de mayo de 2014). Y no, no fue el periódico —con Jorge Castañeda o sin Jorge Castañeda— el que acuñó la expresión.

> Sí hablé metafóricamente en algunos discursos iniciales de que esto es una batalla, es una guerra contra la delincuencia, debemos ganar. Entonces, todo el cuño, voy a utilizar la vocal adecuada, toda la cuña es la *guerra contra el narco,* que es despectiva *per se.* Porque si tú votas: "¿Qué prefieres? ¿Guerra o paz?" El término *guerra* es terriblemente, de partida, peyorativo. Ya desde cuando dijeron la *guerra contra el narco,* que Calderón es un idiota, que declaró una guerra innecesaria. En fin, nunca logré explicar eso y fue realmente, *mediáticamente,* un desastre, la verdad. Por más que trataba de explicar y enfatizar, siempre volvía. Aunque la entrevista la publicaran literal cuando lo pedía, el título era: "Calderón declaró la guerra al narco y perdió". Ese tipo de cosas siempre fueron desesperantes.

(Lo mediático y lo real se habían fusionado momentos antes, al parecer, cuando su asistente vino a preguntarme si la entrevista iba a versar "sobre la guerra contra el narco".)

En 2008, más de 10 años antes de esta conversación, vi a Calderón por primera vez desde que era presidente. Estábamos sentados en una estancia del palacio de El Pardo, en Madrid, donde él se alojaba durante una visita oficial a España, y en el que ofrecía una recepción a los reyes. Mientras los empleados de palacio se afanaban con los últimos detalles le comenté que declarar una guerra tenía graves consecuencias. Pero que también conlleva un problema de léxico: se gana o se pierde.

—¿México está ganando la suya?

—México tiene la estrategia correcta y ganará, por supuesto, esta guerra.[12]

Mediáticamente, la estrategia parecía funcionar todavía. Y "ese tipo de cosas que siempre fueron desesperantes" aún no eran desesperantes.

En aquel momento, Calderón era él.

Y el caballo era suyo.

...

**EN ALGÚN INSTANTE** difícil de determinar hacia finales de 2009, sin embargo, el presidente comenzó a darse cuenta de lo evidente: de que su estrategia estaba fracasando; de que algo distinto e imprevisto estaba sucediendo; de que las cifras de homicidios no cesaban de aumentar; y de que, por supuesto, México iba a perder la guerra. En realidad, la iba a perder él. Cuando Calderón decía "México tiene la estrategia correcta y ganará" en realidad estaba diciendo "yo tengo la estrategia correcta y ganaré". A principios de 2010, el mandatario ya había dejado de hablar de ofensivas, de guerras y de triunfos, y comenzaba a ensayar un discurso político que evitaba por completo los ecos

---

[12] Javier Moreno, "Yo no me considero de derechas", *El País*, 15 de junio de 2008, en https://elpais.com/diario/2008/06/15/internacional/1213480808_850215.html.

militares. Un año después, en 2011, ya en la recta final de su mandato, comenzó incluso a negar abiertamente que él hubiera utilizado jamás el término *guerra*, pese a las abundantes pruebas en contrario.

En una alocución el 12 de enero de aquel año aseguró que él no había usado el concepto de *guerra* para referirse a la lucha contra el crimen organizado y por la seguridad pública. No se conformó con esa mentira. El presidente invitó a que se revisaran todas sus expresiones al respecto. Un investigador académico mexicano, Carlos Bravo Regidor, se tomó la molestia. Incluso montó un blog. Encontró más de medio centenar de discursos en los que el mandatario había empleado la palabra *guerra* para referirse a lo sucedido en México. Bravo Regidor no sólo contó las ocasiones en las que se usó la expresión. Su análisis muestra también que el presidente utilizó la palabra *guerra* con un sentido cambiante, siempre al servicio del momento político y del estado del enfrentamiento con las bandas criminales. Esto es, la palabra *guerra* al servicio de sus intereses políticos.[13]

Apenas dos meses después, un día de marzo de 2011, me volví a encontrar con Calderón, esta vez en Ciudad de México. Nos reunimos en la biblioteca José Vasconcelos, en la residencia oficial de Los Pinos. Cuando salió el asunto de la violencia, claramente estaba ensayando ya otro discurso. Esta vez sin el *basso ostinato* de los tambores militares. Lo que se oía de fondo era una queja, aunque todavía en sordina: ¿qué querían que hiciera?

> Sí, la cultura política en México antes preveía que la solución era arreglarse con los criminales y ya. Cosas que encajan en la vieja cultura política donde la corrupción era un engranaje modular. Entonces el acuerdo era "mira, yo no te veo porque ése es

---

[13] Carlos Bravo Regidor, "La 'guerra' en el discurso presidencial", *La Razón*, 21 de enero de 2011. Un análisis más extenso y revelador se puede encontrar en su blog sobre el asunto, *Conversación Pública*, http://conversacionpublica.blogspot.com/2011/01/la-guerra-en-el-discurso-presidencial.html.

un asunto federal... tú no me ves, todos contentos. No me meto contigo, tú no te metes conmigo y se acabó". Suponiendo sin conceder, como dicen, que eso fuera cierto, ya no tiene sentido. Eso se acabó. Porque yo no sé si funcionaba cuando ellos se dedicaban a pasar rápido y ya. ¿Pero arreglarse con ellos? El arreglo sólo consigue que les dejes las llaves del pueblo que tú gobiernas, del municipio del que tú eres alcalde, del estado en el que tú eres gobernador, o del país del que tú eres presidente, y decirle, bueno, si tú quieres el control territorial de esto te lo dejo. ¿Cuál puede ser el arreglo conveniente? El día que quieras detenerlos, cuando están metidos en la vida de todos, no los puedes detener, ya no. Y aunque todo el mundo dice rechazar esa cultura de *transa* y de corrupción, mi temor es que sí hay una tentación en algunas partes por que esa cultura prevalezca. El único arreglo posible entonces sería un presidente que dé las llaves a los criminales y les diga "mira, haz exactamente lo que quieras, pero con ciertos límites".[14]

En los meses siguientes, la situación continúo deteriorándose. Y como correlato objetivo, también la imagen del presidente. Un año después, el 11 de febrero de 2012, Calderón acudió a la inauguración de un hospital en el Estado de México, colindante con el entonces Distrito Federal, donde estaba previsto que pronunciara un discurso. Para entonces era ya tarde. No había vuelta atrás. La violencia y la sangre anegaban México. Las operaciones militares no llevaban a ninguna parte. Las bandas de narcotraficantes dominaban zonas importantes del territorio mexicano. Las atrocidades de los militares, acusados de torturas y ejecuciones sumarias, no podían ya ser ignoradas. Intuyendo su presidencia en ruinas y sin cobijo alguno posible ante el juicio de la historia, Calderón finalmente estalló. Durante aquel discurso de inauguración de un hospital y en referencia a los narcotrafi-

---

[14] Javier Moreno, "Para ganar una batalla tienes que ir a por ella", *El País*, 27 de marzo de 2011, en https://elpais.com/diario/2011/03/27/domingo/1301201553_850215.html.

cantes, se quejó: "¿Que querían que hiciera? ¿Que los saludara? ¿Que los invitara a pasar? ¿Que les llevara un café?"[15]

La avalancha de críticas fue universal, inmediata y despiadada. Quizás este texto de Pedro Miguel, en *La Jornada*, es el que con más precisión captura los encrespados ánimos contra el presidente, la impotencia de la sociedad ante la sucesión de masacres y violaciones de los derechos humanos por parte de las fuerzas del orden público, la sensación de estar perdidos, como sociedad, en un laberinto del que uno sabe que no hay salida fácil (o peor aún, no hay salida, ni fácil ni no fácil):

> Calderón también habría podido cumplir con las leyes [...]; habría podido ordenar la persecución enérgica del lavado de dinero; habría podido pedir una investigación seria y confidencial de los vínculos con la delincuencia que se atribuyen a varios integrantes y ex integrantes de su gabinete de seguridad; habría podido empezar por la depuración del personal fiscal, policial y militar en los puertos, aeropuertos y aduanas [...]; habría podido promover marcos y protocolos de respeto a los derechos humanos para las fuerzas de seguridad civiles y militares [...]; por supuesto, nadie le pidió nunca que entregara el país a la delincuencia ni que la invitara a un cafecito. Para combatirla y hacer cumplir la ley habría podido hacer muchas cosas sensatas y positivas, pero decidió, en cambio, hacer una carnicería.[16]

Calderón, según sus críticos, *decidió* hacer una carnicería. *Ergo* era, o es, un carnicero. En política, las categorías morales no tienen, aparentemente, fecha de prescripción. Me resulta difícil, sin

---

[15] El académico mexicano Luis Astorga eligió precisamente esta frase, "¿Qué querían que hiciera?", como título de su documentado y clarificador estudio sobre la inseguridad y la delincuencia organizada en la presidencia de Calderón, un libro de cuyas ideas se ha nutrido abundantemente este capítulo.

[16] Pedro Miguel, "¿Qué querían que hiciera?", *La Jornada*, 14 de febrero de 2012, en https://www.jornada.com.mx/2012/02/14/opinion/030a1mun.

embargo, aceptar la idea de que la maldad intrínseca de Calderón dé cuenta de lo que sucedió, de su declaración de guerra al narco o de su decisión de involucrar de forma masiva a los militares, con la consiguiente mortandad. No estoy diciendo que Calderón no sea malo de forma intrínseca (o perverso, la encarnación del mal, un carnicero). No lo sé. No sé si alguien lo pueda saber.

Tampoco estoy seguro de que la pregunta tenga sentido. Esto es, si se trata de una pregunta válida. Si tiene acaso una respuesta posible. Porque si no resulta posible responderla, entonces no constituye una pregunta válida. Más interesante —y con toda probabilidad más provechoso— resulta interrogarse por las condiciones de posibilidad en las que él tomó esa decisión. De qué margen de operación disponía. Qué errores cometió (pues los cometió y las consecuencias, terribles, son la prueba de ello). Y si, tomando en cuenta todo lo anterior, cabía haber esperado un resultado más feliz o un resultado menos desdichado o, en todo caso, otro resultado. ¿Qué otra decisión hubiera podido tomar Calderón? ¿Habría sido posible incluso no tomar decisión alguna?

• • •

**HAN PASADO OCHO AÑOS** de aquello. Sentados en su despacho, la conversación prosiguió aquella mañana de marzo de 2019 sin que el presidente cediera un milímetro o hiciera la mínima concesión a sus críticos. Quizá no pueda hacerla. Existe de seguro algún mecanismo psicológico que protege a los políticos de cualquier tentación de honestidad intelectual so pena de contemplar, impotentes, cómo el conjunto de su obra política se disuelve como un azucarillo. Un mecanismo que quizá convenga respetar. No justificar, seguramente. Pero sí comprender. No me dio la impresión, sin embargo, de que ése fuera el caso de Calderón. No me pareció un mecanismo de defensa emocional. Había ahí otra cosa. Había soberbia intelectual. Peor. Había soberbia a secas.

—El combate frontal a los criminales. Esto parece de Perogrullo en cualquier país civilizado. Aquí no, aquí la crítica política del PRI, del PRD,[17] de toda la izquierda... La prensa decía: "Éste es un idiota porque declaró una guerra innecesaria".

—¿Era usted un idiota por intentar imponer la ley o por...? [el presidente interrumpe la pregunta, que seguía así: ... o por lanzarse a una aventura de semejante envergadura sin la preparación ni los conocimientos suficientes?].

—No, porque para mí es un tema de deber constitucional y también ético. Porque además yo veía cómo la gente en los pueblos está dominada por los criminales; estos tipos sí están involucrados en las drogas; pero éstos ya están llevándose a las niñas, están quedándose con los ranchos, secuestrando a los hijos de los empresarios. Es el Estado totalmente [desbordado] por un estado de fuego y de violencia brutal. Para mí, hay que enfrentar a los delincuentes y no evadirlos. Yo como presidente tenía el deber de proteger a la familia de mexicanos de un enemigo poderoso que se está comiendo a México y a América Latina, que es el crimen organizado, con vínculos u orígenes en el narcotráfico probablemente. Pero ya las drogas no son ni remotamente el problema principal. El problema principal es una captura del Estado que yo alcancé a detener en México y que con Peña [Enrique Peña Nieto, su sucesor en la presidencia] siguió otra vez, desgraciadamente.

Un discurso muy inspirador, pero escasamente útil y nada novedoso: el realismo en política o la razón de Estado. Defender los objetivos escondiendo al mismo tiempo sus consecuencias, lo que Leonardo Sciascia llama el "sacrificio abstracto de los inocentes".[18] Se trata, por lo demás, de un tema que ha ocupado a

---

[17] Partido de la Revolución Democrática. Fue el instituto político hegemónico de la izquierda hasta que sufrió una escisión encabezada por el anterior presidente de México, Andrés Manuel López Obrador.

[18] Leonardo Sciascia, *El caso Moro*, Tusquets, España, 1978.

los más destacados pensadores sobre filosofía moral y política. Frente al PRI, al PRD, a la izquierda en general, a la prensa, frente a casi todo el mundo en realidad, Calderón se reafirma en que él hizo lo que se debía hacer por un sentido "constitucional y ético". En su caso, además, sin siquiera una reflexión compasiva por los muertos que estas decisiones necesariamente ocasionaron.

Y luego —o antes— está la impotencia.

El investigador académico Luis Astorga escribió:

> Las instituciones de seguridad y procuración de justicia que heredó de administraciones anteriores el presidente Calderón no permitían ser optimistas en cuanto a la capacidad de su gobierno, no sólo para contener los embates de las organizaciones de traficantes, sino para imponer claramente la autoridad del Estado.[19]

Yo añadiría que, visto en retrospectiva, su fracaso resultaba inevitable. Calderón nunca tuvo la mínima oportunidad de que su plan triunfara, si alguna vez tuvo un plan a mediano y largo plazo, más allá de dar golpes aislados aquí y allá. Convencido de la necesidad de plantarles cara a las bandas criminales, alentado por gran parte de la sociedad, a la que, de forma legítima y comprensible, le aterrorizaba la escalada de inseguridad; por los militares y por los empresarios, Calderón se lanzó al combate sin ser consciente de que ni de lejos contaba con las herramientas mínimas para que todo el plan no acabase en el inmenso, doloroso y sangriento fiasco que fue.

Un día de otoño de 2023, sentado en un café de Madrid con un expresidente de un país latinoamericano grande, de los últimos que realmente tuvieron poder —y al que también le tocó lidiar con sonados episodios de violencia política—, le pregunté si alguna vez tuvo la sensación, a la hora de decidir algo importante, de que le había faltado información clave: "¿Que si tuve

---

[19] Luis Astorga, *"¿Qué querían que hiciera?"*, p. 208.

siempre toda la información? No. ¿Tuve toda la información que necesitaba para tomar una decisión? Sí. Lo peor no es que le oculten a uno información. Lo peor es que uno no pregunte".

¿Debería Calderón haber sabido de la corrupción que carcomía partes importantes de un Ejército cuyos generales habían de dirigir la guerra? ¿De la falta de preparación, la descoordinación, los paupérrimos servicios de inteligencia? ¿Que el derrumbe del sistema de partido único había transformado el paisaje y el reparto del poder? ¿Que debería haber desconfiado de quienes le explicaron el problema, pero le ocultaron la falta de medios para abordarlo con éxito? ¿Que tampoco había reflexionado cinco minutos sobre las complejas causas que le habían llevado a estar sentado sobre un volcán cuyo estallido causaría decenas de miles de muertos en los años siguientes? Sí. Debería haberlo sabido. Pero el caso es que no lo supo. No tuvo las herramientas, ni la información, ni los adecuados servicios del Estado para saberlo. Probablemente tampoco tuvo la voluntad de saber. Ni el interés.

En última instancia —y ésa es la tesis que este libro sostiene—, el presidente no tenía el poder, nunca lo tuvo, para hacer lo que quería o sentía que debía hacer, sin entrar en consideraciones sobre la bondad intrínseca de sus planes o la pertinencia de los mismos. La lista de cosas que Pedro Miguel le exigía a Calderón resulta razonable. Pero omite lo principal: Calderón no tenía poder para hacerlo. Ni para investigar a miembros de su gabinete. Ni para desatar una purga de fiscales, policías y militares. Ni para perseguir de forma enérgica el lavado de dinero. Tampoco lo había tenido Zedillo, ni Fox —quien ni siquiera lo intentó—, ni lo tuvo Peña —que ni siquiera se lo planteó—, ni la tuvo López Obrador, sobre cuyo pensamiento nadie parece haber sabido mucho con exactitud.

Luis Astorga escribe:

> Felipe Calderón parece haber pensado, decidido y actuado como si la estructura y las relaciones de poder en el campo político no

hubiesen cambiado y fuesen las mismas que el sistema autoritario, donde el presidente tuvo poderes extraordinarios sin contrapesos [...] Se subvaloraron esos cambios *y se sobrevaloró el poder presidencial por el propio presidente*,[20] sus colaboradores, y por algunos de sus críticos [...]; se sobrevaloraron también las capacidades de las fuerzas de seguridad federales.[21]

Gran parte de la oposición política —y, desde luego, la mayor parte de los intelectuales y grupos de la sociedad civil— consideró, como dice Astorga, que el único culpable de los más de 60 000 muertos durante la presidencia en cuestión, desde el primero al "último decapitado, incinerado, descuartizado, baleado [o] desintegrado en ácido" fue el propio Calderón, por su decisión de lanzar una *guerra contra el narco*, con esa u otra denominación. Pero resulta necesario recalcar aquí que los culpables de los asesinatos fueron los asesinos. Y los culpables de las graves violaciones de los derechos humanos, torturas y desapariciones forzadas cometidas por las fuerzas del orden fueron los elementos de éstas que las cometieron. La culpa de Calderón —la enorme culpa, cabría decir, de Calderón— fue no ver que, con los medios de que disponía el Estado, no iba a poder acabar con los primeros ni mantener bajo control a los segundos. Y que el peligro real, diría uno que casi inevitable, era que todo acabara en una carnicería, como en efecto sucedió.

• • •

**UN DÍA DE MARZO DE 2019** mantuve una larga conversación con un alto cargo de la administración de López Obrador. Nos conocíamos de mi anterior estancia en México, hace 25 años, aunque no nos habíamos visto más de dos o tres veces. Me inte-

---

[20] Las cursivas son mías.
[21] Luis Astorga, *"¿Qué querían que hiciera?"*, p. 224.

resaba su opinión por varias razones. La primera, porque ahora se desempeñaba en el área de seguridad, con acceso a los primeros niveles de decisión. Y en segundo lugar, porque quería contrastar con un destacado personaje del gobierno de entonces los errores, los límites y los fracasos de administraciones pasadas, a las que el presidente de la República, en aquel momento Andrés Manuel López Obrador, culpaba del desastroso estado de cosas que él vino a heredar. Y que no consiguió arreglar durante su mandato, aunque cuando tuvo lugar esta conversación eso estaba todavía por decidir.

Sentados en su despacho, le conté a grandes rasgos el relato que el lector acaba de leer, incluida la conversación con Genaro García Luna. Faltaban meses para saber cuál iba a ser el desempeño de la administración de López Obrador en su primer año. Pero cuando escribo estas líneas ya se conocen las cifras del quinto año de su mandato. El perímetro de la catástrofe es el siguiente: las 35 588 víctimas contabilizadas en 2019 lo convierten en el año más violento desde que se llevan registros, con una tasa de 27 homicidios intencionados por cada 100 000 habitantes. Colima, un pequeño estado en el Pacífico, con menos de un millón de habitantes, ha repetido nuevamente como el más violento. Con 760 homicidios tiene una tasa de 107 asesinatos por cada 100 000 habitantes, superior a la de El Salvador (62, según el Banco Mundial), uno de los países más violentos del mundo[22] antes de la llegada a la presidencia de Nayib Bukele. Los 35 588 muertos en un año equivalen, aproximadamente, a la mitad de los seis años de mandato del presidente Calderón.

Mi interlocutor opinaba que dos eran los elementos principales para comprender la grave situación con la que se habían encontrado. La diferencia con épocas pasadas, calculemos hace

---

[22] Luis Pablo Beauregard, "2019 se convierte en el año más violento en la historia reciente de México", *El País*, 21 de enero de 2020, en https://elpais.com/internacional/2020/01/21/mexico/1579621707_576405.html.

25 o 30 años, me contó, es la siguiente. Entonces, los jefes de seguridad locales o regionales eran los capos del crimen organizado. Digamos que por la mañana llevaban el uniforme oficial y por la tarde el de jefe de las bandas de delincuentes. Tras tomar posesión, se impartían órdenes: "yo me llevo tanto", y "ustedes no armen jaleo, si no, me los chingo".

Ahora, por el contrario —prosiguió su relato—, los capos del narco y de las bandas organizadas "son los que ponen a los jefes de seguridad, quienes, de esta forma, son sus empleados". En esto fue rotundo: "Los eligen, les financian las campañas electorales, les montan los equipos de gobierno, especialmente en el área de seguridad pública", me dijo. Lo segundo es que, en sus estimaciones, hay algunos territorios (no especificó cuáles ni cuántos) en los que la mitad de los presidentes municipales responde a este perfil; es decir, son marionetas de los agentes criminales. Los criminales han pagado a presidentes municipales, e incluso a gobernadores.

Al despedirnos, nos pidió confidencialidad (yo había acudido en compañía de un conocido empresario). Debió de pensar que estaba revelando algún secreto de Estado. Pero ésa ha sido la historia de la violencia en México, Centroamérica y alguno de los países productores de droga de la franja andina, especialmente Colombia. Eso es lo que me había contado en líneas generales Genaro García Luna 12 años antes. Eso es lo que cuentan los periodistas, los investigadores, los académicos en sus trabajos sobre la violencia. Eso es lo que sabe todo el mundo.[23] Lo que

---

[23] Según Jorge G. Castañeda y Rubén Aguilar, un gobernador durante los años noventa relata lo siguiente. Tras ganar las elecciones, pero antes de tomar posesión, le encargó un informe sobre la penetración del narco en su estado a un amigo, exmilitar, buen conocedor en asuntos de seguridad y con los contactos necesarios. Éste le entregó dos copias, con nombres y apellidos, al gobernador electo, quien, a su vez, le entregó una al presidente de la República. En el vuelo de vuelta a Ciudad de México, el presidente se puso lívido leyéndolo. En la residencia oficial, le entregó la carpeta al jefe del Estado Mayor Presidencial para que la dejase en su recámara, puesto que

no recuerdo, al salir de su despacho, es que, siendo él uno de los máximos responsables de la seguridad pública en México en aquella época, articulara un plan creíble para hacer frente a aquella situación que, en apariencia, tanto le espantaba. Como tantos otros antes que él, estaba de paso por aquella oficina, sin capacidad ni voluntad ni poder real de cambiar las cosas. Tres años después ya andaba en otros quehaceres políticos por su estado natal, seguramente más gratificantes.

---

quería seguir estudiándola. Al día siguiente, el gobernador electo recibió una llamada: los narcotraficantes se habían enterado de la existencia de la carpeta, de su contenido y de dónde estaba en la sede presidencial. "¿Para qué te metes en eso?", le espetaron, o le reprocharon o le amenazaron. El gobernador electo entendió al momento no sólo la complicidad absoluta de las autoridades de su estado con el crimen organizado, sino también de la capacidad de éste de infiltrarse en la residencia del presidente de la República. Rubén Aguilar y Jorge G. Castañeda, *El narco: la guerra fallida*, Punto de Lectura, México, p. 63, 2009.

# 7

## MUCHACHOS, MAÑANA LES MANDO POR SANCOCHO

**CUANDO EL MINISTRO** de Defensa de Colombia entró al despacho del presidente de la República, a las 8:15 de la mañana del 22 de julio de 1992, se encontró a César Gaviria sentado en su sillón de cuero oscuro mirando por la ventana que da al Capitolio Nacional: los pies encima de la mesa, la imagen misma de la derrota del Estado.[1] Rafael Pardo era el primer civil en ocupar el cargo en cuatro décadas. Tenía 38 años, era serio, riguroso y contaba con escasa experiencia en política. El ministro había pasado la noche en vela supervisando el traslado de varios presos de una cárcel a una guarnición militar. A las 8:10 supo que la operación había naufragado. El fiasco era devastador. Pablo Escobar, el narcotraficante más temido del país, su hermano Roberto y ocho de sus lugartenientes se habían fugado. Cinco minutos después, Pardo buscó al presidente para presentarle su dimisión.

Gaviria me contó, el día que nos vimos en su casa, que el gobierno colombiano no andaba obsesionado por aquel entonces con que Escobar pudiera fugarse:

> Mi principal preocupación fue siempre que fueran a matar a Escobar. Porque efectivamente lo podían matar. Y los [del cártel] de

---

[1] Rafael Pardo Rueda, *De primera mano: Colombia 1986-1994, entre conflictos y esperanzas*, Cerec, Bogotá, 1996.

Cali ahí andaban tratando de matarlo, de eso no hay duda. Cada vez que había un sobrevuelo sobre esa cárcel se armaba un lío en Medellín. Nuestra preocupación siempre fue ésa, más que la escapada de Escobar.

¿Por qué al presidente no le preocupaba que se fugara uno de los narcos más violentos y más poderosos del país? La explicación era simple. Y muy inquietante a la vez. Escobar y sus secuaces estaban presos más o menos por voluntad propia, tras alcanzar un pacto con el Estado unos meses antes. Se entregaron a las fuerzas de seguridad; confesaron sus delitos; o confesaron algunos delitos; o contaron lo que quisieron a cambio de que se les impusieran penas más leves y de que el gobierno cumpliera algunas exigencias (las cumplió).[2] Todos salían ganando. El Estado, que no había tenido fuerza para capturarlos, podía exhibirlos presos. Y ellos, que eran *de facto* los dueños de la cárcel, podían irse cuando quisieran, como el país entero, atónito, pudo comprobar aquella noche.

La misión que mantuvo angustiado a Pardo —trasladar a los presos de una cárcel en Medellín a una guarnición militar en Bogotá— se empezó a complicar bien pronto. Los reclusos eran 13 en total: Escobar, su hermano y 11 de los suyos. La cárcel en la que estaban cautivos se llamaba La Catedral. Se construyó por órdenes del propio capo sobre un terreno de su propiedad. Y como se supo después, disponía de billar, habitaciones con vistas, lujos, obras de arte, mobiliario importado y prostitutas para orgías con amigos. Un reguero de despropósitos que dejó estupefactos a los colombianos, poco dados por lo demás a quedarse estupefactos con nada, de manera especial si tiene que ver con la guerrilla, el narcotráfico, los paramilitares, la desestructuración del Estado o cualquier combinación aleatoria de lo anterior.

---

[2] La principal de ellas fue que el Congreso aprobara la no extradición a Estados Unidos. Pocas horas después de la votación, Escobar y sus lugartenientes se entregaron.

La razón del traslado resultaba ciertamente desasosegante. Escobar se había hecho con el control del centro penitenciario. Desde allí, como arzobispo en catedral, impartía órdenes, hacía negocios, llevaba el día a día del cártel de Medellín, ordenaba asesinatos y citaba a socios y otras personas de interés, que entraban y salían del penal como de un hotel de cinco estrellas Grand Luxe.

"Y todo el mundo ahí iba", se asombra ahora Gaviria.

La noche de la fuga, el ministro Pardo pensaba que lo más grave que podía pasar era que los presos se resistieran al traslado. Una asunción no exenta de lógica. Otra asunción no exenta de lógica era que los 27 guardias de La Catedral se resistieran también, aunque esto último pueda hoy resultar muy sorprendente y muy escandaloso. Pardo decidió enviar a la IV Brigada, con sede en Medellín, que en el peor de los casos habría pues de doblegar la resistencia de 14 presos más 27 guardias. A la IV Brigada se le sumaron efectivos de las Fuerzas Antiterroristas del Ejército enviadas desde Bogotá.

Conviene detenerse aquí con brevedad para repasar los detalles y las cifras. Hay una brigada entera a disposición en Medellín para trasladar a 14 prisioneros de esa cárcel a una guarnición militar, sustituir a los guardias y hacerse con el control de las instalaciones. El gobierno, no obstante, juzga necesario añadir una unidad antiterrorista, cuyo vuelo de la capital del país a Medellín, por cierto, se demoró de forma notoria. Fue el primer aviso de que aquella noche no iba a transcurrir como se había planeado. Se les unieron el director de Prisiones y el viceministro de Justicia para subrayar el carácter administrativo de la operación. A las ocho de la noche, los soldados estaban ya listos ante La Catedral para cumplir órdenes. Las órdenes se impartieron. Y a continuación, simplemente, no se cumplieron.

El fracaso que se fue perfilando en las horas siguientes resultó monumental. Entre la una y las dos de la madrugada, Escobar se escapó de la cárcel. Con él se fugaron nueve de sus hombres. Otros cinco se quedaron para retener al director de Prisiones y al viceministro de Justicia, quienes, en algún momento de la noche —por razones que nadie alcanza a comprender y sin haber informado al gobierno en Bogotá— habían entrado en el penal. Los cinco lugartenientes de Escobar que se quedaron, de forma voluntaria al parecer, llevaban instrucciones muy precisas. Debían organizar la resistencia, ejercer el mando sobre los 27 guardias restantes, así como custodiar al director de Prisiones y al viceministro de Justicia.

Tras una noche de malentendidos, órdenes cruzadas y resistencias inexplicables por parte del Ejército, la IV Brigada inició el asalto a las 7:30 de la mañana. A las ocho ya habían tomado el control. Los dos civiles fueron rescatados con vida. Los soldados capturaron a cinco presos y a 25 guardianes. Un guardia de la prisión que opuso resistencia murió. Otro quedó herido. De Escobar, ni rastro. El ministro Pardo tuvo conocimiento de todos estos hechos a las 8:10 de la mañana. A las 8:15 entró en el despacho de Gaviria. Presentó su dimisión. El presidente se la rechazó: "Eso no arregla nada, ni para el gobierno, ni para mí, ni para usted; el problema ahora está empezando".

Bajo esa templanza aparente, Gaviria vivió aquellos acontecimientos con suma mortificación, según me contó. Fue una humillación para el Estado. Y para él en lo personal. La situación le obligó a retrasar un viaje oficial a España. La repercusión internacional de la fuga dejaba también a Colombia en muy mal lugar:

> Todo eso pasó en esos días de la II Cumbre Iberoamericana en Madrid y los Juegos Olímpicos de Barcelona. Esa escapada fue muy traumática porque desgastó muchísimo al gobierno. Obviamente la culpa era del gobierno, que la cárcel, que no sé qué. El tipo pasó entre los soldados y ni siquiera les dio plata. Les dijo: "Muchachos, mañana les mando por sancocho"[3] y salió caminando.

---

[3] El sancocho es una sopa de verduras con una base de carne, muy popular en Colombia y otros países del continente.

Gaviria hizo una pausa y me miró con una mezcla de impotencia, incredulidad y pesadumbre del ánimo. Negó con la cabeza y añadió:

—No fuimos capaces. Intimidaba hasta a la fuerza pública.

• • •

**CON SANCOCHO** o sin sancocho de por medio, lo sucedido aquella madrugada conjuga tres elementos que se repiten en bucle, como una pesadilla, en las complicadas relaciones entre gobiernos, ejércitos y bandas criminales en muchos países de América Latina. El primero consiste, efectivamente, en la "intimidación" que la delincuencia organizada ejerce sobre la fuerza pública, siguiendo la expresión de Gaviria. Un miedo que se combina de forma hábil con la infiltración y la captación, tanto de policías como de militares, de los que tantos ejemplos han salido a la luz en los últimos años. En segundo lugar, la incapacidad del Estado de asegurar el control de nada. Puede ser una cárcel o puede ser una ciudad entera, como sucedió recientemente en México (Culiacán, octubre de 2019), cuando éstas se convierten en objetivo o rehén de los delincuentes.

El tercero resulta, en mi opinión, el más inquietante. Consiste en la sinuosa relación entre los gobiernos y sus ejércitos, los límites implícitos que los civiles interiorizan —o les hacen interiorizar con prontitud los uniformados— a la hora de ejercer el mando; la negociación constante pero subterránea, el tira y afloja en una cadena de mando que no debería tirar ni aflojar; la corrupción por colusión con los delincuentes, visible a veces, subterránea la mayor parte del tiempo. Y difícil de eliminar siempre. Todo ello se apelmaza en un brebaje más indigesto de lo deseable para una sociedad democrática normal, en la que la supremacía del poder civil sobre los militares debería resultar incuestionable. La fórmula con la que muchos jefes militares eluden este imperativo resulta relativamente sencilla: cumplir con caso omiso. Lo hacen arropados por sucesivas capas de protección: la percepción que tienen de sí mismos como casta que no responde ni tiene que responder de forma automática a la fiscalización democrática del poder político civil; la asunción de esa idea por aquellos que deberían ejercer ese control; la dejación de funciones por parte de éstos; y en última instancia, siempre el poder —a veces implícito, a veces no— de quien tiene armas.

• • •

**AL ENTERARSE DE QUE** Pablo Escobar había escapado de la cárcel, de forma inconcebible y demencial, no sólo eludiendo a sus guardianes —esto no constituía sorpresa alguna pues estaban todos a sus órdenes—, sino a una brigada entera que rodeaba el penal, el ministro de Defensa envió a Medellín al jefe del Estado Mayor Conjunto, el oficial de mayor antigüedad después del comandante del Ejército. No se fiaba de nadie: "Mi desconfianza en ese momento hacia la actitud de la cuarta brigada era mayúscula". Se sucedieron luego debates en Colombia —especialmente en el Senado— que trataron de buscar explicaciones, apuntar culpables y explicar lo inexplicable cuando, con tanta frecuencia, esto último acaba ocurriendo. También con mucha frecuencia, la explicación más simple es la correcta. Según Pardo:

> A mi juicio, lo que falló fue la ejecución [del operativo]. Y falló porque las órdenes no se ejecutaron, hecho inconcebible para una unidad militar. El principio general es que las órdenes son responsabilidad de quien las emite y no de quien las ejecuta. Pueden ser bien o mal concebidas, pero quien las da es siempre el responsable de sus consecuencias. En este caso, simple y llanamente, no se ejecutaron.

Inconcebible, pero así fue. El Ministerio de Defensa responsabilizó al comandante de la Fuerza Aérea Colombiana (FAC), general Hernando Monsalve, de la demora del vuelo que debía llevar a los soldados del grupo antiterrorista de Bogotá a Medellín. Y el general Pardo Ariza, al mando de la IV Brigada, no cumplió, o incumplió o desoyó o cumplió cuando quiso (a las 7:30 de la mañana) las órdenes de ocupar La Catedral. Esas órdenes habían sido impartidas a las ocho de la noche del día anterior. Lo hizo el comandante de las Fuerzas Armadas, general Manuel Alberto Murillo, desde la Casa de Nariño, el palacio presidencial en Bogotá. Toda la investigación confirmó la seca sentencia del ministro Pardo: las órdenes no se ejecutaron. Así sin más. Es la materialización más precisa que se me ocurre de la estrategia de "cumplir con caso omiso" que se repite una y otra vez a lo largo de los años y lo extenso del continente, como se verá después.

Para la opinión pública, como me dijo Gaviria, la culpa era obviamente del gobierno. Por acción u omisión, Escobar escapó porque el gobierno —y en última instancia el presidente— no había hecho bien su trabajo. O había hecho mal su trabajo. O no había hecho nada. Y si no lo había hecho, alguna razón o muchas razones habría, todas ellas vergonzantes. O directamente criminales. Del análisis detallado de lo sucedido, sin embargo, se deduce algo más sorprendente y contraintuitivo.

Por una vez, el gobierno sí había hecho su trabajo. Descubrió, o fue alertado de las irregularidades en La Catedral —tampoco se necesitaban espías extraordinarios, la gente lo contaba todo en los cafés de Medellín pues era de conocimiento general—; juzgó que el riesgo que eso constituía resultaba inasumible; tomó la decisión de trasladar al preso a una guarnición militar y a continuación puso a disposición los medios necesarios para hacerlo. Escobar escapó por muchas razones. Por el control del que disponía sobre los funcionarios de la prisión en la que estaba recluido. Por las redes de complicidad en la ciudad en la que estaba encerrado, Medellín, y con toda probabilidad también con elementos del Ejército. Por el aura de poder e impunidad que le rodeaba y el temor que inspiraba. Pero también —quizá sobre todo— porque la cúpula del gobierno, el ministro de Defensa, su equipo, el jefe del Ejército y el presidente pasaron la noche en la Casa de Nariño aislados, contemplando cómo sus órdenes no se cumplían, viendo cómo sus temores iban tomando cuerpo. En una palabra: impotentes.

• • •

**SE PUEDE ARGUMENTAR,** con buenas razones, que este episodio no resulta representativo de las relaciones entre civiles y militares o policías en América Latina en la actualidad. Esos argumentos tienen un cierto peso. La época, principio de los años noventa. El país, Colombia, devastado en sus instituciones por varios frentes (traficantes de droga, guerrilla y paramilitares). El inmenso poder de Pablo Escobar para intimidar al Estado, matando o dando la orden de matar a jueces, fiscales, policías, políticos, derribar un avión con una bomba, y en general poner contra las cuerdas a cualquier gobierno. La imaginación tiende a combinar todo lo anterior y encapsular el resultado en un pasado más o menos lejano, más o menos legendario, muy alejado de lo que pueda suceder ahora, en México o en Ecuador.

Pero si el episodio no parece suficientemente representativo es únicamente, diría uno, por la enormidad de los actores que conforman el relato: uno de los mayores narcotraficantes de todos los tiempos, preso tras llegar a un pacto en una cárcel que controla con una sola mano; una brigada entera que desoye de forma deliberada la cadena de mando y que le deja salir de prisión como quien sale de paseo; una fuga que aparece en las primeras páginas de periódicos de todo el mundo. Si se sustrae ese elemento de espectáculo, de material de leyenda, de alimento de serie de televisión, lo que queda resulta quizá menos deslumbrante, pero más revelador: los mecanismos, las palancas, las estrategias de los militares para resistir, subvertir o evadir las órdenes, los planes o las directrices de los civiles cuando éstas no les convienen o no les gustan o no se compadecen con la idea que tienen de su nación y, sobre todo, de ellos mismos. Y eso sí trasciende la época, el país y la circunstancia: los noventa, Colombia y Escobar. Llega hasta hoy. Y sucede en muchos otros países.

...

**DIEZ AÑOS DESPUÉS** de estos hechos, más o menos, la fuga del líder del cártel de Sinaloa, Joaquín *El Chapo* Guzmán, el 19 de enero de 2001, apenas mes y medio tras la toma de posesión del presidente Vicente Fox en México, también marcó a su gobierno. Se extendieron las sospechas sobre las complicidades de altos mandos con los narcotraficantes. Y el grado de corrupción en el sistema penitenciario mexicano quedó perfectamente retratado, una vez más. El corolario resultaba evidente: la impotencia de los presidentes anteriores —y con el paso del tiempo se habría de ver que también de Fox y de los que le sucedieron— para acabar con este estado de cosas, o al menos de poner un cierto coto a los desmanes continuos, era innegable. Un centenar de guardias y funcionarios menores fue investigado. Y de ahí no se pasó.

Uno de los guardias interrogados declaró:[4]

> El 90% de los trabajadores de este [reclusorio] recibimos diversas cantidades de dinero que van desde 250 pesos por turno, para los que somos oficiales de prevención; los segundos comandantes reciben una mensualidad de 9 000 pesos; los comandantes de compañía, 30 000 pesos; el subdirector de Seguridad Interna, 10 000 dólares mensuales.[5]

Veinte años después de los sucesos anteriores, Ovidio, uno de los hijos del *Chapo* Guzmán, se situó de nuevo, como su padre,

---

[4] Diego Enrique Osorno, *El cártel de Sinaloa. Una historia del uso político del narco*, Grijalbo, México, 2009.

[5] Un dólar costó 10.48 pesos mexicanos de promedio durante los seis años de la presidencia de Vicente Fox.

en el centro de otro choque entre bandas organizadas de malhechores y fuerzas de seguridad del Estado. A resultas del cual estas últimas salieron malparadas, sus jefes políticos y militares desacreditados, y la ciudadanía, entre aterrorizada y estupefacta. El presidente de la República era ya Andrés Manuel López Obrador. Lo sucedido, hasta donde resulta posible establecer, fue que el 17 de octubre de 2019 efectivos de la Guardia Nacional y criminales se enfrentaron a tiros por las calles de Culiacán, una ciudad de 800 000 habitantes al norte de México, capital del estado de Sinaloa, nombre a su vez del cártel del papá de Ovidio. Las escenas de caos, terror y balaceras fluyeron a gran velocidad por las redes sociales mexicanas. Corrió el rumor de que las fuerzas del orden habían detenido a Ovidio Guzmán, también conocido como *El Ratón*. Y de que la revuelta a tiros y sangre de los delincuentes buscaba torcer el brazo al Estado y liberar al joven.

El entonces secretario de Seguridad Pública, Alfonso Durazo, salió temprano a hacer unas declaraciones en galimatías en las que sostuvo que durante un patrullaje de rutina los soldados se habían topado con Ovidio. Tras su detención, se vieron rodeados por un grupo de sus secuaces, que les desbordó. Más tarde, sin embargo, el secretario de la Defensa Nacional, general Luis Cresencio Sandoval, corrigió a su compañero de gabinete y reconoció que se había tratado de un operativo para capturar a Ovidio "fallido, deficiente e improvisado".[6] Tampoco se aclaró luego si el secretario de Seguridad Pública dijo lo que dijo porque no sabía más, o porque tenía información incorrecta, o porque no tenía información, o si fue un primer intento fallido de engañar a la ciudadanía y tapar un nuevo fracaso de los militares, como se había hecho con cierto éxito tantas veces.

---

[6] Javier Lafuente y Jacobo García, "El caos se apodera de Culiacán tras la detención y posterior liberación de un hijo de 'El Chapo'", *El País*, 18 de octubre de 2019, en https://elpais.com/internacional/2019/10/18/mexico/1571358013_226950.html.

De cualquier modo, cuando quedó de manifiesto que los delincuentes disponían de más capacidad de infligir daño a la ciudad y a sus habitantes que las fuerzas de seguridad para impedirlo, el presidente López Obrador ordenó la liberación de Guzmán hijo. Los narcotraficantes aflojaron entonces el puño que habían cerrado sobre Culiacán y sus ciudadanos. El crimen organizado, una vez más, había doblegado el Estado de forma extraordinaria, a la vista de todo el mundo.

Tres años después, en un operativo mejor organizado, *El Ratón* fue capturado[7] y trasladado al Centro de Readaptación Social número 1, la prisión de máxima seguridad conocida como Altiplano, la misma de la que en 2015 se había fugado su padre. Éste, a su vez, había sido detenido y extraditado Estados Unidos en 2016, donde cumple condena de cadena perpetua. México debió de considerar que, tras dos fugas de dos penales diferentes de máxima seguridad, la única manera de evitar otro episodio embarazoso era subarrendar el asunto al sistema judicial estadounidense. Se hizo con el padre y se repitió con el hijo. Ovidio Guzmán, *El Ratón,* fue extraditado el viernes 15 de septiembre de 2023, menos de 48 horas después de su detención y sin mayores contemplaciones. La noticia se conoció por un escueto comunicado del fiscal general estadounidense, Merrick Garland, en el que se agradecían los esfuerzos del gobierno mexicano. El abogado de Ovidio Guzmán se quejó de que se habían incumplido las previsiones legales para el trámite de extradición. Nadie le prestó la menor atención.

El último giro que conecta del todo estas tres historias se había conocido un año antes, cuando el diario *El País* publicó que la fiscalía investigaba al grupo de militares que había participado en la captura fallida de Ovidio Guzmán. Unas cartas a un fiscal

---

[7] Pablo Ferri, "La captura de Ovidio Guzmán: seis meses de espera, una estrategia medida y una batalla entre dos ejércitos", *El País*, 6 de enero de 2023, en https://elpais.com/mexico/2023-01-06/la-captura-de-ovidio-guzman-seis-meses-de-espera-una-estrategia-medida-y-una-batalla-entre-dos-ejercitos.html.

militar, filtradas tras una operación de *hackeo* masivo, abrían la hipótesis de una colaboración entre soldados y el hijo del *Chapo*.[8] Tres décadas después, los mismos elementos tóxicos de la fuga de Escobar (Colombia, 1992), ejércitos, descoordinación, órdenes que no se cumplen, fisuras en las estructuras de mando, así como debilidad general del Estado y sus agentes se repiten en el caso del *Chapo* Guzmán (México, 2001 y 2015) y unos años más tarde, su hijo Ovidio (México, 2019). *Plus* ça *change…*

Prueba de lo anterior es que en julio de 2024 sucedió otro hecho extraordinario. Uno de los hermanos de Ovidio, Joaquín Guzmán López, fue detenido por agentes federales tras aterrizar con una avioneta en territorio estadounidense. Junto con él viajaba Ismael *El Mayo* Zambada, líder histórico del cártel de Sinaloa, quien estuvo en el origen de esta banda, junto con el papá de Ovidio. No hubo disparos ni violencia. Al contrario que cuando se extraditó al *Chapito*, en esta ocasión el fiscal general de Estados Unidos, Merrick Garland, no agradeció nada al gobierno de México. Éste, a su vez, tras guardar silencio durante más de 24 horas, reconoció que no estaba al tanto de la operación y pidió "transparencia". Cuatro días después anunció su propia "investigación". Garland presumió de las detenciones y del golpe que éstas suponían contra el tráfico de fentanilo de México a Estados Unidos.

Entrevistado por la BBC al día siguiente de las detenciones, Mike Vigil, exdirector de operaciones internacionales de la DEA, sentenció que el arresto de ambos capos no iba a cambiar la operativa del cártel de Sinaloa, que el tráfico de fentanilo hacia la Unión Americana no iba a disminuir y que los únicos que se iban a beneficiar eran los del cártel Jalisco Nueva Generación, rivales de los recién detenidos. Ante las versiones de que Joaquín

---

[8] Elena Reina, "La Fiscalía investiga a un grupo de militares que participó en la liberación de Ovidio Guzmán en el 'Culiacanazo'", *El País*, 15 de octubre de 2022, https://elpais.com/mexico/2022-10-15/la-fiscalia-investiga-a-un-grupo-de-militares-que-participo-en-la-liberacion-de-ovidio-guzman-en-el-culiacanazo.html.

Guzmán había traicionado a *El Mayo* Zambada, mucha gente en Sinaloa comenzó a temer un rebrote de la violencia y un nuevo tsunami de sangre, como había sucedido con episodios similares en el pasado. El Ejército reforzó la zona de inmediato con 400 soldados. Pocos días después, una carta del abogado de Zambada enturbió más las aguas. En ella se aseguraba que el capo fue engañado para trasladarlo a Estados Unidos: él pensaba que iba a reunirse con el gobernador del estado de Sinaloa, Rubén Rocha, y con su rival político, Héctor Melesio Cuén, para mediar entre ambos. También afirmó el narcotraficante que uno de sus escoltas era comandante de la Policía Judicial estatal.

El día del arresto del capo en Estados Unidos se supo asimismo que Héctor Melesio Cuén había sido asesinado. La fiscalía estatal dio una versión sobre el homicidio (hora, lugar, tiempo transcurrido entre el asesinato y la autopsia, etcétera) que poco después fue desmentida como inverosímil por la Fiscalía General de la República, punto por punto. Todo ello reavivó la inacabable polémica por la influencia del crimen organizado en los asuntos públicos de México, las incapacidades de las policías y la inveterada tentación de fabricar pruebas y atestados de las fiscalías. Desde entonces hasta mediados de septiembre al menos 60 personas aparecieron asesinadas, algunas de ellas con signos de tortura.[9] Entre octubre y noviembre, más de 100 jóvenes desaparecieron en la batalla interna del cártel de Sinaloa.[10]

---

[9] Mike Vigil, video de la BBC, en https://www.youtube.com/watch?v=oKyuANq_Q48&t=136s; Jesús Bustamante, "After El Mayo's arrest, Mexicans fear violence may engulf Sinaloa", *Reuters*, 31 de julio de 2024, en https://www.reuters.com/world/americas/after-powerful-kingpins-arrest-mexicans-fear-violence-may-engulf-sinaloa-2024-07-31/; Elías Camhaji, "Un asesinato, una captura y una reunión secreta: la carta de 'El Mayo' que agudiza el escándalo en México", *El País*, 13 de agosto de 2024, en https://elpais.com/mexico/2024-08-13/un-asesinato-una-captura-y-una-reunion-secreta-la-carta-de-el-mayo-que-agudiza-el-escandalo-en-mexico.html.

[10] Manu Ureste, "Están 'levantando' a muchachos: suman más de 100 jóvenes desaparecidos en dos meses de 'guerra' interna en el cártel de Sinaloa",

Estos nombres emblemáticos, inmediatamente reconocibles y cuyas fugas detonan al instante un enorme problema político para el presidente en turno, suponen sólo la punta del iceberg del problema. Pero decenas de evasiones —a veces individuales, a veces masivas, siempre problemáticas— se suceden de forma regular en todo el continente. Las cárceles constituyen un ejemplo de disfuncionalidad del Estado no sólo en México, sino también en Colombia, en Brasil, en Ecuador ahora, y por supuesto en los países centroamericanos, especialmente en el triángulo norte, Guatemala, Honduras y El Salvador antes de la llegada al poder de Nayib Bukele (ahora se han convertido en un problema de otra magnitud, más inquietante, que amerita otra reflexión). En miniatura, revelan los mismos problemas estructurales que dificultan, o impiden, las reformas que las fuerzas de seguridad necesitarían en América Latina. Piensa uno que muchas de ellas se beneficiarían de una rápida disolución, seguida de un breve y piadoso funeral. Tras lo cual se requeriría empezar de nuevo. Por desgracia, la receta resulta inaplicable en muchos casos. Los ejércitos en toda América Latina, por ejemplo. Y cuando se ha intentado, con varios cuerpos de policía en México, por citar un caso, el ejercicio ha sido en vano.

Tras un breve periodo de hibernación, brevísimo a veces, la hidra de la corrupción resucita con la misma fuerza, para sorpresa de pocos, o de nadie.

• • •

**EL DÍA DE LA CAPTURA** fallida de Ovidio Guzmán pasaron más cosas. Se fugaron también 47 presos de la cárcel de Aguaruto, en Sinaloa. En febrero de 2022 las autoridades revisaron "más a fondo" el penal de Aguaruto, según señalaron entonces los me-

---

*Animal Político*, 31 de octubre de 2024, en https://animalpolitico.com/estados/jovenes-desaparecidos-culiacan-sinaloa-cartel.

dios de comunicación. De lo que resulta legítimo deducir que las revisiones anteriores eran menos a fondo, o más en superficie, o totalmente inexistentes. El resultado pareció alarmar a muchos: armas, bebidas alcohólicas, drogas, gallos de pelea bien cuidados en sus respectivas jaulas y celdas como cuartos de hotel de lujo. En una conferencia de prensa, el gobernador del estado, uno de los aparentemente sorprendidos, concluyó, supone uno que tras una larga reflexión, que "había corrupción" en la cárcel. La directora del penal, quizá no tan sorprendida, renunció al cargo. La fiscalía prometió investigarlo todo.[11]

El intelectual mexicano Gabriel Zaid señala que "el territorio [de las cárceles] es microscópico, aislado y controlado por las armas. En las cárceles hay inseguridad, asaltos, golpizas, robos, tortura, violaciones, asesinatos, motines y fugas". Si ahí el Estado no logra imponer el imperio de la ley, "¿cómo se va a lograr en dos millones de kilómetros cuadrados [la extensión del territorio mexicano]?"[12] Efectivamente, en México, en Colombia, en Brasil, en toda Centroamérica, el Estado no logra, en numerosas ocasiones, ni siquiera imponerse en sus propias cárceles. Éstas, por el contrario, son administradas por los delincuentes, los capos, las bandas de narcotraficantes, quienes deciden por sí y ante sí quién entra, quién sale, de qué privilegios se disfruta. Quién vive y quién muere. Se producen motines, incendios, revueltas, fallecen decenas de personas a la vez en un sólo incidente, centenares al año en toda América Latina. Pensaría uno que, sin decirlo de forma explícita, los gobernantes han abandonado a su suerte a las cárceles. Y a sus habitantes.

---

[11] adn40Mx, "Grandes lujos encontrados en el penal de Aguaruto en Sinaloa", TV Azteca, 19 de febrero de 2022, en https://www.youtube.com/watch?v=piTlc0Tal28.

[12] Gabriel Zaïd, "La seguridad y el Estado", *Reforma*, 23 de febrero de 2020, en https://www.reforma.com/aplicacioneslibre/preacceso/articulo/default.aspx?urlredirect=https://www.reforma.com/la-seguridad-y-el-estado-2020-02-23/op174813?referer=--https://www.google.es/--.

Sumido en una crisis de seguridad sin precedentes, Ecuador declaró en julio de 2023 el Estado de excepción en todas las cárceles del país por los graves disturbios, que causaron varias decenas de muertes.[13] Tras el asesinato del candidato presidencial Fernando Villavicencio en agosto, se arrestó a varios supuestos sicarios, sospechosos del magnicidio. De ellos, seis colombianos presos en Guayaquil fueron ahorcados en uno de los pabellones del penal. Otro, ecuatoriano, murió de la misma forma en Quito.[14]

Los disturbios que estallaron a principios de 2024 dejaron en evidencia algo que pareció sorprender a muchos: las bandas de narcotraficantes gobiernan desde las prisiones. Y el Estado no tiene poder para controlarlas. Sólo dos de ellas, la Penitenciaría del Litoral y la Regional, en Guayaquil, albergan 10 000 presos, más de la cuarta parte de la población penitenciaria del país. El control es de los internos. Tienen las llaves de sus celdas, desde las que controlan su negocio de drogas y el crimen organizado en las calles y los barrios.[15]

El presidente Daniel Noboa declaró la guerra a las bandas criminales, en una síntesis de retóricas desastrosas, antiguas y nuevas a la vez: la guerra al narco de Calderón y los ramalazos autoritarios de Bukele.

---

[13] Redacción, "Ecuador decreta el Estado de excepción en las cárceles tras producirse graves incidentes que han dejado al menos 31 muertos", BBC News Mundo, 25 de julio de 2023, en https://www.bbc.com/mundo/articles/cd1nzdyeggro.

[14] Juan Diego Quesada y Carolina Mella, "Asesinadas en dos cárceles de Ecuador siete personas acusadas de matar al candidato presidencial Fernando Villavicencio", El País, 7 de octubre de 2023, en https://elpais.com/internacional/2023-10-07/asesinados-en-una-carcel-de-ecuador-los-seis-sicarios-colombianos-que-mataron-al-candidato-presidencial-fernando-villavicencio.html.

[15] Carolina Mella, "Las mafias ponen en jaque a Ecuador desde las cárceles", El País, 10 de enero de 2024, en https://elpais.com/america/2024-01-10/la-mafias-ponen-en-jaque-a-ecuador-desde-las-carceles.html.

En junio de 2023, más de 40 mujeres murieron, unas quemadas, otras a tiros, en un motín en una cárcel de Honduras.[16] En 2021 unos 70 reclusos fallecieron en la cárcel del Litoral, en Guayaquil. Las prisiones de Brasil se encuentran entre las más violentas del continente y los incidentes en ellas, cada vez más frecuentes y letales.

El listado del espanto en las cárceles de América Latina no conoce límites. Si todo ello resulta inaceptable —¿cómo no va a resultar inaceptable que los criminales organicen la delincuencia desde dentro de la cárcel?—, son las fugas las que, al menos políticamente, más cuestionan de forma directa al Estado, como descubrieron el propio Gaviria, Fox, Enrique Peña Nieto, López Obrador y casi cualquier otro mandatario regional. De lo que no resulta retorcido extraer el siguiente corolario: las fugas de personajes reconocidos desgastan la imagen del gobernante y desatan acciones de algún tipo. Todo lo demás, lo que sucede dentro de los reclusorios —muertes, asesinatos, ausencia del Estado y del imperio de la ley—, no. Hechas las cuentas, la mayoría de los gobiernos parece haber decidido que resulta más fácil asumir los costes de imagen de las catástrofes en las prisiones que ponerles remedio. En las cárceles de América Latina hay más superficie que Estado. Y eso que la superficie de una cárcel, como bien señala Zaid, es minúscula. Por desgracia, esta máxima parece aplicarse más allá de los penales. Diría uno que en toda América Latina hay más superficie que gestionar que Estado que la ocupe.

· · ·

**QUIEN LO EXPRESÓ** con más claridad fue Gaviria, quizá porque ya había pasado mucho tiempo desde su presidencia y quizá

---

[16] Emiliano Rodríguez Mega y Joan Suazo, "41 Dead After Riot Erupts in Honduran Women's Prison", *The New York Times*, 20 de junio de 2023, en https://www.nytimes.com/2023/06/20/world/americas/honduras-womens-prison-riot.html.

también porque él, al contrario que Calderón, no sigue envuelto en la polémica sobre sus decisiones y sobre las consecuencias de éstas. En *El olvido que seremos*, el escritor colombiano Héctor Abad Faciolince cuenta su infancia y la vida de su familia en la Colombia de los años ochenta. Los hechos suceden en una ciudad, Medellín, zarandeada por todas las violencias posibles, incluidas las de las fuerzas de seguridad del Estado, las bandas de traficantes de drogas, las guerrillas y los paramilitares de ultraderecha. Su padre, Héctor Abad, el médico y activista social que se constituye en el eje narrativo y moral que vertebra el libro, fue asesinado el 25 de agosto de 1987 por paramilitares. Su hijo lo vio, tendido en la calle, en un charco de sangre, cosido a balazos. *El olvido que seremos* describe con precisión estremecedora el espeso tejido de complicidades entre los poderosos, sus intereses bastardos y su desprecio por los más desfavorecidos (la obsesión del doctor Abad era mejorar la sanidad en los sectores más populares). El libro se publicó en 2006 y se convirtió de golpe en un fenómeno de culto, que vendió más de 200 000 ejemplares sólo en Colombia.

Gaviria me dijo, haciendo pausas, buscando las palabras:

—Cuando Héctor Abad escribió *El olvido que seremos*... Imagínese que empiezo a leer el libro. Y empiezo a leer cosas de las que sabía el papá de Héctor. Yo no creía entonces en todos estos discursos. Y todo el mundo me decía que eran falsos.

Se detiene. Y ya, de golpe, con aparente asombro:

—Todo era verdad. No podía ser. Yo no hice nada, increíble [Gaviria llevaba casi cuatro meses como ministro de Gobierno cuando Abad fue acribillado]. Cómo era la acción de las Fuerzas Armadas, la cantidad de tonterías. Yo leí ese libro y dije: no puede ser que yo haya oído todas estas cosas y no haya dicho nada. Y no haya tenido la intuición para saber de todos éstos. Como [Bernardo] Jaramillo,[17] que era un candidato [líder de la Unión

---

[17] Bernardo Jaramillo, senador y candidato presidencial por la Unión Patriótica (UP), de izquierda, fue acribillado el 22 de marzo de 1990 por un

Patriótica, de izquierda] y lo mataron. Hasta ahora me doy cuenta. Yo en esa época no lo vi. Porque estaba metido en... Pues, yo era ministro de Gobierno. Después candidato [y después presidente, cabría añadir]. Pero yo no lo vi.

El presidente me contó que, después de leer el libro, sintió que tenía que llamar a Héctor Abad para disculparse con él. Y que así lo hizo. Unos meses después me encontré a Abad en un acto del Hay Festival en Arequipa, Perú. Mientras nos tomábamos una copa, le conté la conversación anterior. Abad me confirmó que, efectivamente, el exmandatario le había llamado para pedirle disculpas.

—Nunca entendí bien esa llamada.

• • •

**GAVIRIA TAMBIÉN** se había referido al asesinato de Luis Carlos Galán, acaecido el 18 de agosto de 1989 en plena campaña electoral. El propio Gaviria, que era jefe de campaña del asesinado, asumió la candidatura que le acabó llevando a la presidencia. Aceptó el desafío tras el discurso cargado de emotividad que pronunció el hijo del muerto durante el sepelio. Sentado en el salón de su casa, reflexionó sobre aquel asesinato:

> Desde hace un par de años estoy descubriendo, en un trabajo de investigación, como para decir que no queda duda razonable... pero en el asesinato de Galán participó la policía, el Ejército, el general Maza,[18] el cártel de Medellín, el cártel de Cali. Bueno, es una cosa que no puedes creer la cantidad de gente que terminó poniendo su granito de arena para montar un operativo que prác-

---

sicario de 16 años en el aeropuerto de Bogotá cuando se disponía a embarcar rumbo a Santa Marta a pasar unos días de asueto con su esposa.

[18] El general Miguel Maza Márquez, director del DAS, los servicios secretos de Colombia en la época del atentado, fue condenado en 2015 a 30 años de prisión por el asesinato de Galán.

ticamente en el momento en que él sale de su casa estaba muerto. No había ni la más remota posibilidad de que se salvara. Había toda una conspiración, toda una vaina, varios sitios para matarlo. Los policías celebraron la muerte. Bueno, es una cosa horrorosa. Es que la gente con armas es una vaina complicada.

Entre los abundantes terremotos políticos en Colombia, el asesinato de Luis Carlos Galán fue con toda seguridad de los más elevados en una hipotética escala de Richter para la violencia política. Lo que no dice explícitamente el expresidente, pero se deduce con meridiana claridad de sus palabras, es que ése era también el grado de putrefacción de las Fuerzas Armadas, los servicios secretos y la policía que heredó cuando al año siguiente asumió la presidencia. Con los que tuvo que gobernar. A los que tuvo que gestionar. Y en última instancia, con los que tuvo que convivir o coexistir o sobrellevarse.

El complot para matar a Galán —y su éxito aquel día de agosto— fue la prueba última, si acaso era necesaria, de la espesa red de complicidades entre el Estado, las bandas de narcotraficantes y los paramilitares. Con él, fueron cuatro los candidatos a las elecciones presidenciales de 1990 asesinados en campaña o precampaña. Y la culminación lógica de la cooptación por parte de los delincuentes, especialmente del aparato judicial y policial, que se vio en la explosión de violencia, en los años ochenta del siglo pasado, con la que habían reaccionado ante el tratado de extradición entre Colombia y Estados Unidos, que fue luego abolido como parte del pacto del Estado para que Pablo Escobar se entregara, y que el candidato Galán había prometido restaurar. Al día siguiente de su asesinato, el gobierno declaró el estado de sitio y promulgó un decreto que permitía la extradición directa sin trámites ni pedir permiso a la Corte Suprema.

Le pregunté a Gaviria:

—¿Cuán rehén es un presidente de todo ese entramado?

—De las estructuras militares, de inteligencia, de policía... Es tremendo. Ahora estamos acabando de descubrir que las cosas eran mucho peores de lo que nosotros sabíamos [se refiere a la presidencia de Virgilio Barco (1986-1990) y la suya (1990-1994)]. Eran mucho peores. Mucho. Como decirle que la persona que ha sido de confianza del presidente Barco y que prácticamente era su principal asesor, que era el director de la agencia de seguridad del Estado, hasta los cambios militares los hacía con él, y que resultó implicado en asesinatos. Y después descubrimos que toda la policía, los generales de la policía estaban comprometidos con el cártel de Cali, y los militares del Ejército con los paramilitares. O sea, ha habido un mundo de cosas que sólo se han podido establecer curiosamente en los últimos cinco o siete años cuando ciertos crímenes han sido declarados de lesa humanidad. Han aparecido diligencias muy inquietantes [...] La verdad sí se sabe, pero a los 30 años, a los 40 años. Es increíble.

Muchas veces, sin embargo, la verdad no se sabe nunca. Ni a los 30 años ni a los 40. Las instituciones que deberían velar por la verdad —fiscales, jueces, policías— presentan, en lugar de la verdad, relatos totalmente fabricados, historias a veces surrealistas, imposibles de creer por su inverosimilitud, por las pruebas falsas a primer golpe de ojo, las declaraciones de los testigos arrancadas a puñetazos, los rastros de la tortura todavía visibles en sus rostros, expuestos con crudeza a las cámaras tras su detención y posterior *confesión* sin que sus torturadores se molesten en maquillar la golpiza ni la ciudadanía se escandalice más de lo debido por la obscenidad del espectáculo. Fragmentos de verdad emergen a lo largo de los años en distintos informes o investigaciones sin relación entre ellos, pedacitos de vidrio en un caleidoscopio que se recompone de forma constante, piezas de un rompecabezas cuya imagen completa nos elude con obstinación.

# 8

## YO SÉ DEL PODER DEL ESTADO

**CUANDO LLUEVE,** la calle de Dilma Rousseff se llena de charcos. Sucede con frecuencia en Porto Alegre. Lo que no sucede con tanta frecuencia, a ver, yo diría que es bien raro que suceda, es que se encuentre uno charcos en la calle en la que reside el expresidente de un país. Ni en América Latina ni, por supuesto, en el resto de Occidente. Pero especialmente en América Latina. La casa de la expresidenta de Brasil es modesta —un departamento en realidad—, en un edificio de cuatro o cinco plantas en un barrio igual de modesto en esta ciudad ya muy meridional, a casi igual distancia de São Paulo y de Buenos Aires, las dos grandes metrópolis del Cono Sur. Que la casa sea modesta también sorprende. Sobre todo si ha visitado uno muchas casas de políticos, o algunas casas de políticos. Llegué a la cita antes de la hora convenida, y decidí dar una vuelta para hacer tiempo. Durante el paseo, por alguna extraña asociación de ideas, me vinieron a la cabeza viviendas de otros políticos que conocía, especialmente en México.

El día que fui a ver a la expresidenta debía de haber llovido de madrugada: había charcos en la calle. Por esas fechas, a finales de mayo, el otoño austral se siente, a ráfagas, en el aire frío y húmedo que llega a la ciudad desde el océano. Rousseff sirvió café, preparado en una cafetera italiana tipo *moka*, cuya tapa y mango mostraban con orgullo sus años de servicio. Pensé que, con mucha probabilidad, la cafetera no era italiana, de importación, sino una apañada manufactura local, lo que me llevó a otra extraña asociación de ideas. ¿Cómo había sido la relación de Rousseff, la primera mujer en la presidencia del país, con los militares? Y aunque no lo pensé en ese momento —porque aún no había sucedido—, otra pregunta me habría de obsesionar luego: ¿cómo fue posible que, apenas tres años después de aquel día que charlamos y tomamos café, una revuelta en la que estuvieron implicados algunos miembros del Ejército tratase de derrocar a otro presidente, Lula, recién elegido? ¿Qué luz podían aportar las tortuosas relaciones entre militares y civiles de Brasil en los últimos 30 años sobre el vínculo del presidente de México con el Ejército (y la preeminencia y el poder cuasi omnímodo de este último)? ¿Son esas relaciones tan distintas como sugeriría una lectura superficial? Vista en retrospectiva, la conversación con Rousseff resultó más esclarecedora de lo que ninguno de los dos pudimos haber imaginado (al menos yo, desde luego).

Al contrario que en México después de la Revolución que acabó con el régimen de Porfirio Díaz, Brasil sí estuvo sometido a una dictadura durante 21 años, entre 1964 y 1985. En realidad, la República brasileña vio la luz en 1889 tras un golpe militar. Ése fue quizá su pecado original. A lo largo del siglo XX, el Ejército se reservó el derecho de intervenir —y lo hizo en numerosas ocasiones—, cuando consideró que la situación política, la crisis de turno o el bloqueo cruzado de los políticos a cargo lo ameritaban. Hubo siempre, sin embargo, un patrón muy claro. Tras la correspondiente intervención o golpe, los militares devolvían el poder a los civiles con relativa rapidez.[1] Y así hasta la crisis siguiente.

En 1964 fue distinto. Los militares se quedaron 21 años en el poder y desplegaron la panoplia habitual —y repugnante— de

---

[1] Celso Castro, *The Military and Politics in Brazil: 1964-2000*, University of Oxford / Centre for Brazilian Studies, 2000, https://www.lac.ox.ac.uk/sites/default/files/lac/documents/media/celso10_2000.pdf.

atropellos castrenses en la América Latina del siglo pasado: cerraron el Congreso, cambiaron la Constitución, ejercieron la censura a fondo y desataron una represión sin precedentes que incluyó el asesinato, la prisión y la tortura de los opositores a la dictadura. O el exilio. Artistas, escritores o cantantes sufrieron también los zarpazos de los militares, especialmente durante los años de plomo (*anos de chumbo*), cuando la represión se intensificó, entre 1968 y 1974. A Dilma Rousseff la detuvieron justo antes. Estuvo presa durante tres años, sufrió torturas, humillaciones, los golpes le saltaron varios dientes y le desencajaron la mandíbula. Dos décadas después, las lesiones seguían ocasionándole problemas, dolores en la parte que sujeta las muelas.[2] Las marcas de la tortura son parte de mí, dijo en una ocasión: "Yo soy eso".

• • •

**CONOCÍ A ROUSSEFF** cuando ya era presidenta. Fue a finales de 2013, en el Palacio de Planalto, en Brasilia, construido por Oscar Niemeyer en los años cincuenta del siglo pasado. Conversamos en su despacho, blanco, luminoso, la marca inconfundible del gran arquitecto brasileño. En distintos momentos del encuentro pasaron por aquella sala su hija Paula, quien traía a su hijo Gabriel, el cual debía tener dos o tres años, para saludar a la abuela. Y Gleisi Hoffmann, en aquel momento *ministra-chefa da Casa Civil*, un cargo similar al de primer ministro y que la propia Rousseff había ocupado en la presidencia de Lula da Silva. Hubo risas. Su hija Paula se fue luego con el niño. El sol entraba, potente, generoso, por los amplios ventanales del edificio. La atmósfera no podía estar más alejada, por ejemplo, de la que se imponía en todos los encuentros con presidentes mexicanos

---

[2] Marina Rossi, "Las marcas de la tortura son parte de mí. Yo soy eso", *El País*, 10 de diciembre de 2014, en https://elpais.com/internacional/2014/12/10/actualidad/1418241810_042597.html.

en Los Pinos, la residencia oficial: rigidez y absurdos protocolos cuyo único sentido parecía consistir en que el visitante sintiera el peso del poder.

No es que Rousseff no rezumara poder en aquella sala blanca y luminosa en Brasilia. Al contrario. Tenía fama de ser dura y exigente en su trabajo, hasta el punto de que, como *ministra-chefa da Casa Civil* durante la presidencia de Lula se decía que gritaba y echaba broncas a todos los ministros en las reuniones. Incluso al mandatario alguna vez. Ella se las ingeniaba para desmentirlo. Pero al mismo tiempo reforzaba la idea con aire socarrón:

—No, al presidente no.

Todo eso me vino a la cabeza cuando nos sentamos en el diminuto salón de su casa en Porto Alegre a tomar café. ¿Cómo fue su relación con los militares en un país especialmente machista, con una mujer en la Presidencia de la República, que además había sido torturada durante la dictadura? La transición a la democracia no fue por colapso —al contrario que en Argentina, por ejemplo—, así que los militares mantuvieron una serie de privilegios y prerrogativas —como en Chile, por ejemplo— que llevaron a muchos analistas a preguntarse si Brasil era, o había sido, o seguía siendo, una democracia tutelada. Rousseff entiende esto. Y entiende también que la posición, el papel y la fuerza de los militares en un país que sale de una dictadura, bien por colapso, bien por transición acordada, depende de muchas cosas. La principal de ellas resulta con toda probabilidad la justicia transicional, el acuerdo que se pacte en la sociedad: civiles y militares, izquierda y derecha, para poder seguir adelante. En Brasil hubo un gran acuerdo, explica, para una amnistía recíproca. Algo muy "extraño", me dice, porque ese crimen, el terrorismo de Estado, no tiene reciprocidad.

—Yo sé del poder del Estado: fui presidenta de la República. Pero también lo conozco porque fui prisionera política.

El primer presidente después de la dictadura fue José Sarney, un hombre cercano a los militares. A éste le sucedió Fernando

Collor de Mello, quien no acabó su mandato acosado por escándalos de corrupción y fue sustituido por su vicepresidente, Itamar Franco. Llegó después Fernando Henrique Cardoso. Con él se produjo una reorganización de los ministerios militares y el nombramiento del primer civil como ministro de Defensa. Todo ello ocasionó un fuerte malestar en los militares, quienes no se tomaron la menor molestia en disimularlo. Al contrario, sus quejas y protestas fueron públicas y ruidosas, pese a que todo el cambio fue más superficial que otra cosa.

Todos ellos mantuvieron sus privilegios, sus cotos de poder, y lo más importante: mantuvieron a los civiles a raya, cuando éstos trataron de fiscalizarles. Para cuando llegó Lula a la presidencia, afirma Rousseff, todo eso era pasado. O parecía pasado, pensé yo.

—Rigurosamente hablando, por lo menos en mi gobierno, y como estuve en el gobierno de Lula como ministra-jefa de la Casa Civil, en esos dos puestos nunca vi una posición de los militares que fuera abusiva, incorrecta o indisciplinada. Pero, por ejemplo, la NSA[3] intervino mi teléfono. Lo mismo hicieron con el de Merkel[4] por la misma época. Snowden desveló todo el programa en la prensa.[5] Todo el mundo lo sabía. Nosotros también investigamos mucho. Pero los militares jamás supieron.

La presidenta hizo una pausa. Y esbozó una media sonrisa:
—O no me lo dijeron.
—Eso es un problema.

---

[3] National Security Agency o Agencia de Seguridad Nacional de Estados Unidos, dedicada al espionaje, tanto nacional como internacional.

[4] Angela Merkel fue canciller de Alemania entre 2005 y 2021.

[5] Edward Snowden fue un antiguo empleado de la CIA y de la NSA que reveló, en *The Guardian* y en *The Washington Post*, varios programas de vigilancia masiva del gobierno de Estados Unidos. Tras huir de su país, pasar por Hong Kong, donde se encontraba cuando ambos diarios publicaron sus exclusivas, huyó a Moscú, donde vive en la actualidad. Estados Unidos considera su asunto un caso criminal.

Luego se inclinó hacia mí, con gesto decidido. Y le salió, un chispazo en los ojos, el legendario carácter que se le atribuye.

—Pero yo pienso que sí sabían. ¿Sabe por qué creo que sí sabían? Porque están de este lado del control sólo si Estados Unidos cuenta con ellos. La NSA utiliza todo el poder económico y tecnológico de Estados Unidos para sus operaciones de espionaje. ¿Dónde está su grabadora? Aquí. Esto es un teléfono celular, ¿cierto?

—Sí.

—En la Casa Blanca no entra uno con el celular. No sé si usted sabe. Usted lo deja en la puerta y lleva su lápiz y su papel. No entra con esto. No entra con su computadora. Esto que está aquí es una cámara de espionaje, querido.

Expresado con claridad, Rousseff, quien fuera presidenta de Brasil entre 2011 y 2016, duda de qué lado estaban los militares brasileños, o de qué lado estaban algunos militares brasileños, cuando ella fue espiada por Estados Unidos, si del suyo o del de Washington. No será la última vez que un presidente brasileño dude de qué lado están los uniformados, como descubrirá Lula en enero de 2023. Unos militares que han jurado lealtad al país, a sus instituciones y a su presidenta. No sé si Merkel sospechó también de sus propios militares en aquel trance. Pero si tuvo dudas, no trascendieron.

Ése es el único comentario crítico que Rousseff se permitió hacia los militares durante su mandato y durante el de Lula, en cuya parte final ella se desempeñó como jefa de la Casa Civil. Nunca vio, dice, una posición de los militares que fuera abusiva, incorrecta o indisciplinada. Y si la vio, prefiere callar por razones que no alcanzo a comprender, conociendo su carácter, su perfil y la distancia crítica que luego, durante la conversación, marcaría con los militares en el gobierno de Jair Bolsonaro. Pero comportamientos inaceptables en aquellos años sí los hubo. Fueron muchos. No graves, si se quiere —aunque a cualquiera con el mínimo sentido democrático debería chirriarle de inmediato cualquier desplante de un militar ante el poder civil—, pero sí intencionados, siempre al borde de la insubordinación, sin llegar a ella, según la perspectiva con la que se veían estas cosas en Brasil, aunque los mismos hechos, en otro país con otra historia, sí hubieran supuesto cruzar todas las líneas rojas.

Siempre fue así desde la transición a la democracia. Sucedieron durante las presidencias de Fernando Henrique Cardoso y de Lula. Y siguieron con Rousseff. Durante años de autonomía *de facto* se acumularon continuos actos de indisciplina, que alimentaron la percepción de autogobierno que los militares tenían de sí mismos. Luego, arropados por Bolsonaro, lograron mucho más de lo que quizá se habían atrevido a imaginar en presidencias anteriores. Derrotado en las urnas el excapitán, el conato de revuelta contra el nuevo presidente sorprendió por igual a Brasil y al resto del mundo. Aunque para entender a cabalidad algunos elementos de este estrambote resulta quizá conveniente retroceder un par de décadas.

•  •  •

"CUANDO YO LLEGUÉ, había el problema de los militares", me dijo Fernando Henrique Cardoso en un escueto prodigio de condensación de la historia de Brasil y de su problemática relación con el Ejército. Cardoso fue presidente entre 1995 y 2002, apenas una década después del fin de la dictadura y justo antes del primer triunfo electoral de Lula. Estábamos sentados en unos sofás de piel en una sala solemne y austera de su fundación en São Paulo: mármoles, o quizá falsos mármoles; maderas nobles, gruesas cortinas de colores oscuros, verdes o marrones. La Fundação FHC mantiene la biblioteca presidencial y alberga también un *think-tank* o centro de pensamiento dedicado a producir estudios sobre la democracia y el desarrollo sostenible. El silencio, las enormes salas vacías, la ausencia de personal, las enormes estanterías cuajadas de libros bien encuadernados conferían al lugar un indefinido aire reverencial, más de mausoleo que de foco de agitación intelectual o política. Lo contrario que el Centro Fox, digamos. El día que lo visité, el rancho del expresidente mexicano bullía con una excitación permanente, un continuo ir y venir, los teléfonos sonando, las conversaciones en voz alta, una agitación que era, con toda probabilidad, más política que intelectual.

La reunión con el expresidente brasileño se celebró a finales de mayo de 2019. De hecho, tuvo lugar sólo dos días después de que viera yo a Rousseff en Porto Alegre. Cardoso traslucía su edad: nació en 1931. Se acercaba pues a los 90 años y la fragilidad física resultaba evidente. Pero su intelecto permanecía ágil. Sus respuestas, ajustadas a las preguntas, sin divagaciones ni excursos extemporáneos. El "problema de los militares" cuando él llegó a la presidencia en enero de 1995 consistía en lo siguiente.

Durante el mandato de José Sarney (1985-1990), el primero de un civil después de 21 años seguidos de generales, éstos mantuvieron una influencia y un poder cuyo ejercicio difícilmente se compadecía con un régimen democrático. No cabía esperar otra cosa. A Sarney lo habían puesto los militares. O expresado con mayor precisión: lo habían puesto de vicepresidente de Tancredo Neves para que este último dirigiera una transición democrática controlada. Neves, aupado al cargo por un colegio electoral en un proceso controlado de forma estrecha por los militares —pese a las masivas demandas en las calles de un voto popular y directo—, resultó ser una mala elección por partida doble. Primero, se murió sin llegar a tomar posesión. Y luego Sarney se convirtió en presidente.

No fue la mejor manera de empezar. Sarney era un político conservador, había sido uno de los pilares políticos de la dictadura y les debía el cargo a los militares. Además de su déficit democrático de origen —igual que le hubiera pasado a Neves de no morirse—, este presidente digamos accidental no hizo nada, o no hizo mucho, para revertir la situación. Su gobierno sufría de una debilidad crónica, a la que se sumaba una inflación descontrolada que llegó al 239% en 1985. Su plan de estabilización no lograba estabilizar nada. Y los militares le recordaban constantemente —a él y al país entero— quién estaba en realidad al mando. El ministro de la Armada, Leonidas Pires Gonçalves, criticaba con regularidad y en público las políticas del gobierno aunque éstas no tuvieran nada que ver con el Ejército.

El encargo principal de Sarney era sacar adelante una Constitución que sustituyera al régimen jurídico con el que los militares habían gobernado. El proyecto estuvo listo en 1988. Una Asamblea Constituyente, elegida por sufragio universal directo el año anterior, aceptó —seguramente no hubiera podido ser de otra manera— los puntos clave a los que los militares no querían renunciar: mantener el poder de intervenir en caso de una crisis política grave (sobre esto se sigue discutiendo aún en el Brasil de hoy), la negativa a reincorporar a oficiales expulsados de las Fuerzas Armadas (por demócratas), así como negociar por separado (del resto de la administración) sus salarios y beneficios. Se mantuvo el servicio militar obligatorio y se descartó la creación de un Ministerio de Defensa, pese a que el gobierno lo había planteado;[6] los militares querían seguir autogestionándose sin que nadie se entrometiera. Así sigue siendo en México, por cierto.

Aprobada la Constitución, Brasil se convirtió en una democracia. Pero una democracia tutelada. Expertos en asuntos militares identificaron 17 prerrogativas[7] que, tomadas en conjunto,

---

[6] Celso Castro, *The Military and Politics in Brazil: 1964-2000*.

[7] El académico Jorge Zaverucha compiló un listado: *1.* Las Fuerzas Armadas aún tienen la responsabilidad de garantizar los poderes constitucionales, la ley y el orden. *2.* Los militares mantienen el control sobre las principales agencias de inteligencia, que se encargan también de vigilar a los legisladores. *3.* Oficiales militares en servicio activo y en reserva ocupan puestos en los niveles más altos del Poder Ejecutivo. *4.* La ausencia de un Ministerio de Defensa. *5.* La falta de legislación rutinaria y de examen detallado por parte del Congreso de asuntos relacionados con la defensa nacional. *6.* La falta de control por parte del Congreso sobre los ascensos de los generales. *7.* Los cuerpos de Policía Militar estatal continúan bajo el control de las

sostendrían la idea de que Brasil era, efectivamente, una democracia tutelada, correlato inevitable de la forma en la que los militares se habían retirado del poder: por voluntad propia. De entre las 17, las más difíciles de asumir para cualquier demócrata eran la imposibilidad de crear un Ministerio de Defensa (menos aún nombrar a un civil para el cargo), que los militares mantuvieran el control de las agencias de inteligencia, incluido el espionaje a congresistas y senadores, o que estuvieran facultados para detener a civiles o personal militar sin una orden judicial y sin que se diera la condición de delito flagrante. También tenían derecho a constituirse en Poder Ejecutivo independiente en caso de turbulencias políticas, o sea, más o menos cuando lo consideraran pertinente. Como restos de ADN de un animal ya extinto, los partidarios de Bolsonaro invocaron el artículo 142 de la Constitución brasileña para defender el poder de los militares de "moderar", una interpretación que la Corte Suprema ha negado en varias ocasiones.[8]

---

Fuerzas Armadas. *8.* Los cuerpos de bomberos también permanecen bajo el control parcial de las Fuerzas Armadas. *9.* La baja probabilidad de que los oficiales militares sean juzgados en tribunales civiles. *10.* La alta probabilidad de que los civiles sean juzgados en tribunales militares, incluso por violaciones políticas o comunes. *11.* Los oficiales militares retienen el derecho de arrestar a civiles o personal militar sin órdenes judiciales o sin ser sorprendidos en flagrancia. *12.* Los militares pueden ejercer autoridad extrajudicial y legislativa. *13.* Los militares pueden convertirse en Poder Ejecutivo independiente en caso de disturbios internos. *14.* Las Fuerzas Armadas tienen una gran responsabilidad en la seguridad del presidente y del vicepresidente. *15.* Presencia militar en áreas de actividad económica civil (espacio, transporte naval, aviación, etcétera). *16.* Las Fuerzas Armadas pueden vender propiedades militares sin ser completamente responsables ante el Tesoro Nacional. *17.* Las políticas salariales para el personal militar son similares a las adoptadas durante el régimen militar... Jorge Zaverucha, *Rumor de Sabres: Controle civil on tutela militar. Estudo comparativo das transições democráticas no Brasil, na Argentina e na Espanha*, Editoria Atica, São Paulo, 1994.

[8] Naiara Galarraga, "La tensa y delicada relación de Lula con los militares al año del intento de golpe bolsonarista en Brasilia", *El País*, 8 de enero de 2024, en https://elpais.com/america/2024-01-08/la-tensa-y-delicada-relacion-de-lula-con-los-militares-al-ano-del-intento-de-golpe-bol-

La breve presidencia de Fernando Collor de Mello, quien sucedió a Sarney, estuvo plagada de escándalos y problemas y acabó en su destitución. Su vicepresidente, Itamar Franco, asumió el mando hasta las siguientes elecciones, que ganó Fernando Henrique Cardoso. La llegada de éste supuso un notable refuerzo de la primacía del poder político. No fue fácil. Ni se consiguió por completo. Para desmontar algunas de las famosas 17 prerrogativas, Cardoso esperó, o tuvo que esperar, o no se vio con fuerzas hasta casi el final de su primer mandato. Prueba de que para un presidente recién llegado —pese a su indisputable legitimidad en las urnas— resultaba aconsejable medir bien los tiempos.

—Yo lo hice. Pero lo hice con calma. Me tomé tres años para prepararme.

Ciertamente la calma y la preparación son grandes virtudes. También para un presidente. O especialmente para un presidente. Pero esta imagen de virtuoso mandatario envuelto en un manto de paciente sabiduría no resiste una inspección minuciosa. Para empezar están los tiempos. La plataforma electoral de Cardoso en 1994 ya comprendía una propuesta de reforma militar y la creación de un Ministerio de Defensa. Pero sólo fue una realidad a través de un decreto ejecutivo (de carácter provisional) a finales de 1998, a pocos días de que comenzase su segunda presidencia y con el plus o el empujón —seguramente decisivo, o más o menos decisivo— de haber ganado unas segundas elecciones, renovando así su mandato y su legitimidad. De haberlo hecho antes se hubiera arriesgado a no contar con la suficiente fuerza para disciplinar a los militares, en caso de que éstos

---

sonarista-en-brasilia.html. En abril de 2028, mientras el país esperaba la decisión de la justicia que podía llevar (y acabó llevando) a Lula a la cárcel, el comandante en jefe del Ejército, Eduardo Villas-Boas, lanzó el siguiente mensaje en Twitter (hoy X): "Aseguro que el Ejército brasileño juzga compartir el anhelo de todos los ciudadanos de bien de repudio a la impunidad y de respeto a la Constitución, del mismo modo que se mantiene atento a sus misiones institucionales".

se hubieran opuesto. Después, el peso y la inercia del *statu quo* hubiesen contado a favor de aquéllos. Cardoso fue —y lo sigue siendo— un virtuoso estadista. Pero sus palabras y sus acciones políticas permiten también otra lectura: "no lo hice antes porque no pude. Y cuando pude, hice sólo lo que pude. Y no más". La traición, apuntó con tanto cinismo como aplomo Talleyrand tras abandonar a Napoleón en favor de Luis XVIII, es simplemente una cuestión de tiempos. Cardoso lo sabía de forma instintiva. Los militares también.

La creación de un Ministerio de Defensa se alzaba sin duda alguna como el problema más conflictivo. Hasta entonces, el ministro correspondiente era siempre el comandante de cada rama —Marina, Fuerza Aérea y Armada—. Durante la dictadura y después (presidencias de Sarney, Collor de Mello, Franco y la primera de Cardoso), esas sillas de ministro las ocupaban mandos militares, jamás civiles. Además de ello, el jefe del Estado Mayor y el principal ayudante del presidente en asuntos militares (*chefe da Casa Militar*) también gozaban de estatuto ministerial. En resumen: Brasil tenía al menos cinco ministerios militares, todos ellos ocupados, obviamente, por generales.[9]

• • •

**CARDOSO RECORDÓ** conmigo las turbulencias de aquellos días. Nunca tuvo dudas de que la legitimidad democrática ganada en las urnas le confería total autonomía a la hora de gobernar. Tampoco tenía dudas de que los militares, aunque les disgustaran profundamente las reformas, las iban a acatar. Su memoria de las conversaciones y de las tensiones resulta reveladora de las relaciones entre el poder civil y las Fuerzas Armadas en aquel momento. Cardoso acabó por imponerse. Pero también, y con la ventaja que confiere la perspectiva, descubre uno en ellas la simiente del

---

[9] Celso Castro, *The Military and Politics in Brazil: 1964-2000*.

comportamiento de los militares en las presidencias posteriores. Una línea intermitente —ahora se ve, ahora no— que conduce hasta los disturbios y las algaradas tras el tercer triunfo electoral de Lula en 2022. Cuenta Cardoso:

> De forma muy tenaz, los militares trataron de mostrarnos al *ministro-chefe* de la Casa Civil y a mí cuán importantes eran. Yo trataba de apaciguar la cosa. El gobierno aprobó [el decreto ejecutivo provisional], el Congreso lo aprobó también [seis meses después] y nombré a un civil como ministro de Defensa.

Objetivo logrado, en apariencia: se crea un Ministerio de Defensa (a lo que se oponían los militares) y se nombra a un civil al frente. Conviene, sin embargo, mirar los detalles con cierto detenimiento. Para empezar, se dan en este relato ciertos descuidos y sospechosas lagunas. "Yo trataba de apaciguar la cosa", dice el presidente, y la elección de esas palabras trasluce sus tribulaciones. La más relevante de ellas es que, aunque estuviese convencido de la legitimidad de su autoridad, también era consciente de los límites reales de ésta.

> A los ministros respectivos de la Fuerza Aérea y de la Armada [ambos generales] les dije: "Ustedes van a pasar a la reserva, al retiro; habrá un comandante, pero estará subordinado al [nuevo] ministro [de Defensa]". Quería hacer eso. El de la Marina me pidió que le recibiera a él primero; me dijo que él creía que cumplía las condiciones constitucionales [para ser el nuevo ministro de Defensa]. Yo le dije que él estaba en condiciones, pero que eso no significaba que podía ser ministro [de Defensa] por la razón de que ya era ministro [de la Marina]. Ahora usted va a ser jefe de las Fuerzas Armadas, [le dije]. "Subordinado a un ministro no va a funcionar", [me contestó]. Bueno, a él no le gustó. Pero era un militar, un militar que me dijo que no. Entonces llamé al jefe de la Policía Militar y le dije que si no aceptaba [mi decisión], que lo detuviera,

porque era un militar y debía obedecer. Este señor ministro que dijo que no quería irse de la Marina, pasados unos meses vino a hablar conmigo y me dijo: "Mire, tenemos un puesto vacante en Londres de la comisión de compras de la Marina; yo no le voy a pedir al ministro [del momento] porque sé que no va a querer". "¿Por qué no?", y lo nombré. Años después se doctoró en Oxford.

Este movimiento resulta, de hecho, menos sorprendente de lo que aparenta cuando lo cuenta Cardoso. Las Fuerzas Armadas mantenían en 2005 un grupo de casi 250 personas en el extranjero, normalmente en las embajadas, con una única función: la compra de armamento, de munición y de equipos.[10] Si parece mucho es porque es mucho. Y como muestra la anécdota del presidente, algunos o muchos de esos puestos se utilizaban para compensar a algún descontento tras una remodelación. O disponían de ellos los jefes militares para gratificarse entre sí.

Este cuento del general agraviado ilustra asimismo un punto más oscuro de aquellos días. Ciertamente, a raíz de la reforma que creó el Ministerio de Defensa se produjeron malestares y tensiones. La mayor parte de ellas, sin embargo, fue de carácter personal: egos heridos, poltronas, ceses, dimisiones. Y el presidente, según cuenta, impuso siempre su autoridad. Ése es su relato. Se trata, con mucha probabilidad, de una reelaboración que Cardoso hace en 2019 de lo que sucedió 30 años atrás, a través del prisma del Brasil actual, un país que aspira a ser una democracia homologable con el resto de Occidente, donde resulta impensable que los militares no se sometan al poder civil. De ahí el énfasis en la hazaña de nombrar a un civil como ministro de Defensa en contra de la voluntad de los generales.

Pero la reforma —como el propio Cardoso debía de saber— era mayormente un afeite, o un maquillaje. Nunca se pretendió

---

[10] Jorge Zaverucha, "A fragilidade do Ministério da Defesa brasileiro", *Revista de Sociologia e Política*, vol. 2, núm. 25, Curitiba, 2006. Por lo general, el relato de la reforma militar en Brasil sigue de cerca el artículo de Zaverucha.

que de verdad los militares sometieran sus decisiones, presupuestos, nombramientos y prioridades a un ministro civil. Brasil necesitaba mostrar al mundo que tenía un Ministerio de Defensa como el resto de los países, entre otras cosas porque en aquellos años aspiraba a un puesto permanente en el Consejo de Seguridad de la ONU en representación de América Latina. En agosto de 1997, Carlos Menem, entonces presidente de Argentina, declaró que ese puesto al que aspiraba Brasil no podía ser permanente, sino que habría de ser temporal. Ése fue el detonante para, de una vez por todas, activar la reforma militar. Resultaba simplemente impensable aspirar al Consejo de Seguridad y al mismo tiempo tener que explicarle al resto del mundo que en lugar de un ministro de Defensa, para tratar los asuntos del ramo había que hablar con cuatro o cinco generales, a la vez o por separado.

Existen numerosos indicios de que Cardoso, al contrario de lo que me explicó el día que nos vimos, no buscaba en 1997 establecer la supremacía y el control democrático civil sobre los militares. Para empezar, encargó el trabajo al general que se desempeñaba como jefe del Estado Mayor. Encomendar una reforma militar a los militares ya resulta, en sí mismo, una notable declaración de intenciones. El Estado Mayor, además, se dedicaba a tareas burocráticas. En consecuencia, su rango y sus poderes eran inferiores a los de los ministros-generales de la Marina, la Armada y la Fuerza Aérea a los que se suponía que iba a reformar (léase eliminar).

Era evidente que el impulso principal de la creación del Ministerio de Defensa no consistía en controlar a los militares. Y todos, dentro y fuera del Ejército, eran conscientes de eso. El congresista al frente de la comisión parlamentaria a cargo de la reforma,[11] por ejemplo, declaró que el nuevo ministro de Defensa sería como la reina de Inglaterra: un objeto decorativo, sin capacidad ejecutiva alguna, únicamente la responsabilidad de

---

[11] Benito Gama, de la alianza progubernamental.

centralizar los presupuestos (sin discutirlos), la compra de armamento y la elaboración de informes y libros blancos.

El poder real seguiría en manos de los generales. Éstos se encargaron de liquidar bien pronto la idea de una Secretaría de Defensa poderosa, plenamente operativa y con capacidad de mando, de dar órdenes y hacerlas cumplir, según el modelo de Estados Unidos. En su pensamiento —y con toda seguridad, también en sus intenciones últimas—, este patrón no se ajustaba a las peculiaridades nacionales de Brasil, según argumentaron.

Ese pecado original en el diseño del Ministerio es el que ha permitido a las Fuerzas Armadas actuar con casi total autonomía; en ocasiones, desafiar la autoridad del ministro; cumplir con caso omiso sus directrices y, en última instancia, de forma voluntaria o involuntaria, con una extraña forma de anarquismo subconsciente, extraño en un militar, exhibir una cierta insubordinación a la cadena de mando, política y militar a la vez, puesto que el presidente de la República es también el comandante en jefe de las Fuerzas Armadas.

• • •

**LA LISTA DE AGRAVIOS** no resulta precisamente corta. Ciertos episodios, no obstante, destacan por su crudeza, por su descortesía, por su gravedad o por todo lo anterior a la vez, tanto durante las presidencias de Cardoso como de Lula. Resulta necesario insistir en que tratándose de militares en su relación con el poder civil no hay descortesía menor, crudeza justificable o acto grave que se pueda pasar por alto. Todo entra en la categoría de insubordinación que, en una sociedad democrática avanzada, se salda con una sanción o con la destitución inmediata.

De entrada, Cardoso quiso nombrar a un diplomático como primer ministro civil de Defensa.[12] Los generales se opusieron (la

---

[12] Ronaldo Sardenberg.

ancestral rivalidad y desconfianza mutua entre Itamaraty, la sede del Ministerio de Asuntos Exteriores, y las Fuerzas Armadas es bien conocida en Brasil).[13] Cardoso cedió. Y Élcio Álvares, un político regional que acababa de perder unas elecciones en su estado natal, Espírito Santo, se convirtió en el primer civil al frente de Defensa. De manera inicial tomó posesión sólo en calidad de interino o en funciones, a la espera de que la estructura realmente existente fuese desmantelada y se produjese el nombramiento oficial. No fue la mejor forma de empezar.

Durante los siguientes seis meses, hasta que el Parlamento aprobó la ley, Brasil tuvo cinco ministros en el área de defensa: el ministro de Defensa propiamente dicho (interino, en funciones o a la espera de dejar de estar en funciones), el ministro de la Marina, el de la Armada, el de la Fuerza Aérea y el jefe del Estado Mayor, también con rango ministerial. Durante ese tiempo, Álvares tenía que pedirles a los ministros-generales (o generales-ministros) las firmas de cualquier documento oficial para el que, en otras circunstancias, con la suya hubiese bastado. Tras seis meses así, en junio de 1999, el Estado Mayor fue disuelto; los ministros militares, transformados en comandantes de sus fuerzas respectivas y Álvares, nombrado oficialmente ministro (único) de Defensa. Duró en el cargo tan sólo otros seis meses: hasta el 23 de enero del año siguiente, después de que los militares exigieran su renuncia o su destitución. La fantasía de un ministro civil a cuyo mando se supeditaban las Fuerzas Armadas sin rechistar había durado apenas medio año.

En esos seis meses, los militares lograron establecer una pauta de comportamiento, impunidad y coacción que había de marcar de una forma u otra a todas las administraciones que vinieron

---

[13] Héctor Luis Saint-Pierre y Érica Cristina Winand, "A construção tardia do ministério da Defesa como chave para compreender as particularidades do setor no Brasil", en I. Sepúlveda y S. Alda (eds.), *La administración de defensa en América Latina. Volumen II. Análisis nacionales*, Instituto Universitario General Gutiérrez Mellado, Madrid, pp. 51-114, 2008.

luego. Para empezar, derribaron al ministro. Los hechos fueron los siguientes. Una comisión parlamentaria sobre narcotráfico abrió una línea de investigación a una asistente en el Ministerio, con la que los jefes militares ya estaban descontentos por razones de jerarquía (el ministro la había facultado para que asistiera a las reuniones con los generales). El comandante de la Fuerza Aérea, general Walter Brauer, aprovechó el anuncio de la comisión parlamentaria y declaró en público que no despacharía con sus superiores en el Ministerio. Por extensión, sugirió que tanto el ministro como su ayudante deberían dimitir.

Ante semejante acto de indisciplina, el primero de muchos que se habrían de suceder, Cardoso tuvo que intervenir. Destituyó al comandante de la Fuerza Aérea. También a la asesora del ministro. Este último siguió en el cargo. Los desplantes y las amenazas de los uniformados, sin embargo, se multiplicaron. Brauer se despidió con un discurso cargado de críticas al gobierno que fue largamente aplaudido por los asistentes a la ceremonia y el comando de la Fuerza Aérea emitió un comunicado en apoyo del militar destituido.

Una semana después, en un almuerzo de desagravio a Brauer, oficiales retirados de la Fuerza Aérea dieron tres vueltas de tuerca más a la situación: exigieron la renuncia o la destitución del propio presidente. Un capitán retirado de la Armada —y ya diputado federal—, de nombre Jair Bolsonaro, propuso que la Presidencia de la República debería estar a cargo de un militar. En su opinión, un pelotón de fusilamiento debería liquidar a Cardoso. Las turbulencias y los desafueros prosiguieron, debilitando cada vez más la posición del ministro. En enero al presidente no le quedó de otra más que nombrar un nuevo ministro de Defensa.

• • •

**PESE A HABER CEDIDO** ante los alborotadores —o quizá precisamente por ello—, a Cardoso le fue peor con su segundo ministro de Defensa que con el primero. El nuevo titular, Geraldo Quintâo, intentó ganarse a los uniformados: anunció que estudiaría un posible aumento de sueldos, un mayor presupuesto para el Ejército y un nuevo esquema para los retiros y las pensiones. Meses después, nada de ello se había materializado.

El dinero —su escasez, se entiende— ha resultado casi siempre el escollo en el que han encallado las relaciones entre el Ejército y los presidentes de la República en Brasil. Cardoso era plenamente consciente de eso. Refiriéndose a los actos oficiales, cenas de homenaje, fiestas en los clubes de militares retirados me dijo:

> Yo iba a todo. Mi mujer, que murió, era paulista [de São Paulo], los paulistas no tienen sentimiento de conjunto nacional, y ella tenía más dificultades para entender [por qué tenía que acudir a todos esos actos]; pero le dije que tenía que ir porque los militares aprecian mucho a la familia. La mujer va porque yo no tenía plata [para el Ejército], porque tenía que contener los gastos, no se daba equipamiento a quienes querían, ni mucho sueldo, entonces teníamos que dar prestigio.

Visto desde los años veinte de este siglo, esta explicación chirría, naturalmente, por su trasfondo machista. Pero resulta útil recordar dos cosas. Una, Cardoso está hablando de un entorno militar en los años noventa del siglo pasado. Y dos, su mujer, Ruth Correia Leite Cardoso, sí era de São Paulo, quizá no tenía sentimiento de conjunto nacional y por ello se resistía a acudir de florero a los actos militares, según su marido, el presidente. Pero esto parece más bien ser una pura invención de Cardoso. En realidad, Ruth Cardoso fue una destacada antropóloga, feminista, defensora del derecho al aborto, cuyo abundante trabajo académico y con diversas organizaciones, tanto brasileñas como internacionales, ayudó a poner el foco en las discriminaciones que sufrían —y sufren— las minorías de género, por orientación sexual y por su origen étnico. En aquellos años, la mayoría de los analistas políticos consideraba que, en el espectro político, ella estaba bastante más a la izquierda que su marido. No resulta extraño, pues, su resistencia a ser exhibida de acto en acto con militares cuya visión del mundo —y probablemente cuya actitud en esas reuniones y fiestas— estaba tan alejada de la suya. Ruth Cardoso se resistía a ejercer el convencional papel de primera dama como hasta ese momento habían hecho sus antecesoras. En todos los ámbitos, no únicamente con los militares.

Cardoso, por el contrario, entendía a la perfección ese universo, aunque él viniera de la academia, los estudios de economía o los organismos multinacionales. "Yo tenía un padre general, así que tenía una cierta noción de cómo funcionaban esas cuestiones; los militares tienen muchos juegos de poder [entre ellos], de ascenso en la cadena de mando, de acceso al generalato", me dijo. Ese conocimiento sin duda le resultó útil. Pero sin más dinero para el presupuesto, el "prestigio" que trataba de darles Cardoso a los militares, con o sin su esposa, resultó claramente insuficiente.

Pocos meses después de la toma de posesión del segundo ministro civil de Defensa, el comandante de la Armada, general Gleuber Vieira, desató una nueva crisis. Acusó al ministro de incumplir sus promesas sobre los aumentos de presupuesto para comprar armamento y subir los salarios. El ministro era técnicamente su superior. Y Vieira sabía que estaba traspasando una línea roja. Tampoco cabe descartar que la cuestión del dinero fuera una mera excusa y que el general estuviera más interesado en consolidar lo que comenzaba a ser una inveterada costumbre: no considerar a un ministro civil como su superior.

Cardoso le destituyó de inmediato. Pero la reacción a esta decisión desató lo que seguramente se puede considerar la mayor crisis político-militar de su presidencia. Más de 150 generales se reunieron en Brasilia, la capital del país, sin la presencia del ministro, para el ya habitual acto de desagravio (y de paso, de coacción al presidente). Resultaría arriesgado excluir la posibilidad de que estuviese todo orquestado desde el principio: el general se enfrenta al ministro, el presidente destituye al general, y los militares, de forma corporativa, hacen notar su inconformidad hasta doblegar el brazo del mandatario. El malestar —o el supuesto malestar— se extendió por los cuarteles. Cardoso captó el mensaje de inmediato. Por boca de un intermediario, también militar, al que le encargó trasladar el aviso de que el general Vieira seguiría en el cargo, trató de apagar la crisis.

Y la apagó, o la aminoró, o le puso sordina. El precio fue que el presidente de la República dio un paso atrás ante el Ejército y mantuvo en su cargo a un general al que había destituido. A cambio, los militares dejarían de protestar en público. Compromiso que cumplieron. Otra cosa que hicieron, ya puestos, fue pedir un aumento de sueldo, que les fue concedido. Aun así, Cardoso fue maltratado poco después, en diciembre de ese año, cuando ningún militar le aplaudió tras un discurso en el que, precisamente, anunciaba de manera oficial ese incremento salarial. El anfitrión del acto, el celebrado general Gleuber Vieira, por el contrario, recibió un aplauso atronador.

El ministro aprendió la lección. Adoptó un perfil bajo, aceptó que más de la mitad de los puestos en el Ministerio fuera ocupada por militares propuestos por los comandantes (a partir de entonces estas posiciones se consideran destinos de escalafón normal para los militares) e incluso que su nombre y su cargo aparecieran, en el organigrama, junto al de los jefes militares y no por encima de ellos. Sólo el ministro, su jefe de gabinete y un puñado de altos funcionarios son civiles. El resto, militares. A partir de aquel incidente, el ministro evitó fricciones con los generales y acabó su mandato en buenos términos, por lo general, con aquéllos.

• • •

**LULA SUFRIÓ PROBLEMAS** similares. Para empezar, preguntó a los tres comandantes militares de Fernando Henrique Cardoso, su antecesor en la presidencia, si esta vez el Ejército aceptaría por ministro a un diplomático, José Viegas. Ya resulta extraño de por sí que se pida el visto bueno a nadie para nombrar a su jefe y da idea de la disfuncionalidad del Ministerio de Defensa que había creado Cardoso. Años después, un presidente de la República aún tenía que pedir el *plácet* a los generales. Ignorante de las reglas no escritas que en realidad regían las relaciones con los militares —y que no eran precisamente las que la Constitución y las leyes prescribían— o desdeñoso de ellas, el ministro enseguida entró en conflicto con el general Francisco Roberto Albuquerque, comandante de la Armada.

Ocasiones para discrepar hubo muchas. Por lo general, el ministro tenía razón: una propuesta de reforma de la Escuela Superior de Guerra; aceptar y defender la decisión de los ministerios económicos de no subir los salarios de los militares; pedirles a éstos que no hicieran aspavientos ni manifestación alguna en público sobre su disgusto a cuenta de esta última decisión (truco que habían utilizado en demasía bajo la presidencia de Cardoso). La fricción entre el ministro y el general degeneró en abierta desobediencia con sorprendente rapidez (o no tan sorprendente quizá). El general hizo nombramientos que no le correspondían y los actos de indisciplina se sucedieron sin que nadie, ni el presidente de la República, les pusiera freno alguno. Cada nuevo desplante debilitaba al ministro un poco más.

Durante este tira y afloja, sucedió algo extraordinario, que acabó por dinamitar el inestable desequilibrio en el que se habían instalado ministro y general. En noviembre de 2004 se publicaron en la prensa fotos de un periodista, Vladimir Herzog, justo antes de ser asesinado en octubre de 1975 en una dependencia del órgano de inteligencia militar. Era la época de la dictadura, y los militares podían haber tratado el asunto como algo del pasado y desmarcarse con facilidad. En lugar de ello, divulgaron un comunicado que elogiaba al gobierno militar de aquella época y sus prácticas contra los activistas y opositores de izquierda.

El tono de la nota disgustó a Lula. El ministro, a su vez, era partidario de actuar con firmeza ante la denuncia y de condenar con firmeza la represión de aquellos años. Los militares calificaron las fotos como falsas. La tensión entre Viegas y Albuquerque creció varias octavas y el general tuvo un comportamiento claramente indisciplinado al puentear al ministro, esto es, recurrir a una instancia superior saltándose la inmediata en el orden jerárquico, para presentarle al presidente directamente otra nota, revisada por enésima vez, con el fin de atenuar el pésimo efecto de la primera.

En lugar de destituirle por ello, el presidente Lula pasó por alto la falta. En consecuencia, el ministro Viegas dimitió. Su sucesor confirmó al general Albuquerque en el cargo. El Congreso no abrió la boca. Y Lula atribuyó todo el conflicto a la falta de experiencia política del ministro defenestrado. En realidad, lo que había mostrado eran sus dudas a la hora de ejercer con plenitud sus poderes como comandante en jefe de las Fuerzas Armadas. Y en esas dudas, como comprendieron todos, los militares los primeros, radicaba su debilidad.

• • •

**PARA ALGUNOS OBSERVADORES**, estos sucesos —con Lula igual que con Cardoso— muestran con claridad que Brasil ha normalizado y aceptado un militarismo que, de otra forma, no tendría cabida en una sociedad políticamente más avanzada. Tanto ciudadanos como políticos parecen valorar más la estabilidad que el fortalecimiento de la democracia brasileña. El relato anterior puede también llevar con demasiada facilidad a la conclusión de que la reforma militar de Cardoso y la creación de un Ministerio de Defensa encabezado por un civil fue un fracaso rotundo. Y de que ni antes ni después se ha logrado un control civil y democrático sobre los militares. Sin embargo, conviene matizar esta idea. Ni el Ministerio de Defensa se creó con la intención de controlar —y mucho menos dirigir— al Ejército, ni los militares permitieron que sus titulares, en las contadas ocasiones en las que éstos lo intentaron, interfirieran en lo que ellos consideraban sus asuntos internos. Aunque eso necesitase de conflictos públicos, le costase el puesto a un ministro o se hiciera mucho teatro, con mucho ruido, de sables o de otras cosas.

Pero hasta ahí llegaron. O, dicho de otra manera: de ahí no pasaron. Al menos en los mandatos de Cardoso, Lula y Rousseff. Las Fuerzas Armadas brasileñas, como de forma mayoritaria sucedió en el resto de América Latina en los años noventa, se preocuparon mucho más, infinitamente más, diría uno, de defender el *statu quo* corporativo y sus privilegios que de influir de manera directa en política.[14] En ocasiones, la pelea por el estatus y el dinero se daba entre ellos mismos. Cardoso me explicó que se veía a veces obligado a emplear su tiempo y sus buenos oficios con los militares para deshacer ese tipo de entuertos:

> La Marina era la rama más conservadora del Ejército. Hubo [una vez] una pelea entre la Marina y la Fuerza Aérea porque la Marina tenía un portaviones operado por ellos mismos y que en un momento dado se quedó sin aviones. Entonces el comandante compró aviones. Lo hizo un poco sin que yo lo hubiera ordenado. No entendía la importancia de lo que había hecho y hubo muchas peleas. Y llegados a cierto punto, yo tuve que salir a decir que el jefe de la Fuerza Aérea era un buen tipo. Fuimos juntos a Río, ahí teníamos una casa en la misma base militar, y le dije: "Usted déjeme ayudarles. Debe entender que hay que darles el avión [a la Marina]". Ese tipo de cuestiones...

Ya en 1994, pocos años después de la dictadura, la sociedad brasileña entendía que la importancia de los militares como actores

---

[14] Wendy Hunter, "Assessing Civil-Military Dynamics in Brazil", en David Pion-Berlin (ed.), *Civil Military Relations in Latin America: New Analytical Perspectives*, University of North Carolina Press, Chapel Hill, p. 46, 2001.

políticos se había esfumado. O era muy limitada. A Cardoso le preguntaron por aquel entonces sobre el papel de los generales y, pese a todo el relato anterior, la totalidad del cual o parte del cual, con toda seguridad había motivado la pregunta, contestó: "Desde el punto de vista político, muy pequeño".[15] Y, probablemente, en aquel momento, tenía razón. La respuesta, concisa, resumía a la perfección lo que había logrado Cardoso a partir de la realidad que había heredado casi directamente de la dictadura militar: un Ejército que, "desde el punto de vista político", contaba muy poco. De forma implícita, la respuesta daba a entender que el Ejército sí contaba y mucho, desde otro punto de vista (no político). Sí contaba mucho para otras cosas que no tenían que ver estrictamente con la conducción política del Estado. ¿Cuáles eran esas cosas para las que el Ejército sí contaba?

Las suyas propias. Su organización, su sistema de ascensos, sus juegos internos de poder, cómo se distribuían los presupuestos (si se dedicaban a esto o a aquello, a más aviones o a este tipo de barco o a este otro, sin necesidad de dar explicaciones al poder civil, ni que nadie les cuestionase sus planteamientos ni sus decisiones). En resumen, a mantener su feudo, su coto cerrado y su estatus. Lograron, por otras vías, lo mismo que el Ejército chileno, que al igual que el brasileño salió de una dictadura sin colapsar, al contrario que el argentino, y por tanto con una notable capacidad de negociar su futuro. O lo mismo que el mexicano, que disfrutaba un estatus similar aunque por razones diferentes: los generales mexicanos habían llegado al poder tras la revolución de principios del siglo XX, habían establecido el régimen, diseñaron las reglas del juego y a partir de 1946 dejaron que los civiles, formalmente, ocuparan la presidencia. En Brasil llevan 30 años debatiendo si los militares están suficientemente contro-

---

[15] Fernando Bartholomeu Fernandes, "As relaçôes civil-militares durante o governo de Fernando Henrique Cardoso 1995/2002", disertación presentada en la Universidad de Brasilia, Brasilia, 2006.

lados por los civiles, de cualquier partido. En México nadie se plantea esa cuestión.

El día que nos vimos en su fundación, Cardoso seguía igual de satisfecho con sus reformas militares que cuando hizo aquellas declaraciones sobre el insignificante papel que el Ejército jugaba en la política brasileña. La historia tiene un extraño poder de asentarse en la conciencia cuando acaba bien (y cuando mantuvimos esa conversación, en mayo de 2019, aún parecía haber acabado bien). Su transcurso tiende a verse como inevitable, necesario, preordenado por una mano invisible. Resulta ocioso preguntarse si Cardoso hubiese implementado otra reforma militar de haber sabido lo que iba a suceder 30 años después. Porque las respuestas resultan meridianamente claras: no podía saberlo; y no la hubiera podido implementar.

• • •

**FUE UNA ACADÉMICA** estadounidense, Wendy Hunter, la que creyó haber cerrado el debate. Durante años se dio una discusión en Brasil, en mayor grado entre estudiosos, sobre si el régimen político del país era una democracia "tutelada" por los militares o la democracia brasileña era perfectamente asimilable a cualquier otra de Occidente. Los desplantes de los militares con los gobiernos civiles que se vieron aquellos años —algunos de los cuales se han relatado aquí— llevaron a muchos intelectuales a concluir que la democracia brasileña estaba condenada a sufrir de forma continuada la influencia de los militares por el tipo de transición democrática que el país había experimentado. Esto es, una transición desde arriba, en lugar de una transición por colapso como en Argentina. Ésa era la tesis más extendida.

Por el contrario, Hunter argumentó que las relaciones entre civiles y militares eran bastante más dinámicas —léase flexibles— de lo que muchos de sus colegas brasileños veían, que el hecho de que la transición fuese pactada no conllevaba de forma necesaria todos sus efectos negativos y que, en definitiva, aunque podían persistir numerosas prerrogativas militares que no se daban, que no podían darse de ninguna manera en otros países —el suyo por ejemplo, aunque esto último no lo especificase—, los generales se mostraban incapaces de usar éstas para ejercer una influencia política significante. En definitiva, no había contradicción alguna entre que los militares mantuviesen sus prerrogativas y que, al mismo tiempo, su capacidad de influir en la política fuera muy limitada. La guinda al pastel la puso al acuñar un término que rápidamente hizo fortuna: los militares brasileños se habían convertido en *tigres del papel*.[16]

Wendy Hunter parecía haber intuido muy bien el plan de Cardoso. Aunque éste, por supuesto, no lo había manifestado con claridad nunca, al menos en público. Tampoco lo hizo el día que nos vimos en São Paulo. El sistema que el expresidente inauguró a finales de los noventa del siglo pasado se fundamentaba en un pacto no escrito con los militares: a cambio de permitirles autonomía absoluta en su ámbito y renunciar al control y la dirección civil de los asuntos de los militares, éstos se mantenían al margen de las discusiones políticas y de interesarse, ni siquiera de forma tangencial, en la conducción del Estado. Este sistema se mantuvo con sus sucesores, Lula primero y Dilma Rousseff después. Por eso Cardoso se mostró tan orgulloso de cómo había manejado la reforma militar. Y por eso Rousseff me dijo, y yo creo que de forma sincera, que nunca había visto un acto de indisciplina de los militares ni con ella como presidenta ni con Lula cuando ella era su jefa de la Casa Civil, pese a la abundante evidencia en contra. Pero en cierto modo, a su manera, ella tenía razón.

Y sí, durante unos años, el arreglo pareció funcionar.

Hasta que llegó Jair Bolsonaro.

Y los tigres dejaron de ser de papel.

---

[16] Wendy Hunter, *Eroding Military Influence in Brazil: Politicians against Soldiers*, The University of North Carolina, Chapel Hill, 1997.

• • •

ATERRICÉ EN SÃO PAULO unas semanas antes de las elecciones del 28 de octubre de 2018 que le dieron el triunfo a Bolsonaro. Con Carla Jiménez, que estaba entonces al frente de *El País* Brasil, y su número dos, Flávia Marreiro, nos vimos con algunos candidatos, todos a una abisal distancia de Bolsonaro en las encuestas. De todos esos encuentros, muchas otras conversaciones y el pulso de la calle era muy fácil anticipar el triunfo del antiguo capitán de la Armada. Lo difícil era imaginar cómo iba a ser su gobierno, quién lo iba a componer, qué rumbo podría tomar con un presidente tan volátil, atrabiliario y violento, cuya retórica semifascista rompía con todos los consensos y los tabúes en el país desde la dictadura militar. A propósito de esto último, no era menor la preocupación del papel que pudieran adoptar los militares, también rompiendo los equilibrios desde la transición democrática.

Todo lo anterior sucedió. Y todo ello sucedió de la peor manera posible. Ya durante la presidencia de Michel Temer, que de forma interina asumió el cargo tras la destitución de Dilma Rousseff, se había producido la primera brecha: unos meses antes, en junio de 2018, el general Joaquim Silva e Luna fue nombrado ministro de Defensa, el primer militar al frente de la cartera desde su creación por Cardoso en 1999.

Fue una señal. Una mala señal, para ser más precisos. Meses después, con el gobierno de Bolsonaro ya cuajado de militares, más o menos incompetentes, Rousseff me dijo, a propósito de la *vuelta* de los uniformados:

—Te voy a dar tres síntomas de eso; el primero: durante el golpe y las inmediaciones del golpe y de las manifestaciones del golpe, se pidió mucho que regresara la dictadura militar, uno.

En nuestras conversaciones, Roussef siempre utilizaba el término *golpe* para referirse a su proceso de destitución o *impeachment*, por considerar que éste se había basado en premisas falsas, motivos insuficientes y maniobras parlamentarias dudosas con el único fin de apartarla del poder. Todo ello era cierto. Pero también era cierto que, independientemente de la debilidad de la acusación, o de su inverosimilitud, o de su arbitrariedad, el proceso para apartarla del poder se ajustó a la Constitución brasileña. Y fue posible únicamente, desde el punto de vista político, porque sus índices de popularidad se habían desplomado, gran parte del país la culpaba de la incipiente crisis económica y sobre todo de la enorme corrupción que habían dejado dos mandatos consecutivos de Lula.

No es que ella fuera la culpable de todo ello. Hasta Fernando Henrique Cardoso, no precisamente un aliado político, me había dicho algo similar: la corrupción a gran escala llegó al gobierno y al Congreso con Lula. "Dilma la intentó frenar, pero no lo logró; cambió el Ministerio, pero no logró mucho ni en Petrobras ni en otras partes", añadió Cardoso. De todas formas, uno desearía que, visto lo que sucedió unos años después, Rousseff no hubiera utilizado el término *golpe* para calificar su destitución. Quizás ella misma, de haber sabido entonces lo que iba a suceder en la transición de Bolsonaro a Lula, tampoco lo hubiera hecho.

Pero sigue Rousseff:

> Dos, el hecho de que, en el Parlamento, en una sesión solemne, el actual presidente de la República [Bolsonaro], entonces diputado federal, hizo un homenaje al torturador más grande de São Paulo, diciendo que votaba a favor del *impeachment* porque fue mi torturador.

Éste fue un momento escalofriante de la votación, un espectáculo indigno de cualquier democracia, avanzada o no. Cada diputado era llamado por su nombre. Se acercaba a un micrófono y emitía su voto de viva voz, sí, no, abstención, que previamente había dedicado a alguien o algo, a favor o en contra, a Dios, a sus hijos (del diputado o la diputada, se entiende), la democracia o Brasil. Bolsonaro dijo:

Por la familia, la inocencia de los niños en las aulas, que el PT nunca tuvo, contra el comunismo, por nuestra libertad, en contra del Foro de São Paulo, por la memoria del coronel Carlos Alberto Brilhante Ustra, el pavor de Rousseff, el Ejército de Caxias [patrón de los militares], las Fuerzas Armadas, por Brasil encima de todo y por Dios por encima de todo, mi voto es sí.

Roussef sostiene que Bolsonaro ni siquiera se sabe bien la historia, que el coronel que éste ensalzó era un militar torturador y despreciable, sí, pero que no fue su verdugo cuando ella estuvo presa.

Y respecto a la masiva presencia de militares en el gobierno de Bolsonaro, algo inaudito desde la dictadura, y el regular, o pésimo, en algunos casos, desempeño de aquéllos, Rousseff compartió la siguiente reflexión:

> Si hago un análisis de qué es lo que mantiene al gobierno de Bolsonaro, pienso que es el núcleo militar, el que está en el gobierno, con cinco generales de reserva y más de 95 oficiales generales de rango, incluso generales de cuatro estrellas con excepción, más generales de menos estrellas. Hay un doble componente. Primero, no son nacionalistas, son neoliberales. Creen que hay que reformar el Estado y disminuirlo. Creen que tenemos que privatizar. Que hay que regular para proteger sus intereses. Al mismo tiempo adoptan la ideología de la derecha estadounidense.

Esta andanada contra los militares en el gobierno de Bolsonaro quizá diga más sobre la propia Rousseff que sobre aquéllos. Sin mayores referencias, a uno le costaría ciertamente entender de dónde había salido tanto militar —neoliberal, nacionalista o mediopensionista—, dispuesto a la acción política, cuando durante dos mandatos de Cardoso, seguidos de otros dos de Lula, más uno y medio de Rousseff, el discurso oficial de todos ellos fue que los generales se habían marchado de la política en Brasil para siempre. Además, sorprende también la rapidez con la que se acepta el hecho en sí: parecería que el problema no es que haya una presencia masiva de militares en un gobierno, sino la ideología de éstos.

Rousseff tiene razón en un punto. Ciertamente, los generales de Bolsonaro no eran los mismos que protagonizaron la transición democrática en los años ochenta del siglo pasado. Las generaciones cambian. Sus ideas, también. Hay una sustitución natural: de la generación que vivió la dictadura militar a otra que no, y que por tanto siente menos ese vínculo emocional. Rousseff entiende esto: aquéllos eran nacionalistas (estatistas, partidarios de las empresas públicas, las subvenciones y los controles), mientras que los de ahora son neoliberales, privatizadores, desreguladores (excepto para sus intereses) y partidarios del modelo estadounidense. Pero no han salido de la nada. Estuvieron en el Ejército todo el tiempo. En el de Lula. Y en el de Rousseff. Hasta que Bolsonaro les ofreció una oportunidad. Resulta difícil entender el candor, o la genuina sorpresa, de la expresidenta.

Los militares tienen, en todas partes, mecanismos para reproducir su espíritu de cuerpo. Dejados a su libre albedrío y sin regular —academias, escuelas, celebraciones—, los valores corporativos, militares, de ideales arengados, de talantes compartidos, de actitudes impuestas a los recién llegados se transmiten de generación en generación, uno diría que prácticamente inmutables. Faltos de permeabilidad con el resto de la sociedad, el espíritu del Ejército —si no es mucho decir— se repliega sobre sí mismo.

• • •

**NO SUCEDE SÓLO EN BRASIL,** por supuesto. Michelle Bachelet, expresidenta de Chile, me comentó un día, tomando un café en una terraza en un rascacielos en Nueva York, donde ella ejercía como alta comisionada para los derechos humanos de la ONU, la sorpresa que siempre le había producido la capacidad que tenían los militares de su país de cooptar ideológicamente a los jóvenes que ingresaban en él. El Ejército de Chile, del modelo digamos *aristocrático* —frente al modelo *popular* de México, por ejemplo—, comparte con el de Brasil esa autonomía de autogobierno, fruto en ambos casos de la transición pactada que dio paso a las democracias en sus países.

Bachelet me dijo:

—Lo que pasa en Chile, además, es que tanto las Fuerzas Armadas como el mundo religioso son extremadamente conservadores. Yo no sé en qué momento se produce. Porque yo iba a las graduaciones de los chiquillos cuando terminaban la escuela, naval, militar, yo los encontraba con mamás, papás o abuelas que decían: "Yo voté por usted". Y una imaginaría que de la familia... Sin embargo, uno los ve después... Sobre todo la Armada. Pero la verdad es que toda la Fuerza Armada es muy conservadora, en lo moral y en lo político.

—¿No será quizás al revés? ¿Que los jóvenes que se sienten atraídos por lo militar tienen unos rasgos psicológicos, de alguna manera, más autoritarios? —le pregunto.

—Yo creo que ahí hay una cierta reproducción, un cierto modelo adentro de lo que se estimula y de lo que se enseña. Porque no es sólo el tema de la relación con la autoridad y la necesidad de la disciplina, sino también tiene que ver con los valores, con cosas que no necesariamente venían de cuando [se es] niño.

Algo similar sucedió en Brasil. Las escuelas militares, la autonomía sin cortapisas para gestionar sus asuntos, la aprobación sin cuestionamientos de todas las propuestas de ascensos, la conformación de la escala de mando: siempre asumía, el frente de cada rama, Armada, Marina y Fuerza Aérea, el general más veterano; tocar eso hubiera resultado impensable. La ideología en los cuarteles. Las declaraciones siempre apreciativas del presidente en turno.

Durante tres décadas, Brasil no tuvo un problema militar.

Hasta que lo tuvo.

En las postrimerías del gobierno de Bolsonaro, cuajado de militares, las señales se volvieron inquietantes. El presidente azuzaba a sus seguidores para que rechazaran un hipotético triunfo electoral de Lula. Dejaba caer que el Ejército le respaldaría en caso de un resultado en disputa. El ministro de Defensa, un general, y de los de línea dura, amenazaba con una intervención militar. En Washington se preocuparon. A Brasilia llegaron varios emisarios. De forma un tanto alarmante, por su rango, el propio secretario de Defensa, Lloyd Austin. El mensaje de la administración de Biden a Bolsonaro, a su círculo cercano y a los militares fue contundente. Tenían que respetar el resultado de las urnas.[17]

...

**EL DOMINGO 8 DE ENERO** de 2023, miles de partidarios del ya expresidente Bolsonaro asaltaron las instituciones de la capital (Congreso, Tribunal Supremo y la sede de la Presidencia) en lo que la justicia consideró un intento golpista. Hubo millar y medio de arrestados. Más de 100 procesados por el delito de golpe de Estado, abolición violenta del Estado de derecho y banda criminal. El sábado 21 de enero, Lula destituyó al comandante del Ejército, general Júlio Cesar de Arruda, en medio de una crisis de confianza con los militares. El mandatario ya había depurado a más de 80 militares del círculo presidencial.[18] El Ejército, donde fue capitán Bolsonaro, constituye el colectivo más numeroso de las Fuerzas Armadas (también están la Marina y la Fuerza Aérea) y donde más hondo había calado el *bolsonarismo*, sentimiento de

---

[17] Michael Stott, Michael Pooler y Bryan Harris, "The discreet US campaign to defend Brazil's election", *Financial Times*, 21 de junio de 2023, en https://www.ft.com/content/07533564-2231-47a6-a7b8-2c7ae330efc5; Jon Lee Anderson, "After Bolsonaro, can Lula remake Brazil?", *The New Yorker*. 23 de enero de 2023, en https://www.newyorker.com/magazine/2023/01/30/after-bolsonaro-can-lula-remake-brazil.

[18] Naiara Galarraga, "El presidente Lula destituye al jefe del Ejército de Brasil en plena crisis de confianza", *El País*, 21 de enero de 2023, en https://elpais.com/internacional/2023-01-21/el-presidente-lula-destituye-al-jefe-del-ejercito-de-brasil-en-plena-crisis-de-confianza.html.

mayor arraigo en la tropa que en los jefes. Lula decidió apartar al comandante del Ejército cuando, durante una reunión, comprobó que éste no mostraba disposición alguna a cumplir las órdenes del presidente, desconfiado ya, ahora sí de forma abierta, de los uniformados. A continuación se verá por qué.

El viernes 18 de agosto de 2023 fue detenido Klepter Rosa Gonçalves, comandante de la Policía Militar de Brasilia, acusado de permitir el asalto a las instituciones de los miles de bolsonaristas. Junto a él fueron arrestados también otros seis miembros del mismo cuerpo militar. La fiscalía sostuvo en su denuncia que "había sintonía ideológica entre los denunciados y quienes abogaban por una intervención de las Fuerzas Armadas" para derrocar al presidente Lula.[19] Las subsiguientes investigaciones policiales demostraron lo cerca que estuvo de perecer la democracia en Brasil. Altos mandos militares planeaban desplegar "tropas sobre el terreno", hubiesen arrestado a jueces y diputados, así como desacreditar a los oficiales que se hubiesen opuesto al golpe.[20] En sus respectivos interrogatorios, los comandantes del Ejército, general Marco Antonio Freire Gomes, y de la Fuerza Aérea, general Carlos Baptista, sostuvieron que ellos se opusieron al golpe de Estado cuando Bolsonaro les tanteó en sucesivas reuniones. También contaron que el jefe de la Armada sí abrazó el plan.[21]

---

[19] Naiara Galarraga, "Detenida la cúpula de la policía militar de Brasilia por permitir el asalto bolsonarista al corazón del poder", *El País*, 18 de agosto de 2023, en https://elpais.com/internacional/2023-08-18/detenida-la-cupula-de-la-policia-militar-de-brasilia-por-permitir-el-asalto-bolsonarista-al-corazon-del-poder.html.

[20] Bryan Harris, "Anatomy of a coup plot: how Brazil's Bolsonaro tried to cling to power", *Financial Times*, 10 de febrero de 2024, en https://www.ft.com/content/97582a42-cad7-467a-8f52-9b02d6d5dc16?shareType=nongift.

[21] Naiara Galarraga, "Los exjefes del Ejército y la Fuerza Aérea de Brasil confirman que Bolsonaro les propuso dar un golpe", *El País*, 15 de marzo de 2024, en https://elpais.com/america/2024-03-15/los-exjefes-del-ejercito-y-la-fuerza-aerea-de-brasil-confirman-que-bolsonaro-les-propuso-dar-un-golpe.html.

Tras dos años de investigaciones, en noviembre de 2024 la Policía Federal acusó formalmente a Bolsonaro, a dos generales y a otras 34 personas de intento de golpe de Estado. Una semana antes, las autoridades habían arrestado a un general en la reserva, quien fuera número dos de la secretaría general de la Presidencia con Bolsonaro; a tres tenientes coroneles y a un policía federal por planear el asesinato de Lula.[22]

¿El intento golpista de 2023 y la participación —en el grado que fuera— de un grupo de militares constituyeron una sorpresa absoluta, que nadie hubiese podido prever? Sí y no. Claramente fue una sorpresa para la mayor parte de la clase política, incluyendo a Dilma Rousseff, pese a que se mostraba ya crítica con los militares en el gobierno de Bolsonaro. E incluyendo también al presidente Lula, que no sólo no lo vio venir sino que ninguno de los informes de inteligencia que recibió en los días previos le alertó del tsunami que se preparaba.

Más de dos décadas antes, sin embargo, en el año 2000, durante la discusión entre académicos sobre si Brasil era una democracia tutelada o no, la Universidad de Oxford dio a conocer un trabajo de Celso Castro, hoy director de las escuelas de Ciencias Sociales y de Relaciones Internacionales de la Fundación Getúlio Varga.[23] En aquella polémica, Castro se decantaba más bien por las tesis de Wendy Hunter en el sentido de que la influencia militar en Brasil iba en descenso desde 1985. Y de que así iba a continuar, con toda probabilidad, a medida que se fortaleciesen las instituciones democráticas.

Sin embargo, advertía de que, dado el papel y la preponderancia de los militares en la historia de la República brasileña, y las

---

[22] Naiara Galarraga, "La policía acusa formalmente a Bolsonaro, a dos generales y a 34 personas más de intento de golpe de Estado en Brasil", *El País*, 21 de noviembre de 2024, en https://elpais.com/america/2024-11-21/la-policia-federal-acusa-formalmente-a-bolsonaro-a-dos-generales-y-a-34-personas-mas-de-intento-de-golpe-de-estado.html.

[23] Celso Castro, *The Military and Politics in Brazil: 1964-2000*.

enormes brechas sociales y económicas de la sociedad, se debería ser cuidadoso con la expresión de que los militares se habían convertido en "tigres de papel", la ya por entonces famosa expresión de Wendy Hunter. La cultura política brasileña, argumentaba Castro, conlleva una antigua tradición autoritaria, que predata a la dictadura militar. "Hunter podía haber sido más cuidadosa y haber evitado esa expresión. No hay nada que impida un revés en la subordinación de los militares [al poder civil] en caso, por ejemplo, de que se produzcan crisis profundas, sociales o económicas".

No hay tigres de papel en los ejércitos. En otras palabras, si hay tigres, nunca son de papel: o los hay o no los hay. La investigación y la escritura de este capítulo comenzó antes del intento de insurrección de enero de 2023. Y ese episodio, el más grave de la democracia brasileña desde la dictadura, le dio sentido, de forma retroactiva, a todo el material acumulado. Los indicios estaban ahí. La historia no está escrita ni predeterminada. Lo que sucedió no tenía por qué haber sucedido de forma necesaria. Pero para hacerlo, precisaba de unas condiciones. Y estas condiciones se daban y se podían detectar antes de enero de 2023: los privilegios, la autonomía, el espíritu militar sin control por parte del poder civil, la renuncia de éste, el desdén por los civiles y su falta de competencia en asuntos militares, según ellos mismos. La sucesión de cadenas de mando sin discusión política alguna. La imposibilidad de esto último. La creencia, en definitiva, de que los militares constituyen una casta de intocables. La forma con la que Lula resolvió el asunto revela tanto sobre su carácter —apaciguador, siempre en busca del acuerdo— como sobre la fortaleza de los generales. El presidente destituyó a decenas de militares tras el intento de golpe de Estado y puso su seguridad en manos de la Policía Federal. Luego se echó atrás. Los militares castigados por la asonada son muy pocos, y las penas, extraordinariamente leves. Y Lula ha vuelto a recurrir a la estrategia de todos los presidentes anteriores: más dinero para los militares sin tocar sus privilegios. Del gigantesco programa de inversiones para reactivar la economía brasileña, 11 000 millones de dólares están reservados para submarinos nucleares, fragatas, blindados y otros equipamientos.[24] Rousseff me había dicho: "¿Qué fue relevante en nuestro gobierno? Ellos [los militares] tuvieron tres cosas que eran fundamentales para sus *presupuestitos*…". La presidenta se corrigió de inmediato, ella sola: "No son *presupuestitos*, para sus presupuestos". Y luego las enumeró: el programa para submarinos nucleares, etcétera.

Acaba uno con la impresión de que, cuando el debate se centra en el dinero —por delante y por encima de la disciplina—, se yerra el tiro. En un ejército democrático, las faltas, los desplantes y las resistencias se castigan de inmediato y con severidad. La autonomía respecto del poder civil es limitada o inexistente. Y no hay tigres. Ni de papel ni de otra cosa. Porque si los hay, aunque parezcan de papel, resultan una anomalía. Y porque un día, de repente, dejan de ser de papel, como comprobaron con estupefacción Brasil y el mundo entero en enero de 2023.

---

[24] Naiara Galarraga, "La tensa y delicada relación de Lula con los militares al año del intento de golpe bolsonarista en Brasilia", *El País*, 8 de enero de 2024, en https://elpais.com/america/2024-01-08/la-tensa-y-delicada-relacion-de-lula-con-los-militares-al-ano-del-intento-de-golpe-bolsonarista-en-brasilia.html.

# 9

## EL PAÑUELITO DE LA VIRGEN MARÍA

**DETRÁS DE TODA GRAN** fortuna, dicen que escribió Balzac, se esconde un gran crimen. El de los militares y las fuerzas de seguridad consiste en la asociación de algunos de ellos con el narcotráfico y las bandas de la delincuencia organizada en América Latina. Así se amasan, naturalmente, las grandes fortunas de políticos y altos funcionarios de la seguridad del Estado. Si se excluye al narcotráfico de la ecuación, sin embargo, detrás de las prebendas de los generales y altos mandos sólo hay —por lo general— pequeñas corruptelas. Deplorables, pero menores. Entiéndase bien la cuestión. Teniendo en cuenta los caudales y patrimonios que acumulan otros participantes en el asalto a los recursos del Estado —políticos, empresarios con conexiones, funcionarios con la llave para estas conexiones—, los militares, parecería, se llevan sólo las migas y las sobras. Corrupción de baja intensidad, se podría decir.

No por eso deberían preocupar menos dichos comportamientos. Se producen daños colaterales más graves que los propios montos dinerarios en juego. El principal de ellos consiste, quizás, en que su consentimiento tácito constituye un aliciente más para resistir cualquier tipo de fiscalización, desalienta a cualquier político que se plantee ponerles coto y refuerza el sentido de casta que muchos altos cargos militares cultivan en todo el continente. Algunos de los privilegios se disfrutan a la vista de todo el mundo. Otros están ocultos, aunque no tanto como para resultar invisibles. Y todos resultan inaceptables en una sociedad democrática avanzada. Nadie en Guatemala o El Salvador cree que su país sea una democracia avanzada. Tampoco que lo vaya a ser en breve. Pero muchos en Chile, por ejemplo, sí lo creen. En México muchos pretenden creerlo. Comparando con el resto de América Latina, claro. No con Noruega.

Cuando llegué al hotel de Nueva York en el que nos habíamos citado, la expresidenta de Chile Michelle Bachelet estaba ya esperando. Tomaba un café, o un té, y leía el ejemplar de *The Economist* publicado esa semana. Hacía mucho viento en la terraza, varias decenas de pisos por arriba de las calles. Bachelet lo había elegido por comodidad: era donde se solía alojar cuando estaba en Nueva York por su cargo como titular de la Oficina del Alto Comisionado para los Derechos Humanos de la ONU. Antes de ser presidenta de Chile en dos ocasiones, fue ministra de Defensa con Ricardo Lagos entre 2002 y 2004.

"A ver —me dijo—, cuando fui ministra de Defensa había un sistema previsional [de pensiones de retiro y otros beneficios] que era increíble". El sistema de pensiones del que disfrutaban los militares en aquella época —poco después de la dictadura— podía resultar polémico, como ella mismo describió. El asunto, y el problema, es que dos décadas después lo siga siendo. Entre medias se han sucedido sus dos presidencias, las dos de Sebastián Piñera y ahora la de Gabriel Boric. Ése es precisamente el punto preocupante al que me refería antes. Quizá no haya que tocar el sistema de pensiones y otros beneficios de los militares. No sé si resulta o no pertinente. Ése es un asunto que deben decidir los representantes políticos de los chilenos. El gran problema de una democracia no es que estos privilegios no se toquen. El problema consiste en que *no se puedan tocar*.

Bachelet, según cuenta ella misma, hizo lo que pudo, que es lo que suelen hacer los presidentes en América Latina cuando no pueden hacer mucho, o cuando no pueden hacer nada. Si quiere uno lograr algún cambio, reducir los privilegios de los militares en un país recién salido de una dictadura no parece la mejor manera de empezar.

> Comparando además con las pensiones normales [civiles]... Entonces yo sí hice algunas modificaciones siendo ministra de Defensa. No todas [las que hubiera querido]. Por ejemplo, empecé a ver que [algunos altos cargos militares] viajaban en primera clase. Y con la señora. Entonces a mí me dijeron: "No se meta ahí. Métase en otras cosas más sustantivas porque si se mete en esto no va a poder hacer nada". Entonces, claro, esa cosa no la toqué. Pero lo que sí le dije al comandante en jefe fue: "Los ministros tenemos [directriz] de viajar, a lo más, en *business* cuando son viajes largos, creo que primera clase no". Pero no me dediqué a perseguir aquello. Sí había algunas leyes increíbles de diferencia brutal [con los civiles]. Logré cambiar algunas y otras no. No hubo acuerdo en el Parlamento para muchas de estas cosas porque ellos [los militares] sí tienen instrumentos.

Aparentemente, esos instrumentos se han revelado más duraderos —y potentes— de lo que muchos suponían. Y mucho más, desde luego, de lo que debería ser razonable. En noviembre de 2022, el gobierno de Boric decidió excluir a las Fuerzas Armadas de la Ley de Reforma del Sistema de Pensiones que envió para su trámite al Parlamento. Del asunto se viene discutiendo desde que se recuperó la democracia en 1990. Pero la sola mención de algún tipo de ajuste levanta sarpullidos tanto en la tropa como en los generales.[1] En una copia casi calcada de lo que podía haber dicho la propia Bachelet 20 años antes, el presidente Boric declaró a un canal de televisión: "Deberíamos entrar gradualmente hacia allá [las pensiones de los militares], pero creo que hoy uno

---

[1] Nicolás Durante, "El sistema de pensiones para las FF. AA. y de Orden Público que el gobierno decidió excluir de la reforma". *Diario Financiero*, 12 de noviembre de 2022, en https://dfmas.df.cl/df-mas/por-dentro/us-2-740-millones-al-ano-en-pensiones-para-las-ff-aa-y-de-orden.

tiene que empezar a elegir sus batallas y hoy estamos preocupados por aumentar las pensiones a la mayoría de los chilenos y no disminuirlas". Hasta aquí todo correcto. Con los militares conviene, en efecto, elegir bien las batallas.

• • •

**EL GENERAL LUIS** Cresencio Sandoval, secretario de la Defensa Nacional del presidente mexicano Andrés Manuel López Orador, se vio en un apuro cuando una investigación periodística reveló la variedad de destinos, transportes y hoteles de sus viajes al extranjero. Entiéndase bien lo que significa la expresión "verse en un apuro" para un general mexicano. En 2004, Ernst Welteke, en aquel momento presidente del Bundesbank, el banco central alemán, dimitió tras conocerse que le habían pagado cuatro noches en el hotel Adlon, junto a la Puerta de Brandeburgo, para pasar Año Nuevo con su familia. El apuro del general se saldó con una intervención a su favor del presidente que probablemente causó de nuevo más daño a la democracia mexicana que los dispendios del jefe del Ejército al presupuesto de éste.

Sandoval viajó solo; lo hizo en viajes oficiales y no oficiales; lo hizo con familia y con invitados; la familia (y los invitados) también disfrutaron estas escapadas de lujo sin que les acompañara el general; en clase *premier* cuando eran vuelos comerciales; en jets Gulfstream 550 del Ejército cuando no lo eran; a Nueva York; a Roma; a Santo Domingo o a Colorado, entre otros destinos.[2] Por comparación, los enfados de Bachelet con sus oficiales por si viajaban en primera clase o en *business* (o con señora o sin ella) parecen una ingenuidad. En temas familiares, los traslados de Sandoval eran ciertamente más complejos. A un viaje a

---

[2] Ignacio Rodríguez Reyna, "Los viajes del general secretario Luis Cresencio Sandoval", Mexicanos Contra la Corrupción y la Impunidad (MCCI), 17 de abril de 2023, en https://contralacorrupcion.mx/los-viajes-del-general-secretario/.

Nueva York en diciembre de 2021 (del que además el general se descolgó luego) se apuntaron su esposa, su hija, su hijo, su nuera, su nieta, su consuegra, la hija de su secretario particular y dos amigas de la señora. En total, "nueve invitados", según los correos del personal militar que se encargó de organizar el asunto. En otros viajes, además, una comitiva de hasta 10 efectivos del Ejército (médicos, enfermeras, ayudantes o personal de vigilancia y avanzada) acompañaron al general y familia.

El asunto resultó penoso asimismo por el notable contraste con los recortes y los ajustes de presupuesto que la administración de López Obrador impuso en años sucesivos, lo que el presidente calificaba con orgullo como "austeridad republicana". El control del gasto —especialmente en desplazamientos al extranjero— llegó a veces a situaciones absurdas como cancelar viajes y estancias de investigadores científicos a congresos, o representantes del Estado a acontecimientos culturales de relevancia para México. Además de la merma de imagen y prestigio del país, algunas de esas cancelaciones suponían que gastos ya ejecutados —y sin posibilidad de reembolso— se perdían sin remedio.

En julio de 2022, el presidente dio otra vuelta de tuerca: "Ya vamos a pasar de la fase de la austeridad republicana a una fase superior, que es la de la pobreza franciscana". Y sí, gran parte de la administración pasó a la pobreza, franciscana o no, con consecuencias extraordinarias para la ciudadanía. No se vieron afectados únicamente los funcionarios y sus salarios. También numerosos servicios públicos, entre ellos el abastecimiento de ciertos medicamentos, la investigación científica y universitaria o el equipamiento de hospitales y escuelas.[3]

---

[3] La periodista Nayeli Roldán ha detallado en un exhaustivo libro la larga lista de damnificados por la "austeridad republicana" durante el mandato del presidente López Obrador (2018-2024): maestros sin sueldos, escuelas sin luz, hospitales sin medicinas y médicos sin lo indispensable para salvar vidas. Nayeli Roldán, *La austeridad mata. La política de la 4T que dejó a México en ruinas*, Planeta, México, 2024.

Naturalmente, todos los costes de los viajes de Sandoval y familia juntos no hubiesen mejorado ni siquiera de forma marginal el problema anterior. Lo más preocupante de este asunto, en realidad, fue el tratamiento público que le dio el presidente López Obrador, cuyo discurso ilustra la preocupante deriva de la retórica con los militares, en especial de cierta izquierda (el discurso de la derecha en estos asuntos resulta bastante más previsible), si a él se le puede encuadrar en ella, asunto que se encuentra lejos de estar solventado. Si a Bachelet le parecían intolerables los vuelos en primera clase de sus oficiales, López Obrador, 20 años después, despacha las preguntas de los periodistas en una conferencia de prensa con un desparpajo alarmante.[4]

—[El señalamiento de Sandoval] es parte de lo mismo. Eso es información de la DEA [la agencia estadounidense de lucha contra las drogas]… o de cualquier otra agencia [el tono deliberadamente vago de esta última afirmación, más la larga pausa con la anterior, causan el extraño efecto de despojar de sustento o credibilidad alguna tanto a la primera como a la segunda]. Yo creo que esto de 15 días, ¿no? [se está refiriendo justo al viaje a Nueva York de los familiares de Sandoval al que éste finalmente no acudió]. Nunca ha estado el general… nunca, al menos que yo sepa.

Los periodistas presentes en la sala gritan, sin que a nadie se le haya concedido el turno de palabra en concreto:

—La familia, la familia.

—Ah, la familia. A lo mejor la familia sí. ¿Y qué? ¿Cuál es el problema?

Esto último lo dice en tono desafiante: no da la impresión de que el presidente desee saber de verdad cuál es el "problema". Los periodistas cargan de nuevo, cada vez más excitados a juzgar por los gritos que recoge el video.

---

[4] " '¿Y qué? ¿Cuál es el problema?', AMLO minimiza información sobre viajes de lujo del titular de Sedena". *Animal Político*, 19 de abril de 2023, en https://www.animalpolitico.com/seguridad/amlo-minimiza-viajes-lujo-titular-sedena.

—Dinero público. Se trata de dinero público.

—Noooo, no, no. No... este... [larga pausa] ¿Y Loret de Mola, y este, y los Junco, del periódico *Reforma,* y este, los Ealy Ortiz? Me van a decir [ustedes]: es su dinero. No, no. Ese dinero que manejan es dinero público.

Carlos Loret de Mola, cuyos ingresos el presidente había revelado en una conferencia de prensa anterior, es un periodista crítico con López Obrador. Tanto la familia Junco como los Ealy Ortiz son propietarios de periódicos. No se alcanza a comprender, sin embargo, qué tiene que ver una cosa con la otra. Obrador dice que los ingresos de los periodistas también son públicos porque provienen en parte de la publicidad institucional, y toda la conversación acaba en un galimatías del que resulta imposible extraer ya no un pronunciamiento oficial claro, sino un mínimo de sentido y de lógica del discurso. El general Sandoval puede darse por satisfecho con el teatro del presidente.

Pero el roto en el tejido democrático, en sus normas, sus procedimientos, y sus convenciones ya está hecho. La incapacidad de López Obrador de poner firme al general constituye, a la vez, una mofa a la democracia y una afrenta a la decencia. En ese sentido, el tipo de liderazgo de López Obrador resulta corrosivo. Si el presidente miente y acepta comportamientos inaceptables —y lo hace en público, además—, la práctica se extiende, en cascada, a sus colaboradores. El resto de las administraciones empieza a actual igual. López Obrador es un destructor nato de instituciones.

Los viajes de lujo —de "terciopelo" en el código de los militares que los preparaban— no fueron el único dolor de cabeza del secretario de la Defensa Nacional por aquellos días. Otra investigación reveló que, un año después de ser nombrado, Sandoval había adquirido una propiedad inmobiliaria en un fraccionamiento o urbanización de lujo por un precio que resultaba una fracción del valor de mercado de la vivienda. En concreto por nueve millones de pesos mexicanos (algo más de medio millón de dólares al cambio de entonces) en lugar de los 30 millones (más de millón y medio de dólares) que la investigación estimaba como valor real, comparándola con otras propiedades similares en la misma ubicación.[5]

La compra del departamento —400 metros cuadrados, tres dormitorios con baño, una amplia estancia, vista a un campo de golf, ascensor privado, su propio cuarto de juegos, más piscina techada y gimnasio de uso comunitario— venía con más problemas. El vendedor era una sociedad que suministraba material al Ejército. Y era propiedad a medias de dos hijas de un exmilitar, que figuraba como apoderado de la empresa. El general Sandoval compró la vivienda con un crédito del Banco Nacional del Ejército, perteneciente a las Fuerzas Armadas, como su nombre indica, que presta servicios y financiación a militares. Dos años después de pedir el crédito de nueve millones de pesos, Sandoval había pagado más de la mitad y sólo le quedaba un saldo de algo menos de cuatro millones de pesos, unos 200 000 dólares.

En términos políticos, el desgaste para López Obrador fue nulo. Nada de ello abrió la menor grieta entre sus votantes y un presidente cuya campaña, o gran parte de su campaña, se había basado en acabar con la corrupción en general, y con la participación del Ejército en tareas de seguridad en particular. "¿Me preguntas si les tengo confianza a las Fuerzas Armadas?", se inquiere a sí mismo el presidente en la conferencia de prensa en la que se trató este asunto. "Claro que sí. ¿Y le tengo confianza al general [Sandoval]? Claro que sí", se respondió.

Hubo precedentes alarmantes. El 15 de octubre de 2020 fue detenido en el aeropuerto de Los Ángeles el general Salvador Cienfuegos, quien se había desempeñado como secretario de la Defensa Nacional bajo la presidencia de Enrique Peña Nieto (2012-2018), justo antes de López Obrador. La acusación: nar-

---

[5] Verónica Ayala y Raúl Olmos, "El departamento de lujo del general Luis Cresencio Sandoval", Mexicanos Contra la Corrupción y la Impunidad (MCCI), 15 de mayo de 2023, en https://contralacorrupcion.mx/el-departamento-de-lujo-del-general-luis-cresencio-sandoval/.

cotráfico y blanqueo de dinero con una banda de traficantes de droga. Miles de mensajes de teléfono supuestamente mostraban cómo el general protegía a los malhechores a cambio de sobornos millonarios. López Obrador removió todas las instancias, la Cancillería, la Fiscalía General, para que Estados Unidos entregara al general, so pena de una gigantesca crisis diplomática. La promesa fue procesar al militar en México. Dos meses después de volver, la fiscalía le retiró los cargos.[6] Años después, López Obrador le condecoró, restableciendo así ante sus pares el honor mancillado por la potencia extranjera.

• • •

**UNO SOSPECHA** que cuando López Obrador se pregunta (y se responde él solo) sobre la confianza o no que le tiene al general, el asunto está mal enfocado. Desde que ganara las elecciones en 2018, el presidente ha ordenado y supervisado la mayor expansión de los militares en la vida cotidiana de la República mexicana. Éstos han asumido el control y la mayoría de las operaciones de seguridad. También se han hecho cargo del reparto de medicinas y de vacunas contra la COVID-19, de construir aeródromos comerciales, líneas ferroviarias turísticas, del control de aeropuertos, aduanas e incluso la resurrección y operación de una línea aérea, Mexicana de Aviación, que quebró en 2010.

La insistencia de López Obrador en que el general-secretario y, por extensión, el conjunto de las Fuerzas Armadas, goza de toda su confianza no es meramente un ejercicio de cinismo político, como ven muchos observadores. Responde más bien, en mi opinión, a una lógica interna de imbricación entre los militares y

---

[6] David Marcial, "El exsecretario de Defensa Cienfuegos, sobre su detención en EE UU: 'Fue un plan para perjudicar a México'", *El País*, 29 de octubre de 2023, en https://elpais.com/mexico/2023-10-29/el-exsecretario-de-defensa-cienfuegos-sobre-su-detencion-en-ee-uu-fue-un-plan-para-perjudicar-a-mexico.html.

la Presidencia —y las distintas necesidades de ambas a lo largo de distintas administraciones y épocas— que se mueve más allá de las dinámicas políticas cotidianas, en este caso salir al paso a un escándalo de posible corrupción. Fox, pese a ser un recién llegado al sistema, sí entendió esa lógica. O al menos sí dio la impresión de haberlo hecho en 2019, cuando nos vimos en su rancho:

> Al Ejército sí lo tienes que estar cachondeando. Sí tienes que darle su aumento salarial poquito más sustantivo al año. Hay que construirles viviendas a lo bestia para ellos. Es la élite más rica y mejor pagada que está en el país, son los únicos que están a la altura de empresas grandes y exitosas. ¿Por qué? Primero, y éste es un problema que tiene el país, somos hereditarios. En el Ejército, ellos meten a sus hijos, a sus sobrinos, a sus parientes, son los que están ahí, y el Ejército beca y saca maestrías en Harvard, y en el MIT [Massachusetts Institute of Technology, en Estados Unidos también], pagadas por el gobierno, que es donde uno les está contribuyendo. También estás creando una élite muy talentosa en la medicina, en la ingeniería, salen súper preparados.

Las afirmaciones de Fox contienen muchos errores, o muchas inexactitudes, así como generalizaciones que no ayudan a centrar la discusión. Pero también un fondo de verdad. Si cuando Fox dice "el Ejército" se refiere a todo el Ejército, incluida la tropa, obviamente la afirmación resulta engañosa, o directamente falsa. Los ingresos de los soldados rasos, tanto en México como en el resto de América Latina, resultan insuficientes para asegurarles un nivel de vida digno. La apreciación de su posición social por el resto de la sociedad —más allá de las celebraciones en las que se ensalza su entrega a la patria, sus sacrificios por los demás y las fantasiosas hazañas históricas— suele ser baja, rozando el desprecio, con claros tintes clasistas y, en algunos países, también racistas.

Pero probablemente Fox, sin ser muy consciente de ello, se está refiriendo a la élite: los altos mandos y los generales. Y en esa ecuación se incluye con toda probabilidad no sólo la lista de beneficios que él enumera. También los que no enumera y de los que sin duda forman parte los ejemplos conocidos del general Sandoval (defendidos con tanto desparpajo por López Obrador).

Lo *segundo más preocupante* del teatrito que montó el mandatario mexicano en defensa de los viajes de lujo del general es *la sospecha*. Con la vasta expansión en actividades del Ejército que López Obrador emprendió, y con muchos, si no la totalidad, de esos gastos bajo la discrecionalidad del secreto militar, una parte notable del presupuesto en México se está convirtiendo en un gigantesco agujero negro: algo que se traga toda la materia pero que no emite información. Si la pregunta por unos cuantos viajes de lujo —claramente inapropiados, como mínimo— de su secretario de la Defensa suscitó un comportamiento tan desdeñoso del presidente con los periodistas y tan insultante para los ciudadanos en un país democrático y con libertad de prensa, *la sospecha* resulta inevitable: ¿qué no se hará para asuntos más delicados, de mayor envergadura, que impliquen montos notablemente superiores o que hayan traspasado la línea de la legalidad para adentrarse en lo criminal? *La sospecha* se alimenta de esta idea: el salto de una corrupción de baja intensidad a otra a gran escala resulta fácil, las bases están sentadas, las defensas, preparadas y los supuestos cancerberos del sistema (periodistas, sociedad civil), desactivados.

El presidente mexicano ha mostrado en numerosas ocasiones su desdén por las licitaciones y su correspondiente querencia por las adjudicaciones directas. Éstas, en su opinión, permiten una mayor agilidad y rapidez de ejecución de los proyectos. Abren también, naturalmente, caminos expeditos a la corrupción, asunto que no parece preocuparle, puesto que él, afirma, tiene "la conciencia tranquila". Que el Ejército se ocupe de esas grandes obras le evita al presidente engorrosas licitaciones y concursos públicos, por los que López Obrador ha manifestado desdén en numerosas ocasiones. También le evita a él, y a los militares, rendir cuentas.

Siempre ha sucedido: con la compra de armamento, por ejemplo. Se hace sin transparencia alguna y es el propio Ejército el que luego revende las armas a las policías estatales y municipales. No se rinde cuenta a nadie. Las cifras no cuadran y hay al menos 20000 armas cuyo destino no está claro.[7] La corrupción que puede producirse de negocios inmobiliarios o gigantescos proyectos como aeropuertos o trenes turísticos es probablemente de otro orden de magnitud. El perfil de los intereses económicos del Ejército se ha ampliado ya de forma exponencial en México bajo el mandato de López Obrador.

• • •

¿QUIÉN SALE GANANDO con un Ejército con mayores intereses económicos y, por lo tanto, mayores posibilidades de corrupción?, se preguntaba en 2019 el periodista mexicano Diego Petersen: "Sólo aquel que tenga la información y pueda usarla para hacerles comer de su mano: el presidente".[8] Que los presupuestos, gastos y disposiciones de los militares resultan endiabladamente difíciles de controlar en muchos países de América Latina es un hecho conocido desde hace décadas, comprobado y padecido por numerosos mandatarios. Bachelet me explicó:

—Yo diría que, efectivamente, hay áreas en las que se produce un *agujero negro*. ¿Por qué están estos gastos reservados? Que supuestamente para áreas de seguridad interior o exterior que no pueden ser revelados. Hay mal uso de [esos] recursos. Pero no siempre se entera una. Yo pensaba que Chile era mucho más inmune a estas cosas. Cada vez que yo descubría un acto de corrupción tomábamos medidas. Yo mandé una agenda anti-

---

[7] Diego Petersen, "El Ejército: comer de la mano del presidente", *El País*, 18 de febrero de 2019, en https://elpais.com/internacional/2019/02/17/actualidad/1550427330_844221.html.

[8] *Idem.*

corrupción fortísima. En el primer gobierno avanzamos mucho y en el segundo mucho más, porque hubo este escándalo de la plata, los partidos, las elecciones y todo eso.[9] Avanzamos muchísimo. *Pero todo eso era para el mundo político* [no para los militares, se entiende]. Después me han aparecido situaciones en las que las Fuerzas Armadas chilenas no eran tan el pañuelito de la Virgen María, ¿verdad? Claro, efectivamente, el caso mío no fue por temor, sino principalmente porque no hay transparencia. Entonces, aunque los funcionarios de cierto nivel tuvieran que dar cada año, ante la Contraloría General de la República, su estado de propiedades, de intereses, todo eso, porque eso permite detectar si de pronto hay un cambio brusco...

Hace una pausa. Piensa bien las palabras. Y luego, moviendo la cabeza, con un cierto aire de derrota y de cansancio:

—... pero siempre hay formas...

—De presentar las cosas de cierta manera para que no...

—Yo creo que en Chile no se daba lo que en otros países sí se daba. En la compra de armas hay esto... ¿Cómo se llama esto?

—¿Comisiones?

—O sea, se quedan con algún porcentaje. Porque alguna vez hubo acusaciones de este tipo. Las investigamos. Y yo creo que en eso pusimos mecanismos que disminuyen mucho los riesgos. Pero hay otros elementos en los que, de la manera en que se informa, no hay forma de saber lo que están diciendo.

Bachelet fue prolija en sus explicaciones, aunque el fondo del mensaje era cristalino. La exministra de Defensa y dos veces

---

[9] Entre 2014 y 2018, durante el segundo gobierno de Bachelet, se dieron varios casos cruzados. Uno importante fue el de financiación ilegal de la política, que tuvo dos aristas: el caso Penta y el caso SQM (la empresa de litio del que fue yerno de Pinochet). El primero tuvo más relación con la derecha y el segundo, con la derecha y la centroizquierda. De hecho, salpicó al que era ministro del Interior de Bachelet, Rodrigo Peñailillo. En ese periodo también, 2015, explotó el caso Caval, de la nuera y el hijo de Bachelet. No tuvo que ver con financiación de la política, sino con tráfico de influencias. Pero llevó en la práctica a la paralización del Ejecutivo.

presidenta de Chile afirma que "siempre hay formas" de que los militares escondan sus manejos incluso en los presupuestos.

El expresidente colombiano César Gaviria fue más rotundo:

—Hay fenómenos de favoritismo clarísimos en las Fuerzas Armadas. Aún no hemos logrado que sea limpio, que hagan licitaciones.

—Todo lo que tiene que ver con compras de...

—La cosa de las armas es... La cosa de las armas es terrible. Porque no hay manera de que una empresa que vende armas no dé comisiones.

Nos miramos sin decir nada unos segundos. Cuando iba a repreguntarle, saltó:

—O sea, eso no existe.

# 10

## DEPENDE DEL TIPO DE PRESIDENTE...

**LA GENTE CON ARMAS** es, ciertamente, una vaina complicada. Ante lo cual cabe preguntarse entonces: ¿cuán complicada? Dicho de forma más precisa: ¿de cuánta autonomía disponen los militares respecto del poder civil en América Latina? O aún de otra: ¿de qué capacidad o capacidades disponen para neutralizar cualquier intento de restringirla, o de interferir en ella, por parte de un gobierno o de un presidente, en caso de que alguno fuera a intentarlo o quisiera hacerlo? ¿Se pueden fiscalizar las decisiones de los militares, sus errores, sus cotos cerrados? Todos los presidentes se mostraron enfáticos: la lealtad de los ejércitos a su persona y, en general, a la figura de la presidencia nunca mostró fisura alguna. Todos, excepto los colombianos.

La respuesta resulta relevante porque, de atenerse uno a las disposiciones legales —así como a las declaraciones, públicas o privadas, de los mandatarios—, los ejércitos en América Latina están completamente sometidos al mando civil. Sus cuentas, controladas. Sus decisiones, supervisadas. Y sus errores o excesos, purgados y frenados. Gran parte de la ciudadanía sospecha, con razones fundadas o sin ellas, que esto no es así. Pese a lo cual, la popularidad de la institución en casi todo el continente suele ser elevada, según las encuestas. Varía también según el país y el momento. ¿Por qué entonces es relevante esta pregunta? ¿Cuáles son las consecuencias de que la respuesta se conteste en un sentido o en otro? La respuesta, como se verá, resulta más confusa y más opaca de lo que la mayoría de los expresidentes sostiene, y conlleva un sinnúmero de inconvenientes para una democracia funcional. Constituye asimismo un lastre —tangencial a veces, central otras— para abordar los problemas más graves de la región, en apariencia poco conectados entre sí. El reciente intento de golpe de Estado en Brasil es uno. Las dificultades para hacer frente a las bandas criminales en cada vez más países del continente es otro.

El Ejército "trae mucha institucionalidad", me dijo Fox, signifique lo que signifique eso. Calderón aseveró que con él "fueron muy leales", aunque el resto de su respuesta constituyó una demolición sistemática y detallada de esta afirmación inicial. Los colombianos, sin embargo, se expresaron con muchos más matices. "La gente con armas es una vaina complicada", me había dicho Gaviria. La contestación de Juan Manuel Santos fue la más preocupante: "Yo creo que no se puede generalizar en América Latina. En el caso colombiano depende del tipo de presidente y de su conocimiento de las Fuerzas [Armadas]".

Conocí a Juan Manuel Santos en 2011 con ocasión de una breve entrevista en Bogotá, cuando él llevaba sólo unos meses de presidente. He tenido luego oportunidad de tratarle en más ocasiones: otras entrevistas, más extensas (en una de ellas le acompañé en su auto oficial a un acto público, ida y vuelta desde el palacio presidencial), conversaciones en un par de ediciones de festivales literarios o eventos periodísticos, algunos almuerzos y cenas privadas. Pero aquella primera vez, sentado en una sala de la Casa de Nariño, el corazón se me encogió cuando un ayudante entró a darme la bienvenida, decirme que el presidente me recibiría en breve, y que sólo disponía de 20 minutos.

Yo había volado a Bogotá desde Madrid exclusivamente para esa conversación. Traía una larga lista de asuntos que quería tratar con él y, acostumbrado a la verborrea insustancial de otros mandatarios, temía que todo el esfuerzo se malograse por falta de tiempo. ¿Sólo 20 minutos?, le pregunté a su ayudante. Por lo general necesito una hora, insistí, no me va dar tiempo ni a formular las preguntas. Quizás exageraba, lo que tampoco resulta infrecuente en un periodista a la hora de pedir. Ya ni hablar de repreguntas o digresiones respecto del guion original, pensé además.

El ayudante me escuchó con cortesía y zanjó el asunto:

—En 20 minutos le cabrán todas las preguntas, el presidente es muy conciso.

Yo no había enviado el formulario por anticipado (tampoco me lo habían pedido, tampoco lo hubiese mandado). Así que nadie sabía allí si llevaba 30 preguntas o 150. Pensé que era la forma más elegante con la que me habían dicho "no" en cualquiera de los palacios presidenciales que había visitado. Cuando Santos estuvo listo, pasé a su despacho.

Empezó la entrevista. El presidente, como me habían anticipado, contestó con precisión. A los 20 minutos justos entró el ayudante. La entrevista había terminado. Santos me miró:

—¿Le queda alguna pregunta por hacer?

—No, señor.

Y no, no quedaba ninguna. No sólo eso. El texto apenas requirió edición alguna. Ni por extensión, ni por claridad. Una entrevista de este tipo suele necesitar cortes de grandes cantidades de texto. En algunos casos —pienso en algún expresidente español, por ejemplo— se necesita reescribir las respuestas en profundidad para, como mínimo, asegurar la coherencia sintáctica. A veces incluso sólo para que se entienda. No fue el caso de Santos. Dijo lo que quiso decir. Con brevedad. Con extraordinaria precisión. Y con una sintaxis perfecta. Así ha sucedido con todas las entrevistas que he publicado con él.

Hago este largo excurso no para alabar la oratoria del presidente (cosa bien conocida por lo demás), sino para resaltar lo siguiente. Cuando Santos contesta a la pregunta de si los Ejércitos en América Latina son leales con sus presidentes diciendo que en el caso colombiano "depende", sabe a la perfección qué está diciendo, quiere que se sepa con exactitud lo que desea decir y es consciente de las implicaciones de lo que dice. La respuesta *in extenso* fue (las cursivas son mías):

> Yo creo que no se puede generalizar en América Latina. En el caso colombiano *depende del tipo de presidente* y su conocimiento de las Fuerzas. Los que no conocen las Fuerzas Armadas se sienten intimidados. *Y las Fuerzas Armadas lo pueden controlar mucho más.* Y pueden ejercer alrededor de él una mayor presión *para lo que sea.* Los que las conocen y han tenido experiencia con ellas igual van a tener mucha más capacidad de *no dejarse intimidar.* Y manejarlas como debe de ser: sin ninguna discusión sobre el poder militar. En mi caso, así fue porque yo los conocía muy bien. Yo no solamente fui ministro de Defensa, sino que fui el primero que portó el uniforme militar antes.[1] Y eso curiosamente es de gran importancia para los otros militares. Incluso fui el primero que mandó a su hijo... ni siquiera lo mandé, él se fue a prestar su servicio militar.[2] Normalmente, como que eso no pasa en Colombia, que el hijo de un presidente esté prestando su servicio militar. Ese tipo de señales, de símbolos, facilitan enormemente el manejo de las fuerzas militares. *Pero depende.* Sin duda le repito: *depende del presidente y cómo lo maneje.* Pero por fortuna aquí no hay fuerzas militares que tengan actitud conspiradora.

De todo lo anterior se pueden deducir, con relativa seguridad y sin forzar la lógica en demasía, los siguientes puntos. Uno. Santos repite hasta tres veces el verbo *depende*. Si la lealtad de las

---

[1] Santos prestó servicio militar en las Fuerzas Navales.

[2] En 2012, al cumplir 18 años, Esteban, el hijo menor de Juan Manuel Santos, se presentó de manera voluntaria al servicio militar en un país en el que pocos vástagos de las familias acomodadas lo hacen, gracias a los mecanismos de contraprestación económica que les permiten esquivarlo. En ese momento Santos era el presidente de Colombia.

Fuerzas Armadas con un presidente *depende* de ciertas cualidades de dicho presidente, entonces no se puede sostener que las referidas Fuerzas Armadas sean leales, en términos absolutos, a la institución de la Presidencia en sí: dependerá. Que su lealtad dependa de ciertas características de la persona que ejerce la presidencia no incumbe sólo a esa persona, por supuesto. Por extensión, afecta al gobierno y a la sociedad a la que sirven —y que el presidente representa—, que tienen el derecho no sólo de fijar sus objetivos y sus prioridades sino también de investigar sus fallos, sus excesos, sus corrupciones o su mal manejo de los dineros públicos.

Dos. Si algunos presidentes, según el relato de Santos, tienen más capacidad de no dejarse intimidar, entonces es que hay otros que sí resultan más fáciles de intimidar. La conclusión de este razonamiento es aún más perturbadora: el Ejército puede intimidar al presidente en turno. Y no alcanzo a comprender cómo escapar, en buena lógica, al corolario siguiente: los militares, cuando pueden, intimidan al presidente.

Y tres. ¿Para qué van a querer intimidar o presionar los militares a un presidente? La respuesta de Santos es abierta, inconcreta y muy inquietante: *para lo que sea*. Con un presidente que se sienta intimidado ante las Fuerzas Armadas, éstas "pueden ejercer alrededor de él una mayor presión *para lo que sea*". La historia avala la afirmación del presidente de que los militares colombianos no tienen actitudes conspiradoras —léase *tentaciones golpistas*— y la mayoría de los analistas considera que las discrepancias en público con el gobierno o el presidente en turno constituyen más bien un ejercicio sui géneris de oposición intrainstitucional[3] que una amenaza abierta del uso de la fuerza. Los múltiples intentos de negociación con las guerrillas o las reorganizaciones

---

[3] Alejo Vargas Velásquez, Nathalie Pabón, Andrea Escobar, Paola Llanos y Laura Mendivil, "El caso colombiano", *La administración de la defensa en América Latina*, vol. II, Instituto Universitario General Gutiérrez Mellado de Investigación sobre la Paz, la Seguridad y la Defensa (UNED), Madrid, p. 115, 2008.

de las cúpulas militares y policiales han sido históricamente los principales puntos de fricción.

La excepción colombiana tiene quizás una explicación racional. En Colombia se da la paradoja siguiente: conviven la que es probablemente la democracia más estable de América Latina —pese a los enormes embates que ha sufrido a manos de las guerrillas— con unas Fuerzas Armadas que actúan por momentos como rueda suelta,[4] pero dentro del sistema. En incontables ocasiones, durante décadas, han mostrado en público su discrepancia con determinadas políticas del gobierno. En tiempos modernos desde Belisario Betancour (1982-1986), a propósito de su intención de negociar con la guerrilla, a lo que el Ejército se oponía, hasta el conocido como "ruido de sables" en 1995 cuando el comandante del Ejército cuestionó en público al presidente Ernesto Samper, lo que generó un importante malestar y una tensión que condicionó todo su mandato.[5]

Los casos más recientes se produjeron ya con Iván Duque como presidente (2018-2022). En abril de 2022 el comandante del Ejército, general Eduardo Zapateiro, se enzarzó en una polémica con el senador y candidato presidencial Gustavo Petro, quien meses después ganaría las elecciones. Cuando un congresista afirmó que la actuación del general Zapateiro violaba la Constitución y constituía una agresión a la democracia, el presidente respaldó al militar.[6]

---

[4] *Idem.*

[5] Olga Illera y Juan Carlos Ruiz, "Entre la política y la paz: las Fuerzas Militares tras la firma del Acuerdo de Paz", *Araucaria. Revista Iberoamericana de Filosofía, Política y Humanidades*, vol. 20, núm. 39, pp. 509-533, Universidad de Sevilla, 2018.

[6] "Duque respalda a Zapateiro en declaraciones contra Petro", *El Tiempo*, Bogotá, 22 de abril de 2022, en https://www.eltiempo.com/politica/gobierno/ivan-duque-respalda-a-zapateiro-en-declaraciones-contra-gustavo-petro-667110.

∙ ∙ ∙

**CUANDO SANTOS DICE** que los militares presionan, cuando pueden, *para lo que sea,* resulta necesario recordar que antes que presidente él fue ministro de Defensa entre 2006 y 2009. Una investigación periodística[7] reveló entonces el escándalo de los llamados *falsos positivos.* Durante años, miles de jóvenes colombianos, procedentes por lo general de zonas humildes y con escasos recursos, fueron secuestrados, trasladados a zonas de conflicto, disfrazados con uniformes de las guerrillas y asesinados a sangre fría. Los cuerpos se presentaban como guerrilleros abatidos en combate. A cambio, la normativa otorgaba recompensas económicas a sus asesinos.[8]

Esa directiva la firmó el antecesor de Santos en el cargo, el ministro Camilo Ospina, en 2005. Y aunque se trataba de una práctica habitual del Ejército para mejorar sus resultados, a partir de esa fecha se multiplicaron los casos. La presión de los mandos militares a la tropa para mostrar buenas estadísticas y la retórica del gobierno de Álvaro Uribe (2002-2010) de mano dura en temas de seguridad y escaso respeto por los procedimientos, los derechos humanos y el mismo Estado de derecho contribuyeron de forma decisiva a la catástrofe. Un tribunal especial[9] ha

---

[7] Fue la revista *Semana*, en aquella época dirigida por Alejandro Santos, sobrino del entonces ministro de Defensa, Juan Manuel Santos, la que publicó la historia de los *falsos positivos*.

[8] Hay muchos artículos de prensa, monografías, libros e informes oficiales sobre los falsos positivos en Colombia. Especialmente completo me parece este, del que he utilizado numerosas referencias: Omar Eduardo Rojas Bolaños y Fabián Leonardo Benavides Silva, "Ejecuciones extrajudiciales en Colombia 2002-2010: obediencia ciega en campos de batalla ficticios", Universidad Santo Tomás, Bogotá, 2017, en http://hdl.handle.net/11634/11549.

[9] La Jurisdicción Especial para la Paz (JEP), que investiga y juzga a los integrantes de la guerrilla FARC, a miembros de la Fuerza Pública y otros que hayan participado en la guerra que sacudió Colombia en las últimas décadas.

cifrado en 6402 el número de asesinatos, la mayoría entre 2002 y 2008, durante la presidencia de Uribe. Otras fuentes apuntan a que las víctimas podrían llegar a las 10 000. Santos fue ministro de Defensa entre 2006 y 2008, cuando dejó el cargo para presentarse como candidato a la presidencia. Y sostiene que fue él, como titular de Defensa, quien tomó las medidas necesarias para acabar con estas prácticas y que los responsables respondieran por sus crímenes ante la justicia. Gracias a ello, "ya no hay denuncias de falsos positivos", me dijo en aquella primera conversación que tuvimos en 2011, cuando llevaba poco de presidente.[10]

> Hay más de 200 condenas en el sistema judicial y lo que estamos haciendo es darles todo el apoyo a las autoridades, y al Poder Judicial para que pueda juzgar, porque al propio Ejército también le conviene que los culpables paguen, pero que los inocentes también sean declarados inocentes, porque aquí también ha habido mucha falsa denuncia. El caso ahora es que la gente que fue responsable, pague.

• • •

**PERO LA GENTE QUE FUE** responsable no pagó entonces, o no todos pagaron o la mayoría no pagó. Muchos soldados y sobre todo muchos altos mandos evadieron sus responsabilidades. Las trabas administrativas y judiciales se multiplicaron y en general Colombia quedó con la sensación de que una vez más la impunidad se había impuesto sobre la justicia. El comandante del Ejército durante aquellos años, Mario Montoya, era un general cercano al presidente Uribe desde que éste fuera goberna-

---

La JEP es uno de los resultados de los acuerdos de paz entre el gobierno de Juan Manuel Santos y las FARC.

[10] Javier Moreno, "Colombia necesita avanzar mucho en justicia social", *El País*, 13 de febrero de 2011, en https://elpais.com/diario/2011/02/13/domingo/1297572753_850215.html.

dor de Antioquia, una región al noroeste del país, cuando los señalamientos de vínculos con los paramilitares se multiplicaron. Montoya dimitió en noviembre de 2008 por el escándalo de los falsos positivos. A comienzos de 2009, Uribe lo envió a la República Dominicana como embajador.

Más de 10 años después, ya retirado, el general prestó declaración ante el tribunal especial creado tras el acuerdo de paz con la guerrilla que impulsó Santos como presidente, cuya negociación le valió el premio Nobel. En sus declaraciones, que causaron una gran polémica en Colombia, Montoya, el general responsable del Ejército en los años de los falsos positivos, pero también de las masacres sin número y los miles de desaparecidos y torturados por todo el país, se sacudió cualquier responsabilidad. Echó la culpa para arriba (a los políticos del gobierno). Y luego hacia abajo, a la tropa, en una actitud que se le antoja a uno poco modélica en un militar.

La orden de condecorar según el número de bajas venía desde el Ministerio de Defensa, se excusó. "Yo no exigí bajas, exigí operaciones. Nadie puede decir que el general Montoya mandó a matar ni, mucho menos, que me enteré de que habían matado",[11] sostuvo el militar en la reserva pese a que, cuando finalmente estalló el escándalo de los falsos positivos, los familiares de las víctimas llevaban años denunciado los asesinatos.

Los soldados que prestan su servicio militar son de escasos recursos, explicó el general. "Me duele decirlo, pero los muchachos que van al Ejército son los de abajo, de estrato uno; ya no va el estrato dos, tres y cuatro[12] [...] Voy a hablar con el corazón,

---

[11] Santiago Luque Pérez, "El general Mario Montoya, a indagatoria en la JEP por falsos positivos", *Cambio*, 28 de septiembre de 2022, en https://cambiocolombia.com/articulo/conflicto/el-general-mario-montoya-indagatoria-en-la-jep-por-falsos-positivos.

[12] Colombia divide las viviendas por estratos, para poder cobrar tasas a precios diferenciales. Estrato uno significa bajo-bajo; estrato dos es bajo; el tres, medio-bajo; cuatro, medio; cinco, medio-alto y seis, alto. El salto

nos toca enseñarles cómo se utiliza el baño, cómo se utilizan los cubiertos, ésa es la calidad". En resumen, los soldados asesinaron a las víctimas de los falsos positivos porque eran pobres, ignorantes y no sabían cómo manejar el tenedor, según Montoya.[13]

Plausible en su mentalidad. Y, por desgracia, en la de muchos colombianos. Pero falso. Hay miles de diligencias, denuncias —no sólo de las víctimas, también de otras instituciones del Estado—, sentencias y, desde que arrancó sus trabajos, documentación, declaraciones y testimonios en el tribunal especial para la paz que prueban lo contrario: que los mandos militares fueron los responsables de organizar, alentar o permitir las masacres, operaciones donde todo fue mentira. Fue falsa la oferta de trabajo. El combate, fingido. Las botas de guerrillero se las pusieron después de asesinarles. Falso el dictamen de la fiscalía como muertos en combate y prevaricadora la decisión de la justicia militar de encubrirlos.[14]

En un discurso durante la presentación del informe final de la Comisión de la Verdad, su presidente, el sacerdote jesuita Francisco de Roux afirmó:

> No había una ley, un ordenamiento escrito que lo mandara, pero el sentir de los soldados que disparaban era estar haciendo lo que la institución quería, por los incentivos y presiones que demandaban resultados de cadáveres, la publicidad sobre los que habían sido

---

de clasificar viviendas para el pago de impuestos y servicios a adscribir personas a un nivel socioeconómico parecido a una casta es muy fácil y muy discriminatorio. Es exactamente lo que hace el general Montoya con sus declaraciones.

[13] Tweet de Humberto de la Calle, quien fuera jefe del equipo negociador del gobierno en las conversaciones de paz con las FARC, y luego senador: "De modo que, según el general Montoya, los soldados mataron a las víctimas de los falsos positivos porque no sabían coger el tenedor".

[14] Declaraciones del padre De Roux a la agencia Efe, en https://www.swissinfo.ch/spa/colombia-conflicto_comisi%C3%B3n-de-verdad---falsos-positivos--en-colombia-fueron--una-monstruosidad-/47710918.

dados de baja [eufemismo ampliamente utilizado en Colombia por asesinados o enemigos muertos en combate] y la protección a los perpetradores.

De Roux aseguró también que los falsos positivos fueron fruto de un "comportamiento corporativo persistente". Y añadió: "Si hubieran sido 10 sería gravísimo, si hubieran sido 100 hubiera sido para exigir el cambio de un Ejército. Fueron miles y es una monstruosidad". Efectivamente, fueron miles, fue una monstruosidad, pero nadie pidió cambiar al Ejército. ¿Cómo se hace eso? Ni siquiera se castigó de forma ordenada y sistemática a los mandos militares. Montoya fue nombrado comandante del Ejército después de estar al frente de la IV Brigada, con sede en Antioquia, entre 2001 y 2003. Una brigada, una zona y unos años en los que las acusaciones de asesinato a cargo de soldados se agudizaron.

Existe documentación oficial para muchas de las desgracias que sucedieron en Colombia, algo que podría sorprender en un país menos leguleyo. Y los jueces han podido acceder a ella, lo que contrasta con el hermetismo y las resistencias a la justicia del Ejército mexicano, uno de los más opacos del mundo.[15] Para perpetrar el suceso, alguien ha de impartir la orden de trasladar a los soldados necesarios; otro autoriza el pago de recompensas o descansos y otros premios; hay que movilizar aeronaves y vehículos; asignar materiales para el operativo. Todo ello requiere autorización expresa de mandos militares de distintos niveles. En breve: todo lo anterior evidencia un patrón de conducta criminal.[16]

¿Cuánto de esto le llegaba al presidente, en aquella época Uribe? Resulta difícil imaginar que el máximo mando militar

---

[15] Roderic Ai Camp, *Mexico's Military on the Democratic Stage*, Praeger Security International/Center for Strategic and International Studies, Westport, Washington, posición 162 (edición Kindle), 2005.

[16] Omar Eduardo Rojas Bolaños y Fabián Leonardo Benavides Silva, "Ejecuciones extrajudiciales en Colombia 2002-2010: obediencia ciega en campos de batalla ficticios".

vaya al presidente con el cuento, ni para informar ni menos aún para pedir autorización. Pero igualmente resulta razonable suponer que el presidente tampoco hizo el menor esfuerzo por averiguar, pese a las contundentes evidencias que ya eran públicas por aquel entonces. Uno no cuenta, el otro no pregunta. También eso responde a un cierto patrón de conducta.

Uribe fue muy criticado por diversas ONG, grupos defensores de los derechos humanos, organismos internacionales y, en general, desde sectores a su izquierda (a su derecha seguro no quedaba nadie). Ninguno de esos señalamientos apuntaba precisamente a que fuera una marioneta en manos del Ejército. Tampoco cuando Santos afirma que la lealtad del Ejército depende del tipo de presidente piensa uno de inmediato que Uribe caiga del lado de los que se dejan presionar para lo que sea.

•••

**CUANDO TUVE** esa conversación con Santos, Iván Duque era el presidente de Colombia. Sin experiencia alguna en tareas de gobierno ni haberse presentado nunca a un cargo de elección popular —ni haberlo ganado, claro—, Duque llegó a la presidencia tras ser elegido y apoyado por Uribe. Formó un gobierno o le formaron un gobierno o aceptó un gobierno sobre el que, como consecuencia de lo anterior, tenía una leve autoridad, por decirlo de alguna manera, más administrativa que política u operativa. Nombró ministro de Defensa a un hombre cercano a Uribe. Guillermo Botero era un creyente con fervor en la filosofía (es un decir) de mano dura del antiguo presidente. Y con absolutamente ninguna experiencia en política. Ni civil ni militar. Había sido un exitoso hombre de negocios. Lo suyo era la exportación de flores. Luego se desempeñó como presidente de la federación de comerciantes.

Como ministro de Defensa tuvo menos éxito. En los 14 meses que estuvo en el cargo se suscitó una serie de escándalos que vendrían a dar por válidas las anteriores reflexiones de Santos.

Las relaciones que se establecen en Colombia entre los militares y los presidentes o ministros a los que aquéllos no respetan resultan tóxicas. Y al igual que en el resto de América Latina, el Ejército se arroga un cierto grado de autonomía sobre los gobiernos civiles. Para ello usan todos los instrumentos de los que disponen, desde la opacidad —con la sociedad, pero también con el ministro de turno— al manejo en beneficio propio de los servicios de inteligencia.

Botero llevaba unos meses de ministro cuando en abril de 2019 fue asesinado Dímar Torres, de 39 años.[17] Torres era un excombatiente de la guerrilla que se había desmovilizado tras acogerse a los acuerdos de paz. Trabajaba en el campo. Con decenas de asesinatos al mes de defensores de los derechos humanos, líderes sociales o exguerrilleros, su caso tenía todas las papeletas para pasar desapercibido. Excepto que no lo hizo porque ahí comenzó el descrédito del ministro que acabó con su salida del Ministerio de Defensa unos meses después.

Torres fue asesinado a sangre fría, como se habría de saber después. El ejecutor fue un cabo del Ejército, por órdenes de un coronel. En un primer momento, Botero afirmó que el exguerrillero había muerto tras un forcejeo al querer arrebatarle un fusil al cabo. Las explicaciones del ministro de Defensa fueron cambiando a medida que los hechos se iban esclareciendo. La investigación de la Procuraduría determinó con posterioridad que el cabo "detuvo [a Torres], lo requisó, le disparó por la espalda y lo remató con un tiro en la cara". Cuesta imaginar a la Procuraduría en México escribir una frase así de clara, contundente y demoledora para el Ejército. El coronel instigador fue destituido e inhabilitado 20 años por el crimen.[18] Tres soldados que ayu-

---

[17] José Guarnizo, "Dímar: el crimen al que quieren echarle tierra", *Semana*, 12 de mayo de 2019, en https://especiales.semana.com/el-asesinato-de-dimar-torres/index.html.

[18] Santiago Torrado, "Un coronel del Ejército de Colombia, destituido por haber ordenado el asesinato de un exguerrillero", *El País*, 12 de

daron a ocultar el cuerpo, los rastros y las pistas también fueron sancionados.

¿Por qué el ministro no dijo la verdad desde el principio si se estaba jugando el cargo, en caso de que aquella trascendiese? La hipótesis más plausible es que no supiera la verdad. Un ministro sale a dar explicaciones y las explicaciones que da son las que le han proporcionado los propios militares que, en conjunto como cuerpo, son parte involucrada en el asunto. No tiene otra verdad que la que le suministra el jefe de las Fuerzas Armadas. ¿Sabía éste la verdad? ¿Y sabiéndola, se la ocultó al ministro? Los vecinos de Dímar Torres denunciaron desde el principio tanto el asesinato como el intento de los militares de emborronarlo todo. ¿Podía el ministro haber hecho otra cosa? Por supuesto que sí. Podía haber desconfiado de la versión inicial, antecedentes en Colombia para alimentar el escepticismo no le faltaban. Podía haber ordenado una investigación a fondo. Podía haberle exigido más al jefe del Ejército. Pero se limitó a dar unas explicaciones engañosas de las que tenía obligación de desconfiar.

El asesinato de Dímar Torres resucitó en Colombia el fantasma de los falsos positivos. El miedo se agravó cuando se supo que el comandante del Ejército, general Nicacio Martínez Espinel, había ordenado a sus tropas, a principios de 2019, que duplicaran la cantidad de criminales y rebeldes que mataban. La orden instruía a los soldados que no exigieran "perfección" a la hora de lanzar ataques, incluso en caso de existir dudas significativas sobre los objetivos. Bastaba entre el 60 y el 70% de credibilidad y exactitud. Se abría así de nuevo puerta a la arbitrariedad, a los excesos de antaño y a la muerte de personas inocentes. Las nuevas directrices se dieron a conocer en una reunión con los 50

---

agosto de 2020, https://elpais.com/internacional/2020-08-12/un-coronel-del-ejercito-de-colombia-destituido-por-haber-ordenado-el-asesinato-de-un-exguerrillero.html.

principales generales y coroneles del país, reunidos para la ocasión en un hangar en las montañas cerca de Bogotá.[19]

En otro episodio polémico, el ministro ocultó al país que hubo varios menores de edad (ocho, con gran probabilidad) entre los 14 muertos en un bombardeo del Ejército en una zona rural del departamento de Caquetá. O quizá no lo ocultó, porque la información que le proporcionaron los propios militares omitió ese dato. Hasta que salió a la luz. Como consecuencia de esta acción de los militares y de las mentiras y los encubrimientos del ministro, o de las mentiras y los encubrimientos de los militares al ministro, éste afrontó una moción de censura en el Senado, que con toda seguridad hubiera perdido. Dimitió horas antes.

A ello había contribuido además el fracaso, por falta de capacidad, o de voluntad, o de ambas, para evitar el creciente número de asesinatos de líderes indígenas, sociales y antiguos guerrilleros que, tras firmar los acuerdos de paz, se habían desmovilizado, como Dímar Torres. No sólo eso. Había un malestar creciente en amplios sectores por los ascensos a oficiales implicados en casos de falsos positivos, así como por un *dossier* de inteligencia con grotescos errores de bulto sobre Venezuela y su supuesta ayuda a la guerrilla colombiana que el presidente Iván Duque presentó ante la Asamblea General de la onu, con la consiguiente vergüenza cuando se descubrieron las fallas.

El caso del ministro Guillermo Botero concentra en apenas 14 meses los problemas más graves que las Fuerzas Armadas despliegan en muchos países de América Latina en su relación con los gobiernos. Su autonomía dificulta los controles externos. Sus acciones pasan por una política de *faits accomplis* o hechos consumados que los gobiernos deben luego gestionar (por lo general de forma torpe y desmañada) y cuyas consecuencias asumen con

---

[19] Nicolas Casey, "Colombia Army's New Kill Orders Send Chills Down Ranks", *The New York Times*, 18 de mayo de 2019, en https://www.nytimes.com/2019/05/18/world/americas/colombian-army-killings.html.

el correspondiente desgaste político. Y finalmente, los gobiernos —en especial los presidentes— dependen de ellos, sobre todo del máximo responsable militar, para tener información fiable sobre lo que pasa en el país en general y en el seno de las propias fuerzas de seguridad en particular. Y para que no les mientan, les oculten información o la presenten tergiversada o directamente falsa. La mayor parte de la cual está relacionada con violaciones a los derechos humanos y abusos violentos en el uso de la fuerza: matanzas de civiles, asesinatos selectivos, torturas y personas desaparecidas.

• • •

**¿QUÉ PUEDE ENTONCES** hacer un presidente? ¿Cuáles son sus límites? ¿De qué herramientas dispone si tiene una voluntad real de cambiar las cosas (lo que no siempre es el caso)? ¿Cómo se desmontan las resistencias de los militares, las complicidades de la policía, la ineficacia general de los servicios de seguridad? ¿De cuánto poder dispone para hacerlo? La respuesta es breve: más bien poco.

México resulta un buen ejemplo de lo anterior. Los militares diseñaron las reglas cuando el primer civil asumió la presidencia del país en 1946. Se trata de normas informales y están basadas —éste es el punto clave— en la soledad del presidente al interactuar con los militares, lo que les concede una enorme autonomía.[20] No se ha formado un amplio grupo de funcionarios en la oficina presidencial que haya acumulado experiencia, documentación y conocimiento de los asuntos militares como para poder orientar —y en su caso respaldar— cualquier decisión del presidente. Su dependencia de los uniformados —de sus consejos, de sus ideas y de sus informes de inteligencia, buenos o malos o interesados— resulta así inevitable. Cuesta pensar que

---

[20] Raúl Benítez Manaut, "Transformaciones funcionales y continuidad institucional: la administración de la defensa en México", *La administración de la defensa en América Latina. Volumen III. Estudios comparados*, Instituto Universitario General Gutiérrez Mellado, Madrid, 2008.

haya un presidente que llegue a su cargo sin ser consciente de ello. Cuesta más pensar que haya presidentes que no sean conscientes de ello al finalizar su mandato. Así que lo más probable es que, si se pregunta, la respuesta sea de manual.

Preguntado al respecto, pues, Calderón respondió, como era previsible, de manual:

—Lo que tienen las Fuerzas Armadas, por ejemplo, es una gran lealtad al presidente. Conmigo, la verdad, siempre actuaron en el ámbito de libertad que tiene que ser, la responsabilidad. En eso no tuve yo realmente un asunto de lealtad con las Fuerzas Armadas ni con la Seguridad.

Ya resulta sorprendente, la verdad, que tras seis años de presidencia en los que las actuaciones del Ejército en la guerra contra las bandas criminales de traficantes de drogas resultaron, además de ineficaces, motivo de fuertes críticas por la constante violación de los derechos humanos de la población, Calderón concluya que no tuvo "un asunto de lealtad" ni con las Fuerzas Armadas ni con la Seguridad. Seis años en los que, además, su secretario (ministro) de Seguridad fue Genaro García Luna, también acusado de múltiples delitos, como torturas o detenciones arbitrarias, y se encuentra hoy preso en Estados Unidos por proteger a capos del narcotráfico. Y seis años asimismo en los que todos los indicadores —delitos cometidos, asesinatos, desaparecidos y atrocidades sin nombre— crecieron de forma desorbitada.

Tampoco fue éste un asunto para la mayoría de los otros mandatarios con los que hablé. La lealtad de los militares y las fuerzas de seguridad al presidente y a la institución de la Presidencia resulta ser, para casi todos, de una solidez sin fisura alguna. Una vez establecido con firmeza este principio, sin embargo, se encuentran en las muchas horas de grabaciones, numerosas revelaciones o deslices que permiten conformar un mapa de las grietas en ese discurso de firmeza. El listado de las cesiones ante los militares es extenso. Cesiones más o menos vergonzantes, siempre alerta unos y otros de los límites y las líneas rojas.

Preguntado de nuevo sobre el asunto, Calderón respondió esta vez (las cursivas son mías):

—Efectivamente yo instauré en México una política para, primero, *recuperar la lealtad*. Estaba tan penetrado el gobierno por parte del crimen, estaba tan corrupta la estructura de gobierno, que me puse a hacer un ejercicio de confiabilidad, de limpieza, de depuración, en fin.

Lo que se entiende de sus palabras (en la medida que puede uno entender el discurso de Calderón) es que, primero, a su llegada a la presidencia de México todo el aparato militar y de seguridad estaba no sólo comprometido o infiltrado, sino que partes del Estado se encontraban directamente al servicio de la delincuencia organizada. En ese momento, Vicente Fox, del Partido Acción Nacional (PAN), conservador, la misma formación que llevó a Calderón a la presidencia, tenía seis años en el poder. El propio Calderón había sido parte de ese gobierno durante un año, como secretario de Energía. Fox había sucedido a 71 años ininterrumpidos de gobiernos del Partido Revolucionario Institucional (PRI).

Segundo, al repasar con detalle todos los indicadores de violencia seis años después —asesinatos, secuestros, desaparecidos, militares y funcionarios salpicados por escándalos, incluyendo al propio secretario de Seguridad, Genaro García Luna—, queda de relieve que Calderón entregó a su sucesor, Enrique Peña Nieto (de nuevo del PRI), un aparato militar y de seguridad en las mismas o peores condiciones. Y lo mismo hizo Peña Nieto con López Obrador.[21]

Y tercero, que el expresidente confundía —y aparentemente sigue confundiendo— la lealtad debida de los militares a la institución democrática de la Presidencia con la eficacia, o

---

[21] Las cifras de asesinatos en cada uno de sus mandatos, siempre provisionales —dada la abundancia de fosas comunes sin cuantificar o descubrir todavía— quedarían como sigue, según datos del INEGI y del SESNSP: Calderón, sobre los 120 000; Peña Nieto, casi 160 000, y López Obrador, sobre los 200 000.

falta de eficacia de las operaciones contra la delincuencia organizada. Este espeso entramado de hechos y datos, ineficacia, ocultaciones de esa ineficacia, ocultaciones a secas, mentiras y simulaciones es sobre el que conviene situar las siguientes palabras de Calderón. Con ellas explica cómo llevó a cabo su gobierno la tarea de restablecer la "confianza" en el seno de los cuerpos y las fuerzas de seguridad del Estado. Y de las resistencias —internas— a este propósito:

—La vía que escogimos fue establecer los exámenes de control de confianza. Fue una batería de cinco exámenes que se tenían que hacer a cada miembro, a gente del orden público, fuera policía federal, ministerio público, policía ministerial, marinos, soldados, etcétera, o gente de seguridad nacional del Cisen [Centro de Investigación y Seguridad Nacional, a cargo de civiles]. Una batería de cinco exámenes: toxicológico, socioeconómico, psicológico, poligráfico, aparte del físico. ¿Hubo tensión con las Fuerzas Armadas, por ejemplo? Sí. *Pero, sensatamente, tuvimos cuidado.* Ellos querían hacer su propio control de confianza, finalmente.

—Presidente, cuando dice tensión, ¿se refiere a...?

—Por ejemplo, había la instrucción de que todos fueran observados por el Cisen. *Generalmente no se hacían las cosas.* Finalmente se hicieron con gente que autorizaba el Cisen dentro de las Fuerzas Armadas para que ellos aplicaran el control. Entonces finalmente se hizo. Se avanzó muchísimo.

Conviene traducir al presidente. *Generalmente no se hacían las cosas,* sostiene. Es decir, el presidente da una orden y los militares obedecen con caso omiso, como si dijéramos: "y generalmente no se hace la cosa". El punto es que el presidente quiere que un organismo dirigido por civiles controle a los militares. Y los militares no quieren. Y el resultado es que no se hace como quiere el presidente.

Continúa Calderón:

—Otro tema que me pasó a mí, le pasó a Peña y le va a pasar a López Obrador, obviamente, es que es muy fácil decir: "Tráiganme soldados y [efectivos de la] Marina y hagámoslos policía". De hecho, empezamos con esa idea, pero a final de cuentas no operaban y no llegaban. Cuando Fox finalmente tomó la decisión, aunque me la impute a mí, pero bueno, de finalmente retomar el control de Oaxaca [un estado mexicano que durante la transición presidencial, cuando Calderón ya había sido elegido pero Fox aún era presidente en ejercicio, se vio sumido en graves incidentes de seguridad entre el sindicato de maestros y las fuerzas del orden público][22] que era un desastre, bloqueos, estado de sitio [sic], totalmente infundado... Fue la policía, entonces se llamaba Policía Preventiva a la Policía Federal. A mí me dijeron directivos de la Policía Preventiva que esperaban un refuerzo de 2 000 elementos, 3 000 elementos del Ejército *que iban a ir como policías federales, digamos con el uniforme*, y nunca llegaron. Después de dos o tres intentos de que íbamos a armar la nueva Policía Federal, con soldados, marinos, *cuando me di cuenta de que no estaban cooperando,* en lugar de gastarme un año más en eso decidí que íbamos a rentar por nuestra cuenta a civiles [sic]. Lo aplicamos con toda confianza y reclutamos 36 000 nuevos policías en tres años, que fue una solución mucho mejor *que andar pidiendo elementos al Ejército.*

La derrota suele conllevar la necesidad de construir un relato que racionalice lo sucedido. "Sí, me pasó a mí", dice Calderón, "pero le pasó también a Peña Nieto y le pasará a López Obrador". "Yo no pude" —"no operaban, no llegaban"—, "pero es que nadie hubiera podido". Con la ventaja que proporciona observar un fenómeno en retrospectiva, el párrafo anterior resulta verdaderamente extraordinario. Conocemos el resultado final de esta tensión entre encargar a los militares las tareas de seguridad interior y simular que no se está haciendo. Así que buscar —y encontrar— las pistas que han conducido a la situación actual aporta valiosos matices a esta historia.

---

[22] Ver el relato de Fox sobre este incidente en la página 131.

Dice Calderón —y piensa uno que lo dice sin darse cuenta de lo que dice, o que lo dice sin darse cuenta de las implicaciones de lo que dice— que a él le explicaron directivos de la Policía Preventiva que para retomar el control de Oaxaca "esperaban un refuerzo de 2000 elementos, 3000 elementos del Ejército *que iban a ir como policías federales, digamos con el uniforme*". ¿Por qué iban a ir 3000 soldados a Oaxaca disfrazados de policías? ¿Y por qué nunca llegaron? ¿Y qué nos dice todo eso de la compleja relación entre los militares y el presidente?

Dice mucho. Lo sucedido en Oaxaca fue un incidente menor, que apenas ha dejado rastro en el memorial de traumas colectivos en México. Murió una persona en los enfrentamientos, y un periodista estadounidense fue asesinado, aún no se sabe con certeza por quién. Las fuerzas de seguridad del Estado intervinieron después de semanas de negociaciones, cuando éstas mostraron signos claros de agotamiento. Se detuvo a unos cuantos cabecillas, a quienes trasladaron a cárceles fuera de Oaxaca. Meses después, finalizado el conflicto, se les liberó. Pero del relato detallado de los hechos, reconstruido tras conversaciones con dos altos mandos con responsabilidades operativas en aquellos días en Oaxaca, emerge una instantánea sobre las dinámicas de los militares. Y su disposición, o no, a acatar órdenes. Una imagen más compleja —e inquietante— de lo que sugiere Calderón.

Efectivamente, existía un pacto de la Secretaría de Seguridad Pública con los militares. Se denominaba *fuerza prestada*. Una brigada del Ejército estaba adscrita, mediante un acuerdo formal, a la Policía Federal Preventiva (PFP). Tenía su entrenamiento militar habitual, pero también se preparaba para contener las protestas sociales. Sus efectivos acudían vestidos de gris (policía), no de verde (militar). Luego al Ejército se le pagaban todos los gastos operativos, "más un extra", según las fuentes consultadas. Los responsables del operativo querían llevarlo a cabo con elementos de la PFP y de los militares. Pero no con fuerzas locales. "Las policías locales y estatales son las más descontroladas, las menos preparadas y las que más connivencia tienen con los políticos y los delincuentes locales", me dijo un alto mando de Seguridad federal que intervino en aquel episodio. "Así se dan las tragedias". La lista de estas últimas resulta extensa en México.

En general, no sólo en aquellos días en Oaxaca, los militares no llevaban de buen grado mantenerse a las órdenes de alguien fuera de la escala jerárquica del Ejército. "Estaban muy descontentos con eso; se daba una instrucción, y entonces ellos contestaban que no tenían órdenes; y había que ir con los generales, y entonces los generales daban la orden y entonces sí cumplían". En Oaxaca se agotó la vía de negociación, la policía llevaba semanas controlando los disturbios, se les acabó el material, se decidió intervenir y, en efecto, como me había dicho Calderón, los efectivos nunca llegaron. El relato que, años después, me hizo un alto mando de Seguridad que estuvo allí, fue el siguiente:

> La policía estaba acuartelada y lista para entrar. Se agotó el gas lacrimógeno. Se agotaron los suministros. Y había 500 o 1 000 militares [no 3 000 o 4 000 como afirma Calderón] que no se quisieron poner de gris. Y se le pedía al Ejército que les diera la orden. Y no, no llegaron. El general secretario [es decir, el secretario o ministro de la Defensa] se hizo pendejo. El presidente [Fox, en aquel momento] le dijo, y el otro no quiso.

Éste es un momento clave. ¿El presidente da una orden y el ministro de Defensa se rehúsa a cumplirla? En otoño de 2023, un antiguo miembro del gobierno de Fox me dio algunas claves para comprender este instante: "El presidente igual le dijo al secretario de la Defensa. *Pero no le ordenó.* A Fox lo descomponían los temas de seguridad. Se descomponía y se negaba a hablar. No quería oír".

Quizá Fox le dijo al jefe del Ejército, pero no le *ordenó*. Porque le descomponían los temas de seguridad. O no ordenó porque sabía, o le hicieron saber, que la orden no era bien recibida. Ésa es la relación especial entre un presidente y su secretario de la Defensa. Y por eso es especial, porque hay que saber cuándo y qué ordenar. Y cuándo no hay que hacerlo. Entonces se limita uno a *pedir*. Y entonces puede que el general secretario atienda la petición del presidente. O puede que se haga pendejo, como sucedió en Oaxaca.

• • •

**EN UN INTERESANTE** resbalón subconsciente, Calderón da alguna pista cuando cuenta que contrató a miles de civiles tras los reiterados —y fallidos— intentos de que el Ejército nutriera de efectivos a su nueva Policía Federal, que debía nacer inmaculada. La misma Policía Federal que sería disuelta unos años después por la misma razón que su antecesora: falta de eficacia, acusaciones de abusos, fabricación de pruebas, fabricación de culpables, extendida corrupción y descrédito general. Dice Calderón: "Fue una solución mucho mejor *que andar pidiendo elementos al Ejército*". De nuevo, ¿por qué un presidente habría de andar pidiendo cosas al Ejército?

—Pero usted era el presidente.

—Pero presidente no es que bajes el *switch* [interruptor eléctrico] al Ejército.

—Por supuesto.

—Tienes que gobernar con sensatez, maximizar las decisiones y escogiendo tus propios desgastes. Por supuesto que no le podía decir al Ejército: "Los mandas inmediatamente o te estoy…". Déjalos en su ámbito.

¿Y cuál es ese ámbito? Los presidentes mexicanos han seguido de manera sistemática dos estrategias en público respecto a los militares: reconocer sus intereses ideológicos, individuales o corporativos por un lado, y un despliegue de "hábil paciencia"[23] por

---

[23] Roderic Ai Camp, *Mexico's Military on the Democratic Stage*, posición 262 (edición Kindle), 2005.

el otro. Calderón intentó reclutar militares para enviarlos a ser policías hasta que se cansó de que no le hicieran caso y desplegó la hábil paciencia providencial de los presidentes en México respecto a los militares.

Durante décadas, las sucesivas administraciones han basculado entre la necesidad de mostrar buenas cifras y resultados tangibles en asuntos de seguridad ciudadana (para lo que de forma creciente han recurrido al Ejército) y la preocupación por las críticas de que ello suponía la militarización del país. Finalmente, como se vio, los militares sí estaban dispuestos a cumplir las órdenes y participar en la guerra contra los narcotraficantes, como se demostró con Calderón, Peña Nieto y López Obrador. Pero no como "fuerza prestada" bajo el mando de la Policía Preventiva de Fox o de cualquier otra. No como policías disfrazados con uniforme gris, sino de verde, como militares. Con sus propias reglas. Y su propia justicia. Calderón fue el presidente bajo cuyo mandato los militares comenzaron a operar de forma masiva en la lucha contra el narcotráfico. La dinámica continuó con el presidente Enrique Peña Nieto (2012-2018) con el mismo correlato de ineficacia, abusos y violaciones de los derechos humanos. El presidente Andrés Manuel López Obrador criticó esta situación en numerosas ocasiones durante la campaña electoral que le llevó al poder. Prometió acabar con ella, devolver a los militares a sus cuarteles y poner punto final a su participación en tareas de seguridad pública.

No lo hizo. No sólo no lo hizo, sino que creó la Guardia Nacional en 2019 para sustituir a la Policía Federal (desacreditada, ineficaz e infiltrada por los delincuentes), creada a su vez unos años antes para sustituir a la Policía Preventiva (desacreditada, ineficaz e infiltrada por los delincuentes). En la práctica, la Guardia Nacional nació ya como un cuerpo militar *de facto*: el 80% de sus más de 100 000 efectivos provenía del Ejército y la Marina. Una serie de reformas legales de menor rango en 2022 la hizo depender directamente de la Secretaría de la Defensa, a cuyo cargo hay siempre un general, en lugar de la Secretaría de Seguridad, con un civil al mando. Al año siguiente, la Suprema Corte tumbó esas medidas.

Las hazañas de la policía no les van a la zaga a los militares en estas últimas décadas. Un desglose somero —la simple enumeración— resulta escasamente edificante. El presidente Ernesto Zedillo (1994-2000) organizó la Policía Preventiva, que recogió numerosos elementos de decenas de corporaciones policiales locales y estatales (algunas de ellas disueltas en su totalidad por corrupción o colaboración con bandas criminales).[24]

Fox añadió la Agencia Federal de Investigaciones (AFI), encargada de los asuntos más graves, y puso al frente a Genaro García Luna. Éste cimentó su prestigio fabricando culpables. A veces incluso fabricando los casos para fabricar luego a los culpables. O torturando para que falsos culpables se declararan verdaderos culpables y, en general, degradando el oficio, la honestidad y la moral de la policía a niveles difíciles de imaginar en Occidente.

Calderón disolvió la Policía Preventiva, sumida en una crisis de credibilidad apenas unos años después de su creación y la sustituyó por la Policía Federal. "A la Policía Federal se le llamaba entonces [en 2006, cuando él tomó posesión] Policía Preventiva", dice Calderón en una de las elipsis narrativas más logradas de la historia. Pero nombró a Genaro García Luna al frente de la recién creada Secretaría de Seguridad. Puso, en teoría, a un civil al frente de la seguridad nacional. Pero involucró al Ejército de forma masiva en la misma tarea.

---

[24] No era la primera vez que eso sucedía, según cuentan Rubén Aguilar y Jorge G. Castañeda: "[El presidente Miguel] De la Madrid y Manuel Bartlett, secretario de Gobernación en aquel sexenio [1982-1988] no disolvieron la DFS [la temida Dirección Federal de Seguridad] por violar derechos humanos, sino por estar infiltrada e infestada de narcos". Rubén Aguilar y Jorge G. Castañeda, *El narco: la guerra fallida*. México, Punto de Lectura, p. 57, 2009.

Peña Nieto no hizo nada. Para ser más precisos: gesticuló un poco, pronunció algunos discursos y cambió algunas siglas. Pero, en lo fundamental, dejó las cosas igual, o sea, mal. Es decir, todo fue a peor. No mejoraron los niveles de seguridad. El poderío de las principales bandas criminales permaneció intacto. No disminuyeron los negocios ilícitos ni las tasas de homicidio. No se apreciaron estrategias distintas contra las organizaciones delictivas. El resultado fue peor que el del gobierno que criticaron.[25]

Andrés Manuel López Obrador reemplazó a la Policía Federal, de nuevo completamente desacreditada por sus actuaciones —situación a la que Genaro García Luna, su equipo y sus sucesores habían contribuido de forma notable—, por la Guardia Nacional. Luego puso ésta al mando de los militares.[26] Fue el final de un trayecto que había comenzado al menos 13 años antes, con los soldados *disfrazados de policías* que nunca llegaron a Oaxaca porque el general-secretario se hizo pendejo.

---

[25] Luis Astorga, *¿Sin un solo disparo? Inseguridad y delincuencia organizada en el gobierno de Enrique Peña*, Universidad Nacional Autónoma de México/Instituto de Investigaciones Sociales, México, p. 323, 2023.

[26] El partido del por entonces todavía presidente, Andrés Manuel López Obrador, junto con sus aliados parlamentarios, aprobó el jueves 20 de septiembre de 2024 una reforma constitucional para convertir a la Guardia Nacional en una nueva fuerza armada, al nivel del Ejército o la Marina. Se encargará de la seguridad interior y al frente habrá un general de división. La oposición política advirtió de que el paso supone la militarización irreversible de las tareas de seguridad nacional en México.

# 11

## SÓLO LO SABEN LOS CRIMINALES

**EL SOMBRÍO RECOPILATORIO** anterior resulta imposible de explicar, o resulta imposible de entender, sin la cooperación necesaria de la justicia, por acción y por omisión, especialmente frente a los abusos de policías y militares. Dos casos, ambos en México —aunque existen, en abundancia, en todo el continente—, proporcionan una filigrana distorsionada, absurda y angustiosa de lo que debería ser —pero no es— un sistema judicial. En México. Pero también en la mayoría de los países de la región. Un remedo acerbo de justicia con el que millones de personas, mayormente de las clases desfavorecidas en toda América Latina, se tienen que conformar; ante el que tienen que llorar sus muertos; desgastarse en su lucha contra los poderosos; y frente al que acaban por agachar la cabeza, derrotadas por la ineptitud, la corrupción y la podredumbre de juzgados, fiscales y policías. En 2012, las autoridades estimaron que, durante el sexenio anterior, sólo se castigaba uno de cada 100 delitos.[1]

El caso Florence Cassez es quizás el más conocido en el ámbito internacional, debido al conflicto diplomático que provocó entre México y Francia durante las presidencias de Felipe Cal-

---

[1] Luis Astorga, *¿Sin un solo disparo? Inseguridad y delincuencia organizada en el gobierno de Enrique Peña*, Universidad Nacional Autónoma de México/Instituto de Investigaciones Sociales. México, p. 82, 2023.

derón y Nicolas Sarkozy. El caso Ayotzinapa arrancó con la desaparición y más que probable asesinato de 43 jóvenes durante la presidencia de Enrique Peña Nieto. Y ha derivado en el que posiblemente sea el desgarro social más doloroso de las últimas décadas en México. Ambos revelan con excepcional crudeza la farsa de la justicia en el país norteamericano, ilustran la subversión de sus mecanismos y, por extensión, arrojan luz sobre otras muchas naciones de la región.

Florence Cassez, una ciudadana francesa y su entonces pareja, el mexicano Israel Vallarta, fueron detenidos en 2005 y acusados de secuestro. En aquel momento, la sociedad mexicana vivía con miedo y rabia la prevalencia de este delito, así como las elevadas tasas de impunidad que las autoridades policiales —desbordadas, incapaces y, en ocasiones, especialmente en las jerarquías más bajas, cómplices de las bandas a las que dicen combatir— trataban en vano de reducir.

En ese clima, el arresto de Cassez y Vallarta y la amplia difusión de sus supuestos crímenes y tropelías significó un gran éxito mediático para sus artífices. El primero de ellos era Genaro García Luna, en aquel momento al frente de la Agencia Federal de Investigación (AFI), la entidad creada por el gobierno de Vicente Fox con la intención de profesionalizar y dotar de estándares internacionales a la policía. La AFI había sustituido a la Policía Judicial Federal, ampliamente considerada tan ineficiente como corrupta.

El primer desgarro en el relato oficial del caso Cassez sucedió a los pocos días del supuesto arresto y hubiese hecho saltar todas las alarmas en cualquier país democrático con autoridades normales, o con autoridades simplemente decentes. Se descubrió —por televisión y en directo— que la detención se había producido en realidad un día antes. Ambos habían sido trasladados al supuesto lugar de los hechos por los propios policías, quienes les habían abierto *desde dentro* las puertas a los reporteros y camarógrafos que transmitieron la operación de rescate de los rehenes, así como la captura de sus supuestos raptores, en horario de máxima audiencia, también en vivo y en directo. A Cassez se le había denegado la asistencia consular, a la que tenía derecho por ser extranjera. Y ambos habían sido golpeados y obligados a confesar delitos que, sostenían, ellos no habían cometido.

Aunque Cassez y Vallarta fueron arrestados en las postrimerías de la presidencia de Vicente Fox, el caso y sus consecuencias se desplegaron sobre todo a lo largo de la de Felipe Calderón (2006-2012). Con la ventaja de escribir en retrospectiva, de conocer numerosos detalles del montaje, de saber de otros textos periodísticos y, sobre todo, de la lectura del magnífico y detallado libro del escritor mexicano Jorge Volpi sobre el caso, *Una novela criminal*,[2] se puede afirmar lo siguiente de forma indubitada: que todo el asunto fue un montaje; que los acusados fueron golpeados y torturados; que a medida que el caso se debilitaba las autoridades policiales inventaban nuevos delitos y acumulaban falsas acusaciones, todas ellas fabricadas en su integridad; que el director de la AFI en aquel momento (luego secretario de Seguridad Pública con Calderón), Genaro García Luna, está en prisión en Estados Unidos por colaboración con el narco y otros delitos (sin relación con el caso Cassez-Vallarta); y que su mano derecha, Luis Cárdenas Palomino, se halla en una cárcel en México acusado de ordenar y participar en las torturas durante las supuestas investigaciones del caso Cassez-Vallarta.

Muchas de las irregularidades, sospechas de comportamiento a veces irregular, a veces ilegal, siempre escandaloso de los agentes policiales en este asunto se pusieron de manifiesto a lo largo del contencioso diplomático que éste ocasionó entre Francia y México. Nicolas Sarkozy exigió el traslado a Francia de Cassez para cumplir allí lo que le quedaba de pena. Calderón se negó aduciendo que la petición del presidente francés suponía una injerencia inadmisible en la soberanía mexicana; que la policía era profesional y perfectamente capaz de sostener las acusaciones con

---

[2] Jorge Volpi, *Una novela criminal*, Alfaguara, Madrid, 2018.

pruebas sólidas; que la justicia mexicana había dictado sentencia ajustándose a la ley y a esas pruebas sólidas aportadas por esos policías profesionales e intachables. Su obligación, concluyó solemne el presidente, era respetar el imperio de la ley en México.

Con posterioridad, ya durante la presidencia de Enrique Peña Nieto, que sucedió a Calderón en 2012, el caso llegó a la Suprema Corte de Justicia de México. Los abogados de Cassez se centraron en que todo el proceso era inválido puesto que al ser detenida se le había negado la asistencia consular. Tras múltiples deliberaciones, dos votaciones y un galimatías judicial en la Suprema Corte que excede de sobra el alcance de este libro —unos jueces estaban a favor de rechazar la petición, otros de aceptarla, otros de aceptar que Cassez tenía razón pero no a favor de que quedara libre—, la francesa fue liberada y volvió a Francia en 2013. Israel Vallarta sigue en prisión mientras redacto estas líneas. Y el caso ha quedado como epítome de todos los males del sistema judicial y policial en México. El gran montaje del siglo, trufado de incompetencia, mala fe, corrupción, pruebas falsas, ausencia de mecanismos de control e hipocresía de la mayoría ante la negra parodia de justicia, a la que los ciudadanos de a pie se han de enfrentar bien entrado el siglo XXI en México.

Escribe Jorge Volpi al comienzo de *Una novela criminal*: "Por mi parte, inicio este relato, mi propia investigación literaria del caso, como debieron hacerlo la policía y las autoridades judiciales en su momento: con la presunción de que Israel Vallarta y Florence Cassez son inocentes mientras no se demuestre lo contrario". Dos presidencias y demasiados años después de la detención de ambos, a los que debe uno sumar innumerables evidencias de la falsedad de las acusaciones y las violaciones del procedimiento, el anterior presidente mexicano, Andrés Manuel López Obrador, preguntado por qué Vallarta seguía en prisión, contestó lo contrario que Volpi. Contestó lo contrario que casi cualquier ciudadano contestaría en Occidente al menos desde la Ilustración. Contestó un disparate legal y moral:

—Vamos a investigar a ver si hay pruebas que demuestren que es inocente. Y entonces saldrá de prisión.

Aparece este comentario de López Obrador casi al final del documental de Netflix basado en la obra de Volpi, y coproducido por él. Y viéndolo —quizá por tercera o cuarta vez— me doy cuenta de que también ahí aparece el último comentario de Sarkozy filmado por el equipo del documental, o el último comentario suyo que aparece en el documental porque sus editores así lo han considerado apropiado.

Se trata de la razón por la que este episodio aparece en este relato. El caso Cassez-Vallarta amerita por sí solo un libro (como el de Volpi). Amerita también figurar en todos los estudios sobre las fallas de los sistemas policiales y judiciales en América Latina. Pero lo hago venir aquí, principalmente, por unas palabras que Sarkozy pronuncia con semblante muy serio, con lentitud, como sopesando la gravedad de lo que está diciendo, mirando a cámara de forma un tanto enigmática, o de forma que a mí me parece un tanto enigmática, después de que muchos minutos de metraje hayan mostrado el empecinamiento y la cerrazón del presidente Calderón en llegar a cualquier acuerdo con Francia, legal y posible, para que Florence Cassez cumpla su condena en una cárcel francesa. Dice Sarkozy:

—En este caso, García Luna tenía el poder de doblegar al presidente Calderón.

¿Por qué dice un expresidente de Francia que, en ese asunto, García Luna tenía el poder de doblegar al presidente Calderón? ¿Qué sabe Sarkozy que los ciudadanos mexicanos no conocen (aunque quizá muchos lo intuyan)? La ausencia de respuestas a estas preguntas, y la precisión con la que Sarkozy contesta le lleva a uno a concluir que el mandatario francés ha dicho exactamente lo que quería decir. Ha sembrado sospechas sobre Calderón. Pero no va a contar todo lo que sabe por razones de Estado, por lo que él cree quizá que son razones de Estado, por no desvelar que lo que sabe lo sabe quizá gracias a sus servicios de información, o por puro cálculo político. Así que, en ausencia de respuestas, digo, resulta legítimo formular más preguntas. Y algunas objeciones.

La primera, como resulta natural, es que Sarkozy mienta. Ahora bien, ¿por qué habría de hacerlo? Cuando se está filmando el documental, la batalla entre el presidente francés y el mexicano ya se ha resuelto. Ha sido larga y agria. Probablemente sucia. Se suspendieron las celebraciones del Año de México en Francia, una catástrofe diplomática y cultural de primera magnitud. Cada paso y cada declaración traslucían una tensión entre ambos hombres que excedía a sus cargos, a la institución, para adentrarse en lo personal.

Pero Sarkozy ha ganado. Francia ha ganado. Florence Cassez ha vuelto a su país. Libre. La popularidad que pudiera haber tenido el presidente mexicano cuando ejercía el poder se encuentra en acelerado declive por los miles de muertos, desaparecidos, torturados o decapitados que ha dejado la guerra contra las bandas criminales. A García Luna, artífice primero del montaje contra Cassez y Vallarta y secretario (ministro) de Seguridad Pública con Calderón después, le rondaron las sospechas de corrupción y de colaboración con el narco, lo cual derivó en que haya sido arrestado en Estados Unidos, juzgado y condenado.

Sarkozy, como resulta ampliamente conocido, tiene un carácter complicado. Es orgulloso, tenaz, con un punto de soberbia intelectual que en numerosas ocasiones le ha llevado a conflictos innecesarios, o que los observadores externos, los periódicos y algunos de sus colaboradores han considerado innecesarios, así como una inclinación a alargar los enfrentamientos más allá de lo razonable. Pero también muestra firmeza en sus convicciones, cuya exposición pública recubre de una cierta pátina moral, en especial cuando se refiere a los fundamentos de una sociedad democrática, lo que en Francia se denomina *los valores republicanos*.

México y Francia se han jugado mucho en esa bronca pelea que han mantenido Sarkozy y Calderón por Florence Cassez. Ha habido informes jurídicos, reuniones, sugerencias que han circulado por los canales diplomáticos y por fuera de ellos. Francia y su presidente no habrán querido involucrarse a fondo sin estar completamente seguros de que su caso es sólido. Y, con mucha probabilidad, se habrán recabado también datos de los servicios de información para conocer, si no con certeza, al menos con un cierto grado de precisión, las posiciones del adversario más allá de sus declaraciones públicas, anticipar sus movimientos, conocer sus límites, saber quién tiene la capacidad de mover un papel, aceptar una sugerencia, realizar una apertura. Y al contrario: quién está en condiciones de bloquear todo ese esfuerzo. García Luna es el principal interesado en que nada se resuelva ni nada se aclare porque él es quien ha organizado el montaje. Sabe que la acusación es una falsedad. Sabe que se han torturado testigos para que confiesen esa acusación, que en sí misma es una fabricación suya.

Sarkozy también sabe cosas. Sabe lo anterior, por supuesto. Pero no resulta improbable que en alguno de los informes que ha debido leer a lo largo de tantos meses de batalla diplomática entre Francia y México se haya deslizado la afirmación, o la insinuación a partir de ciertos datos, ciertas observaciones o algunas averiguaciones discretas, de que la posición de Calderón es más difícil de la que nadie admite; que la discusión sobre el caso Cassez rebasa los argumentos legales y diplomáticos; y que la cerrada negativa del presidente mexicano a un acuerdo responde a otros parámetros.

Por ello, el mandatario francés sabe algo grave o cree saber algo grave. Que García Luna chantajea al presidente. O que le amenaza con dimitir y causarle un grave problema político con esa dimisión. O que García Luna tiene el poder de engañar al presidente. Por eso resulta tan inquietante Sarkozy cuando dice, sopesando la gravedad de cada palabra, mirando a la cámara, consciente de que la cámara le está mirando a él con la misma fascinación: "En este caso, García Luna tenía el poder de doblegar al presidente Calderón".

Desde que lo nombró secretario, Calderón ha confiado la seguridad pública de México a García Luna. Pero también se ha puesto en sus manos. Su futuro político dependerá desde ese momento del éxito o del fracaso de García Luna. Quizá también su futuro a secas. A medida que el baño de sangre en México se desborda, la capacidad de maniobra de Calderón respecto a su secretario de Seguridad se estrecha. En cada declaración pública sobre el caso Cassez, el presidente mexicano insiste en que la instrucción está bien hecha, que la justicia ha hecho su trabajo, que Florence Cassez e Israel Vallarta son culpables. Eso es lo que le dicen García Luna, los informes legales y el relato del asunto que éste le ofrece. Es el relato del Estado, sus policías, sus jueces, sus aparatos. La capacidad de todos ellos de fabricar ficciones resulta estremecedora.

¿Por qué debería Calderón haber dejado de creer a García Luna, a sus policías, a sus jueces, a sus servicios de inteligencia en este asunto? La misma pregunta aplica también a la larga y sangrienta guerra contra el narco. ¿Por qué creer a los periódicos y no a su secretario de Seguridad? ¿Cuán difícil resulta eso para un presidente? Mucho. Gaviria me lo dijo de forma rotunda: todo lo que contaba Héctor Abad en su libro era verdad. Pero él no lo creyó porque todo el mundo le decía que eran mentiras. Para un presidente, *todo el mundo* suelen ser 10 o 12 personas.

• • •

**¿QUÉ PODÍA HABER HECHO** Calderón? Mucho, también. Para cualquiera que quisiera ver, el caso se había derrumbado pocos días después de las detenciones cuando la propia Florence Cassez entró en directo desde la cárcel en el programa de televisión de Denise Maerker. A partir de lo que se supo aquel día, resultaba ya imposible en buen derecho construir caso alguno. Calderón, en cambio, podía no haber nombrado secretario de Seguridad a García Luna. Cuando Cassez y Vallarta fueron detenidos, él era sólo director de la Agencia Federal de Investigación, la Secretaría de Seguridad Pública no existía todavía y Calderón aún no era presidente.

Pero le nombró. Y sobre la mesa quedan dos alternativas: o fue negligencia criminal o fue directamente criminalidad. Le nombró y le mantuvo en el cargo pese al río de evidencias que fue emergiendo a lo largo de los años. Calderón lo sostuvo, le siguió en sus estrategias y le apoyó en sus planteamientos. Y si le consintió en el caso Cassez, donde la verdad estaba tan al alcance de la mano, ¿cómo no le había de seguir en asuntos de seguridad pública y lucha contra el narcotráfico, más espinosos, más turbios y en los que la información, tan cambiante como poco fiable, desempeña un papel tan central? De nuevo, ¿cuán rehén es un presidente de estas estructuras? ¿Hay manera de salirse? ¿Cómo volver atrás?

· · ·

**EN UN MOMENTO** del documental sobre el libro de Volpi se muestra a Calderón pronunciando un discurso ante lo que parece un grupo de funcionarios del gobierno mexicano. El presidente, en la tribuna, delante de un micrófono, en mangas de camisa, en referencia a su negativa a liberar a Florence Cassez, dice:

—Aquí el que la hace, la paga.

Entre el grupo de personas que le escucha —y le aplaude, claro— se ve a García Luna. La cámara muestra que también va en mangas de camisa, debe de hacer calor. La suya es azul. La del mandatario, blanca.

Es poco probable que en ese momento García Luna piense que, pocos meses después, Florence Cassez estará en Francia, libre. Y que, al cabo del tiempo, él acabará encerrado en una cárcel de Estados Unidos. Según las declaraciones de los testigos —y que el jurado que le condenó dio por buenas—, en aquel preciso momento García Luna ya andaba ayudando a capos del narcotráfico en México.

La cámara vuelve a enfocar a Calderón, quien prosigue con su discurso. Resulta también muy poco probable que el presidente piense entonces que esa admonición suya, manida, acartonada, de que en México quien la hace la paga, algo que todo el mundo, él también, sabe perfectamente que es falso, vaya a recaer sobre su secretario de Seguridad. Menos aún que esa frase vacía vaya a volver para arruinar su futuro político, el suyo, de Calderón. Quizá su futuro a secas. En México, el que la hace la paga, dice el presidente. Él no lo cree, por supuesto. Pero igual hasta va a ser verdad.

•••

**EL OTRO ASUNTO** que encarna la pesadilla disfuncional de los sistemas judiciales y policiales en América Latina es el caso Ayotzinapa, quizás el más traumático en la historia reciente de México y de toda América Latina. Desde que aconteciera, hace 10 años, y pese a las sucesivas investigaciones —o tal vez por eso mismo— lo único que se sabe con certeza, resulta duro escribirlo, es la fecha de la tragedia: 26 de septiembre de 2014.

Ese día, un nutrido grupo de estudiantes en una escuela normal en Ayotzinapa se desplazó a Iguala, la ciudad más cercana en el estado de Guerrero, uno de los más pobres y violentos en México. Llevaban la intención de robar unos autobuses para acudir a una manifestación política en Ciudad de México. En una escuela normal se forman a alumnos con el título de bachillerato para que puedan ejercer de maestros. Como el viaje a Iguala —y luego a Ciudad de México— se hacía todos los años con los mismos métodos, cabe entender que la empresa de autobuses ya daba por descontado el asunto y prefería mirar a otro lado que tener conflictos. Nunca se habían registrado actos violentos. Ese día fue diferente.

En lugar de llevarse los autobuses sin problema alguno, los estudiantes se encontraron con que uno o varios grupos armados desataron una violenta cacería sin reparar en los costes. Al final de la noche hubo heridos, seis muertos y 43 jóvenes desaparecidos.

A partir de aquí todo son hipótesis. Unas más plausibles que otras, pero hipótesis. Hasta hoy, el Estado mexicano —su justicia, sus policías, sus fiscales— ha sido incapaz de establecer con precisión y seguridad qué sucedió aquella noche, por qué sucedió lo que sucedió, y quién o quiénes fueron los responsables —y los colaboradores necesarios— de lo que sucedió.

Enrique Peña Nieto era el presidente de México cuando acontecieron los hechos. Por la elevada cifra de jóvenes desaparecidos —presuntamente asesinados— y el clamor, la constancia en las protestas de los familiares, y el horror que sobrecogió al país, el asunto pasó a ser de interés nacional, y fue el fiscal general de la República quien asumió el caso en detrimento de las autoridades estatales. Se llamaba Jesús Murillo Karam. Sin decirlo de forma explícita, se dio a entender que la decisión buscaba investigar a fondo los hechos. Hacerlo con más medios. Y, sobre todo, desde fuera del estado de Guerrero, donde los fiscales podían verse sometidos a las presiones y los intereses de policías locales, estatales, narcotraficantes o militares. Todos ellos, como luego se verá, implicados en grado distinto con lo ocurrido aquella noche. No lo consiguieron. Tampoco escapar a las presiones, ni aclarar los hechos. A eso que contribuyó de forma notable la proverbial torpeza de los investigadores y de sus jefes. Ya se había visto en el caso Cassez-Vallarta. Y en tantos otros. No se necesita ser miembro de algún grupo activista para denunciarlo. Es de conocimiento universal. "La procuraduría en México, lo que ellos llaman procurador,[3] es lo más ineficiente e incapaz e

---

[3] Desde 2018, el procurador se llama fiscal general. La reforma legal buscaba, supuestamente, crear un organismo, la Fiscalía General de la República (FGR), con mayor autonomía operativa y total independencia del Poder Ejecutivo. Juristas, académicos y la mayoría de observadores independientes coincidieron en que eso no iba a suceder. Y no sucedió. Elías Camhaji, "México aprueba una Fiscalía General sin plena autonomía del presidente", *El País*, 12 de diciembre de 2018, en https://elpais.com/internacional/2018/12/11/mexico/1544551932_888333.html.

impotente; un funcionario sin ninguna autoridad", me dijo el presidente César Gaviria.

Tras unos meses de supuesta investigación —y manipulación de pruebas, como se supo después—, la versión oficial de la fiscalía fue que un grupo criminal había secuestrado y asesinado a los estudiantes para luego incinerarlos y hacer desaparecer los restos. Este relato se cuarteaba ante sus propias contradicciones, las evidencias de tortura para lograr las "confesiones" de los culpables y los descubrimientos de los grupos defensores de los derechos humanos que de forma independiente habían investigado el caso. El fiscal, Jesús Murillo Karam, pese a todo, bautizó este relato como la "verdad histórica". Era también, de forma clara y patente, una gran mentira.

• • •

**UNA MAÑANA FRESCA** de otoño de 2018, Murillo Karam me invitó a desayunar en su casa. La vivienda me impresionó —sobre todo si uno repara en que su propietario había sido un servidor público toda su carrera profesional—, pero no me sorprendió. Siempre pensé que alguna editorial de afamados y suntuosos volúmenes sobre los asuntos más dispares, con su papel de alta calidad y su fotografía afinada a la vez para el detalle y el impacto del conjunto, debería publicar uno titulado *Casas de políticos*. Su contribución a la discusión pública sobre desigualdad o sobre corrupción superaría en mucho a la de numerosos estudios universitarios, tesis doctorales o artículos de prensa.

La de Murillo Karam era una vivienda lujosa en una de las mejores zonas residenciales de Ciudad de México. Franqueada la cancela de entrada, guardias de seguridad me acompañaron al interior, un espacio abierto en varios niveles, con una escalera de madera noble que conducía a un piso superior. Éste se abría, a su vez, a una terraza donde desayunamos, rodeados de vegetación y bañados en la luz suave que se filtraba por el follaje. Se sirvió un típico almuerzo mexicano, pan dulce y fruta tropical en abundancia, café o té en servicio de plata y luego una orden de huevos al gusto, que el numeroso servicio ejecutó y sirvió con la profesionalidad de un hotel de cinco estrellas. Murillo Karam apenas probó su comida.

El exfiscal me contó que andaba muy preocupado. López Obrador había prometido durante su campaña electoral, que culminó con un triunfo inapelable unos meses antes, resolver el caso Ayotzinapa. Ahora que era presidente, con todos los resortes del aparato policial aparentemente a su disposición, Murillo temía convertirse en la cabeza de turco de una tragedia cuya falta de resolución seguía atormentando a México. Se mostró convencido de que la nueva fiscalía desmontaría su investigación —denominar *investigación* a lo que él y su equipo habían hecho desafiaba al mismo tiempo a la imaginación, al sentido común y a la decencia—; echaría por tierra su versión y le culparía a él de poner trabas y eventualmente impedir la instrucción del caso.

Se reafirmó en su versión. La llamada "verdad histórica" consistía en un relato torrencial, cuajado de detalles sin orden ni concierto ni coherencia alguna. Me habló de su apego a la ley, divagó sobre los inicios de su carrera como subprocurador de Justicia en Hidalgo, su estado natal —obviando que entre aquel momento y en el que fue nombrado fiscal general se desempeñó como diputado federal, senador, gobernador de Hidalgo y, tras salir de la fiscalía, secretario (ministro) de Desarrollo Agrario— y concluyó explicando que el derecho había sido su pasión desde joven: "Lo más importante en mi vida", afirmó.

Acabado el desayuno, me pidió que le acompañara a una sala de proyección, donde quería mostrarme videos y documentos que, según él, probaban su relato sobre lo sucedido en Ayotzinapa. Nos dirigimos a la escalera. Desde esa perspectiva, se podía observar que la sala a la que me llevaba estaba por debajo del nivel de la entrada principal y, desde donde nos encontrábamos nosotros, dos alturas más arriba, se podía admirar con más claridad el magnífico volumen y las generosas proporciones de la vivienda. Al menos de la parte de la vivienda al alcance de lo que yo podía ver.

—Felicitaciones, tiene usted una casa extraordinaria —le dije.

—Muchas gracias. En mi tiempo libre me dedico también a la construcción de casas, que luego vendo. Ésta quedó especialmente bonita, a mi esposa le gustó y decidimos quedárnosla en lugar de venderla.

La sala de proyecciones no desdecía del conjunto: madera, acolchados, piel y un tamaño que no se compadecía con el de una vivienda particular. Dos individuos, que nos habían acompañado desde el desayuno, cuyo papel —¿seguridad, ayudantes, antiguos subordinados?— no quedaba claro, se encargaron de cumplir sus indicaciones: "abran esa carpeta", "pongan ese video", "busquen ese otro documento". Todo iba apareciendo y desapareciendo a gran velocidad en la pantalla gigante ante los butacones gigantes en la sala gigante en la que estábamos sentados.

Resultaba imposible o muy difícil seguir el hilo de sus explicaciones. Excepto en un detalle. La mayoría de las personas que aparecían en los videos cuyos breves fragmentos se proyectaban —siempre confesando su culpabilidad, dando detalles de su proceder— mostraban claras señales de haber sido torturadas. Yo llevaba unos meses de vuelta en México, le dije, no conocía a fondo los entresijos del asunto —al contrario que varios compañeros en la Redacción que lo habían cubierto desde el principio—, así que por qué no me entregaba todo ese material para que ellos pudieran examinarlo con detalle. Giró la cabeza y ordenó:

—Cópienle todo al licenciado en un *pendrive*, por favor.

Nunca pasó por mi imaginación que de todo ese material (carpetas y carpetas repletas de videos, grabaciones, declaraciones, informes periciales y otros documentos) se pudiera deducir nada distinto de lo que Murillo, su fiscalía y la administración de Peña Nieto habían defendido siempre, y cuya veracidad hacía tiempo que había quedado en entredicho. Pero recordé el caso

Cassez-Vallarta, la ineptitud de los cuerpos policiales, la desmaña de sus supuestos informes técnicos y por un momento no quise descartar que entre toda aquella documentación se pudieran encontrar elementos que arrojasen otra luz sobre el asunto, como efecto colateral, accidente o descuido, sin que ésa fuera la intención de Murillo, naturalmente.

Cuando llegué a la Redacción llamé a mi despacho a Javier Lafuente, en aquel momento corresponsal para México, luego subdirector de la edición América de *El País*, y a Pablo Ferri, quien se había especializado en temas de violencia y abusos policiales o militares. Ferri seguía y conocía al dedillo las andanzas de Murillo Karam desde hacía años. Puse el *pendrive* encima de la mesa y de forma algo teatral, sobre todo para lo que se vio después, anuncié: "El caso Ayotzinapa". Examinado el artefacto, se vio después que no contenía más que un par de videos, muy breves, que además ya eran públicos y se podían ver en YouTube. Nada más. Nada de lo que me habían mostrado, intentando hilar un discurso que a todas luces no se sostenía, se encontraba en aquel lápiz digital. Nunca supe si se trató de un error de los ayudantes de Murillo al copiar la información o más bien una denegación de ésta, para cumplir formalmente sin ofender. En cualquier caso, no insistí con Murillo. El mensaje que quería trasladar estaba claro: él había hecho una buena investigación. Los resultados constituían la "verdad histórica" de lo sucedido en Ayotzinapa. Había que creerle, pero sin examinarle.

Bien pronto, la premonición del antiguo fiscal se reveló fundada. *Premonición*, en este caso, es otra denominación de algo inasible y precioso: el conocimiento exacto de cómo funciona el sistema. El 19 de agosto de 2022, agentes de la Fiscalía —de la misma fiscalía de la que él había sido responsable— detuvieron al propio Jesús Murillo Karam bajo la acusación de desaparición forzada, torturas y obstrucción a la justicia en el caso Ayotzinapa. También se emitieron órdenes de detención contra 20 mandos militares y personal de tropa de Iguala; varios cargos administrativos y judiciales del estado de Guerrero; una treintena de policías locales; 11 policías estatales y 14 miembros de un grupo criminal conocido como los Guerreros Unidos. Todo ello apuntaba a que la masacre no fue obra, o no fue obra de forma exclusiva, de una banda criminal a la que se le fue la mano —la versión oficial de Murillo Karam— por encargo de un alcalde de la zona para evitar que los estudiantes participaran en unas protestas locales.

El giro de la fiscalía apuntaba ahora a lo que muchos observadores independientes venían sugiriendo desde hacía mucho tiempo. Los muertos y desaparecidos aquella noche lo fueron a manos de una siniestra asociación de autoridades locales, grupos criminales ligados al tráfico de drogas y otros delitos, policías y militares. El detonante de todo parecía ahora ser otro: uno o varios de los autobuses que los estudiantes se robaron contenían un cargamento de droga con destino a Estados Unidos. Y alguien dio la orden fatídica. Había que recuperarlo a como diera lugar. Pero tampoco sobre esto había pruebas, ni han aparecido hasta el momento. Por separado, la fiscalía también investigaba a Murillo por contratos supuestamente irregulares con empresas de familiares suyos. En los años que pasó al frente de la Procuraduría, estas compañías recibieron contratos por más de 300 millones de dólares. Naturalmente, todo esto tiene un valor relativo. Quizá sea así, quizá no. El caso contra Murillo posee, de momento, la misma credibilidad que el caso que Murillo montó sobre los crímenes de Ayotzinapa. La fiscalía es la misma, los investigadores también y los métodos no han cambiado. Lo que ha cambiado es quién da las órdenes.

La incapacidad para investigar un crimen se compone, en proporción variable, de voluntad de engañar y de ineptitud (falta de medios técnicos, de capacitación, de metodología, carencia de personal). De intención de no llegar a la verdad. Para taparla, para proteger a ciertas autoridades, para proteger a los delincuentes, para proteger a los militares, para protegerse uno a sí mismo, para mantenerse en el juego. En definitiva, para servir a la espesa red de intereses inconfesables en la que desde siempre han confluido los poderosos en México, en Colombia, en tantos países. Especialmente en zonas como Guerrero, pobres, con instituciones policiales y judiciales cooptadas por el crimen y donde, ante la ausencia del Estado, a veces resulta difícil distinguir entre las autoridades legítimas y las bandas de criminales. A veces, son los mismos: por las mañanas son autoridad y por las tardes, delincuencia organizada. Murillo Karam comprendía todo esto a la perfección.

• • •

**HASTA AQUÍ LOS HECHOS**, o más bien la falta de hechos, o la falta de hechos probados. A efectos del relato de este libro, sin embargo, resulta también importante fijarse en otro asunto. Sólo hay dos cosas incontrovertibles en el caso Ayotzinapa: el día que sucedió y la incapacidad, la impotencia más bien, del presidente Enrique Peña Nieto para hacer cumplir la ley en un asunto que, junto con la corrupción durante su mandato, iba a manchar de forma indeleble su presidencia y comprometer su lugar en la historia de México.

Los más críticos pueden argumentar, no sin razones legítimas, que Peña Nieto, como presidente en ejercicio, fue cómplice de los hechos, o al menos colaborador necesario. Y que, por tanto, no tenía interés alguno en que se resolviera el caso. Entiéndase bien, que se resolviera el caso con los verdaderos culpables sentados en el banquillo. No sé si Peña Nieto tuvo interés o no en que se resolvieran los crímenes. Ni si hay manera alguna de averiguarlo mientras no aparezcan nuevas evidencias. Pero lo que no tuvo, en todo caso, fue la capacidad —el poder— de hacer que se resolviera. Aunque hubiera querido, asunto del que legítimamente se puede dudar.

Más aún: resulta razonable suponer que, si sus fuentes de información, como no podía ser de otra manera, eran el fiscal y el secretario de la Defensa —sin contar la conocida falta de afición de Peña en entrar en detalles de asuntos complejos—, el presidente supiera del caso Ayotzinapa menos que cualquier reportero que estuviera siguiendo el tema sobre el terreno. Pero, ¿cómo reconocerlo? ¿Cómo admitirlo ante la opinión pública? Y, sobre todo, algo no menos importante en psicología política: ¿cómo admitirlo ante uno mismo? ¿Los militares le van a decir: "Mire, señor presidente, hicimos esto y lo otro —y ocultamos a los investigadores esta otra cosa—, pero preferimos no contarlo y que usted nos ayude"? ¿El presidente va a aceptar que si los militares no le dan la información de buen grado él no tiene forma alguna de obtenerla?

Sólo le queda una estrategia: simular ante la nación. Nombrar un fiscal especial o pedirle al fiscal general que investigue, sabiendo perfectamente que éste no investigará nada, no investigará nada en serio, se entiende. O que, si lo hace, estas supuestas investigaciones acabarán en nada. O peor que en nada: en un revuelto enmarañado de pruebas falsas, declaraciones extraídas bajo tortura, pistas borradas de forma intencionada, evidencias destruidas, mala instrucción técnica del caso, fabricaciones de policías y fiscales que harán imposible averiguar la verdad, probablemente para siempre. Sucedió con el caso Cassez-Vallarta y, antes, con los asesinatos del candidato presidencial Luis Donaldo Colosio y del secretario general del PRI, José Francisco Ruiz Massieu, así como de decenas de miles de personas anónimas, la mayor parte de las veces de las clases más desfavorecidas, que nunca dejaron rastro alguno en la prensa o en la historia.

Ese fiscal del que disponer cuando hiciera falta era Murillo Karam. Había sido diputado, senador, gobernador de su estado, un hombre al que luego se le investigaría por conceder cientos de millones de dólares en contratos a sus familiares, así como otro desfalco en la fiscalía de varios millones más, y cuya necesidad de mantener los equilibrios, respetar los pactos no escritos en la política mexicana y en general, acatar los poderes establecidos seguramente resultaba más perentoria que servir a los mexicanos o cumplir y hacer cumplir la ley. Es decir, un buen servidor del régimen. Un funcionario ejemplar. Casi un hombre de Estado, en la irónica y amarga acepción de Leonardo Sciascia.

Peña Nieto no descubrió todo eso cuando detuvieron a Murillo Karam. Ni cuando estalló el caso Ayotzinapa, que aquél naturalmente ni pudo ni quiso investigar en serio. Al contrario: maniobró para ocultar las evidencias, destruyó pruebas y emborronó pistas. Cuando le nombró fiscal general, el presidente, o quien le dijera o sugiriera al presidente, sabía lo que hacía. Es más, ésa fue seguramente la razón principal por la que se le eligió. Para que no investigara nunca nada que no debiera investigar. Sencillamente porque no se puede. Y el presidente, mejor que nadie, sabe que no se puede. El nombramiento de Murillo Karam hace evidente la impotencia del presidente, el reconocimiento de que hay terrenos en los que no se puede entrar. Constituye, en definitiva, la aceptación tácita de los límites a su presidencia.

• • •

**ESTE EPISODIO** tiene una coda final (de momento). Una semana después de la detención de Murillo Karam, el caso dio un nuevo y dramático giro. El gobierno acusó a un coronel del Ejército de ordenar el asesinato de seis de los estudiantes desaparecidos, a quienes se creía cautivos, y por lo tanto vivos, cuatro días después del ataque inicial. Hasta este momento, el Ejército había logrado mantenerse al margen. Se había señalado su pasividad durante la noche en que sucedieron los ataques, pese a que tuvieron conocimiento de ellos: la Secretaría de la Defensa había intervenido las comunicaciones de miembros de la banda criminal que presuntamente acabó con los muchachos. La fiscalía había conseguido la detención de un capitán del batallón de

Iguala (el municipio donde se produjo el ataque) por colaborar con esa organización delincuencial, los Guerreros Unidos.[4]

Pero suponía un salto cualitativo extraordinario que el máximo responsable del cuartel de Iguala, un coronel con mando sobre cientos de soldados, hubiera ordenado, presuntamente, el asesinato de seis de los estudiantes que habían salido vivos del ataque y permanecieron secuestrados o cautivos durante varios días. El entonces coronel José Rodríguez Pérez era ya, cuando la fiscalía le acusó, el general José Rodríguez Pérez y había pasado al retiro unos años antes. La pregunta, a continuación, pareció natural y necesaria: ¿cuál fue entonces la responsabilidad de otros militares en la cadena de mando, empezando por el general al frente del Ejército en la zona en esa época, Alejando Saavedra? Y otra: ¿por qué se involucraron los militares en la desaparición y el asesinato de 43 estudiantes? ¿O por qué no hicieron nada para protegerles, cuando conocían lo que estaba sucediendo? ¿Sabiendo, además, que los estudiantes no iban armados? La respuesta de Murillo da la talla moral de lo que en México se considera el Estado de derecho o el imperio de la ley. Murillo respondió: "Yo nada más le quiero hacer una pregunta: ¿qué hubiera pasado si el Ejército hubiera salido en ese momento?, ¿a quién hubiera apoyado? Obviamente a la autoridad constituida. Hubiera sido un problema mucho mayor, qué bueno que no salió".[5] La "autoridad constituida" eran, para ser claros, los policías municipales de dos pueblos (Iguala y Cocula), algunos agentes estatales y los delincuentes con los que estaban asociados, todos ellos presuntos responsables de los asesinatos y las desapariciones de aquella noche.

---

[4] Pablo Ferri, "Una de las 20 órdenes de detención del 'caso Ayotzinapa' es contra el general acusado de matar a seis estudiantes", *El País*, 7 de septiembre de 2022, en https://elpais.com/mexico/2022-09-07/una-de-las-20-ordenes-de-detencion-del-caso-ayotzinapa-es-contra-el-general-acusado-de-matar-a-seis-estudiantes.html.

[5] Luis Astorga, *¿Sin un solo disparo?*, p. 247.

● ● ●

**CON LA LLEGADA** a la presidencia de Andrés Manuel López Obrador se dieron avances aparentemente alentadores. Se constituyó una comisión gubernamental para investigar el caso, así como una fiscalía especial. A ello hay que sumar un grupo de expertos independientes, creado por la Comisión Interamericana de Derechos Humanos con el visto bueno de México y los representantes de los familiares de las víctimas. Este grupo investigó el caso casi desde el principio. Nunca creyó la versión oficial, la "verdad histórica" de Murillo Karam. En 2019, además, se creó una Unidad Especial para la Investigación y el Litigio del Caso Ayotzinapa (UEILCA) que se encargó de las pesquisas en coordinación con los anteriores. La multiplicidad de siglas, organismos y responsabilidades sobre un mismo asunto parece, al igual que con los servicios de inteligencia, una maldición que se haya abatido sobre México, de la que nadie sabe, quiere o puede escapar. En general, en México y fuera de él, un adagio de probada tradición en política sostiene que cuando un gobierno no desea (o no puede o no le conviene) decidir sobre un asunto, lo que hace es crear una comisión. O cuatro. López Obrador tenía, para el caso Ayotzinapa, a la fiscalía general, a la fiscalía especial, a la unidad especial para la investigación y el litigio de este asunto, y a la comisión presidencial. Fuera de su control estaba el grupo de expertos independientes de la Comisión Interamericana de Derechos Humanos. Y las familias de las víctimas. Durante unos meses, coincidieron todos, se produjeron avances.

Pero un mes después de la detención de Murillo Karam comenzó un embrollo legal de difícil comprensión fuera de México. Cuando un asunto no se entiende, casi siempre sucede que en el rompecabezas faltan una o varias piezas. En el rompecabezas del caso Ayotzinapa faltaba una. Una pieza grande. Enorme. Faltaba el Ejército. Y faltaba el poder de los militares mexicanos sobre el sistema judicial y policial. Y sobre el propio presidente.

Un poder inconmensurable. En septiembre de 2022, la Fiscalía General de la República (FGR) pidió la cancelación de al menos 21 órdenes de detención que la Fiscalía Especial para el Caso Ayotzinapa —una dependencia o una filial de la propia FGR— había solicitado un mes antes. El mismo juez que firmó las órdenes de aprehensión a petición de la fiscalía especial en agosto las anuló a petición de la fiscalía general en septiembre. Entre ellas figuraban las de 16 militares, acusados de delincuencia organizada. Todos, menos uno, figuraban también como acusados de desaparición forzada.

A comienzos de 2023, la pregunta resultaba ya imposible de esquivar.[6] ¿Se podía seguir avanzado en las pesquisas sobre la masacre? ¿O las resistencias del Ejército —que siempre habían estado ahí pero que ahora ya eran airadas y públicas, con el desparpajo del que se sabe poderoso— suponían un tope infranqueable? Los enviados de la Comisión Interamericana de Derechos Humanos pidieron en varias ocasiones al presidente López Obrador que mediara para que los militares entregaran una serie de documentos, entre 80 y 100. La Secretaría de la Defensa, con resistencia, aparentó acceder, pero los papeles no se encontraron nunca. En Colombia, en el caso de los *falsos positivos*, la documentación —órdenes, registros de vuelos, albaranes de entrega— apareció. Con resistencias. Y quizá no toda. Pero apareció. En México, no. No aparecen, dice el Ejército. Se trata de interceptaciones de comunicaciones a la banda criminal supuestamente responsable de la desaparición de los muchachos y a su entramado de apoyo: policías y políticos locales. Los investigadores contaban con una docena de estos documentos, dos de los cuales mostraron algo inaudito: el Ejército monitoreó en tiempo real a los atacantes de los estudiantes.

---

[6] Pablo Ferri, "El caso Ayotzinapa, pendiente de nuevo de las Fuerzas Armadas", *El País*, 29 de enero de 2023, en https://elpais.com/mexico/2023-01-29/el-caso-ayotzinapa-pendiente-de-nuevo-de-las-fuerzas-armadas.html.

En junio de 2023, la FGR reactivó las órdenes de detención contra los 16 militares implicados. Son las mismas órdenes que había solicitado en agosto del año anterior y de las que se desdijo un mes después. El vaivén resulta, cuando menos, notable. En menos de un año, se pidió la detención de los uniformados, se renunció a ella y —pasados unos meses— se requirió de nuevo. Nadie explicó qué había cambiado entre la anulación de las órdenes de aprehensión de septiembre de 2022 y su reactivación en junio del año siguiente. Pero una carta de López Obrador al secretario de la Defensa, general Luis Cresencio Sandoval, proporciona alguna pista de lo que pudo haber sucedido durante aquellos meses.[7]

Está fechada el 26 de mayo de 2023, y en ella el presidente le comunica al militar que el fiscal especial le ha informado de que va a pedir la detención de los 16 militares en cuestión. "En atención a lo anterior —añade—, solicito que se apoye esta diligencia manteniendo bajo vigilancia a este personal", de forma que no se sustraiga a la acción de la justicia. El lenguaje que utiliza el presidente refleja las evidentes tensiones que el caso y sus avances judiciales, aunque escasos, han producido en el Ejército. Y acaba con una coda sorprendente (las cursivas son mías):

General Secretario:
   Estoy consciente de la *complejidad* de la aplicación de esta instrucción; sin embargo, *como lo hemos hablado muchas veces*, la mala conducta de servidores públicos no puede tolerarse mediante encubrimiento o impunidad [...].

---

[7] El entonces portavoz de la Presidencia, Jesús Ramírez, dio a conocer esta carta en redes sociales para defender a López Obrador de las acusaciones de connivencia con el Ejército, https://twitter.com/JesusRCuevas/status/1704868027261399503?ref_src=twsrc%5Etfw%7Ctwcamp%5Etweetembed%7Ctwterm%5E1704868027261399503%7Ctwgr%5E40414098ed534da9c414455a464676f897bc00d7%7Ctwcon%5Es1_&ref_url=https%3A%2F%2Fnoticias.imer.mx%2Fblog%2Fcartas-amlo-al-ejercito-caso-ayotzinapa%2F.

¿Por qué dice López Obrador que acatar la ley para el Ejército resulta *complejo*? ¿Cuán complejo? ¿Más complejo que para otros? ¿Y por qué ha tenido que hablarlo *muchas veces* con el secretario de la Defensa? ¿Explican esas numerosas conversaciones la inconstancia en la acusación de la FGR ("ahora persigo", "ahora me retiro", "ahora, nueve meses después, vuelvo a solicitar la aprehensión de los militares")? ¿Ha habido algún pacto con el Ejército que explique esta inexplicada mudanza en los procedimientos judiciales? Unos meses después de finalizar la redacción de este capítulo, Alma Guillermoprieto dio a conocer en *The New Yorker* un detallado recuento de lo sucedido en Ayotzinapa.[8] Guillermoprieto es una veterana periodista mexicana que ha publicado sus trabajos mayormente en la prensa anglosajona y en inglés, y cuyo acceso a fuentes informativas en todo el continente resulta legendario. En su texto afirma que un alto funcionario del gobierno mexicano le comunicó al fiscal especial, mientras éste sopesaba si dimitir o no (finalmente lo hizo), que López Obrador estaba muy enfadado por su comportamiento. El presidente había negociado con los altos mandos del Ejército que sólo se arrestaría a cinco militares (cuya participación probablemente resultaba más difícil, cuando no imposible, de esconder). El fiscal especial, Óscar Gómez Trejo, sin embargo, había emitido órdenes de arresto contra 20 uniformados. Tras su dimisión, huyó a Estados Unidos, donde vivió escondido unos meses sin que nadie —o casi nadie— conociera su paradero.

El resultado, en todo caso, es que la masacre de Ayotzinapa llegó al final de la presidencia de López Obrador como empezó: sin resolver. En cinco años, el presidente, que prometió en campaña llevar ante la ley a los criminales, hizo muchas cosas. Nombró un nuevo fiscal general. Éste envió a la cárcel al anterior por obstruir la justicia precisamente en este caso. Creó una

---

[8] Alma Guillermoprieto, "Forty-three Mexican Students Went Missing. What Really Happened to Them?", *The New Yorker*, 4 de marzo de 2024.

fiscalía especial y una unidad de la policía, también especial, para investigar Ayotzinapa. Desmontó la "verdad histórica" de Murillo Karam. O más bien ésta se desmontó sola en cuanto su autor cruzó las puertas del Reclusorio Norte de Ciudad de México. Pero fracasó en lo principal: resolver el caso.

• • •

**LA DESAPARICIÓN** y el probable asesinato de 43 muchachos, más la incapacidad de las autoridades para aclarar el crimen, encontrar a los culpables y sentarlos en el banquillo de los acusados, manchó la presidencia de Enrique Peña Nieto. Habiendo sucedido los hechos durante su mandato, se podía argumentar con razones más o menos legítimas que su falta de interés era prueba manifiesta de su culpabilidad. ¿Cómo pensar lo contrario? ¿Cuán duro resulta para los activistas, los manifestantes y las familias aceptar que el presidente no es culpable? Sí es el responsable último, naturalmente. El responsable político y el responsable moral. Pero probablemente no el culpable, ni el colaborador necesario, ni el criminal involucrado en la muerte o desaparición de sus hijos y familiares. En estos asuntos, el presidente es un mero eslabón de una larga cadena que perpetúa una injusticia antigua, ancestral, que siempre se ha cebado en los más pobres.

Para comprender lo sucedido en la investigación de este crimen resulta necesario remontarse mucho en el tiempo. Mucho más allá del día en que desaparecieron los muchachos. Quizás hasta la noche en la que el general Gutiérrez Rebollo fue detenido, el primer fogonazo que iluminó la espesa red de complicidades entre militares, traficantes de drogas, bandas criminales, policías, jueces y fiscales que los 30 años que siguieron no lograron desmontar. Quizás haya que remontarse más, hasta la fundación del propio régimen del PRI, después de la Revolución. Quién sabe.

En cualquier caso, no resulta difícil establecer un arco de continuidad, una pauta criminal que lleva del *sembrado* de cadáveres y de pruebas falsas por parte del fiscal especial Pablo Chapa Bezanilla en los años noventa a la fabricación de culpables a medida —y quizá también por encargo— en la que se especializó Genaro García Luna al frente de la Agencia Federal de Investigaciones (AFI) en los años dos mil. De ahí al empeño activo a partir de 2014 de la Fiscalía General de la República en embarullar la matanza de Ayotzinapa, destruir pruebas, confundir las pistas hasta conseguir que su resolución resulte del todo imposible, sólo queda un breve trecho, que lleva directamente al callejón sin salida de 2024, un agujero negro desesperante, perturbador, cuajado de frustración. Para las víctimas y para sus familias. Para cualquier ciudadano decente. Para el conjunto de un país. Resulta inviable entender a cabalidad lo que los fiscales y los investigadores han hecho o han dejado de hacer en Ayotzinapa sin esa mirada al pasado de las policías, las fiscalías, los militares, los políticos a cargo de supervisar y controlar a los anteriores; una historia plagada de ineptitud y mala fe, de corrupción y de servicio al poder y a los delincuentes, que en demasiadas ocasiones han resultado ser lo mismo. Hay pautas ocultas que se repiten. Hay inepcia en desmontarlas. Hay complicidad con el crimen para perpetuarlas.

Pero lo que el episodio sí expuso a las claras es lo siguiente. El presidente Andrés Manuel López Obrador no logró, con todo su supuesto poder, que sus policías y sus fiscales resolvieran el caso. Tampoco pudo Peña Nieto, quien quizá ni siquiera quiso. Dos presidentes consecutivos. La misma impotencia. La enormidad del horror también se mide así: han pasado 10 años y nadie en México sabe o es capaz de señalar quién o quiénes fueron los responsables de lo que sucedió la noche del 26 de septiembre de 2014 en Iguala, en la que desaparecieron 43 estudiantes. Ni el presidente Peña Nieto ni el presidente López Obrador supieron, pudieron o quisieron decir. En una noche de terror, arrastrados de un sitio a otro, por barrancas, golpeados, torturados, cubiertos de sangre y desquiciados por el terror, resulta más que probable que, en sus últimos instantes, ni siquiera los muertos supieran quién los estaba matando, o por qué razón. Lo saben los criminales. Y lo saben quienes dieron la orden a los criminales, si alguien hizo semejante cosa. Esta última cuestión —como tantas de las que se interrogan sobre la sangrienta vorágine de violencia en América Latina— tiene sólo dos respuestas posibles, ambas igual de angustiosas, ambas igual de perturbadoras.

# EPÍLOGO

No hay fotografías *malas*, escribió Susan Sontag. Algunas de ellas acaso nos parezcan menos interesantes, menos relevantes o menos misteriosas.[1] Desde el escritorio en el que acabo este libro en la Sierra de Guadarrama veo colgada en la pared una pieza de la fotógrafa mexicana Cannon Bernáldez.[2] Acompañó a este proyecto desde el principio: antes fue Madrid; y primero, Ciudad de México. Consiste en una veintena de imágenes en pequeños formatos, impresas sobre papel arroz y hojas de té en un color azul desleído, como espectral. Son, sin duda, *buenas* fotografías: interesantes, relevantes y misteriosas, si no doliera tanto escribir esos adjetivos en este contexto. En una alcanzo a distinguir una casa sin puertas ni ventanas, las paredes blancas ennegrecidas por el humo de un incendio porque, cuenta Bernáldez, tras asesinar en ella a unos muchachos, los malhechores le prendieron fuego para borrar las huellas del crimen.[3]

---

[1] Susan Sontag, *On Photography*, Penguin Books, Londres, p. 141, 1987.

[2] Cannon Bernáldez, políptico, segunda versión de *El Azul*, impresión en cinotipia sobre papel japonés y hojas de té, México, 2019, https://cannon-bernaldez.com.mx/el-azul/.

[3] Esta casa se encontraba en el municipio de Allende, en el estado mexicano de Coahuila, donde una masacre en 2011 parece concentrar todas las lacras de la violencia de las que se trata en este libro. Confusión en las cifras: se reportaron unas 300 personas desaparecidas, aunque las autoridades

## EPÍLOGO

Justo arriba, un joven —en representación de todos los muertos y desaparecidos— mira al horizonte, ligeramente por encima de la cámara que le enfoca. Los ojos ensoñadores y el rictus de seriedad en los labios contrastan con la explosión de vida que aporta el tupido follaje de los árboles detrás. Contrasta también con la certidumbre de la desgracia que le sobrevendrá. Hay más: huesos; dientes; antiguas láminas de anatomía; lo que parece un cráneo, o la radiografía de un cráneo; instantáneas de álbumes familiares antiguos —un muchacho con camisa oscura fotografiado desde atrás, en el preciso momento en el que su cabeza se gira hacia la cámara; otro, sin camisa, con el torso desnudo—; viejas láminas de botánica o plantas muertas rescatadas de entre las páginas de un libro; quijadas de animales; un hombre cuyo rostro se ha borrado en un fogonazo de luz. Vistas una tras otra, por separado, o si se proyectaran a cámara lenta, las pequeñas imágenes invocarían un espacio aterrador, onírico y real al mismo tiempo: un matadero azul. La imagen conjura un mundo cerrado, un universo estático de sueños o de pesadillas. Atrapadas por los límites de la foto, por el clic del obturador, las personas y las cosas nos contemplan como congeladas en un instante remoto, nos cuestionan con interrogantes cuya solución, al mismo tiempo, nos niegan.

De lejos, uno de los cianotipos, a la derecha de la pieza, casi arriba, parece mostrar una cruz, con la barra horizontal sospechosamente corta. Examinado de cerca, se ven mejor los detalles. Se trata de un bastón redondo, estrecho, con una punta más

---

acreditaron sólo 42 muertos. Los atacantes fueron, de nuevo, tanto sicarios como policías municipales, en una alianza tan habitual como siniestra. El presidente del país era Felipe Calderón y el comandante del destacamento militar más cercano, Luis Cresencio Sandoval, quien con posterioridad fue secretario de la Defensa Nacional con el presidente López Obrador. Muchos periódicos y las grandes cadenas de televisión ignoraron la brutalidad, de la que no se supo hasta mucho después. Pasados unos años, se ordenaron varias investigaciones, que no arrojaron resultado alguno.

afilada abajo. Lo que parecía la barra horizontal de la cruz consiste en realidad en un reborde circular, metálico, unido a la garrocha por cuatro sujeciones. Su función es hacer de tope: hasta ahí se puede introducir la pica en el suelo. Los grupos de mujeres que buscan a sus hijos, a sus maridos o a sus familiares desaparecidos en México llevan años utilizando instrumentos similares. Algunas de ellas han desarrollado una dolorosa especialidad, me contó Bernáldez. Son capaces de, oliendo la tierra fresca tras extraer la vara del suelo, determinar si hay restos humanos debajo. Si resulta necesario excavar o, por el contrario, conviene proseguir la exploración en otro sitio. La pieza de la fotógrafa mexicana —titulada *El Azul*— representa, en sus palabras, "la búsqueda de restos humanos por parte de familiares de personas desaparecidas, la fragilidad del cuerpo masculino[4] y la inmersión del crimen organizado en nuestra sociedad".[5] *El Azul* es también el apodo de Juan José Esparragoza Moreno, quien fuera, junto con Joaquín *El Chapo* Guzmán, uno de los fundadores del cártel de Sinaloa.

De estas organizaciones criminales, la de Sinaloa y todas las demás, se ha tratado poco en este libro. No tengo la experiencia suficiente para hacerlo. Existen además precisos estudios, publicaciones y libros de investigadores académicos, así como de periodistas, que describen de forma exhaustiva sus estructuras, su modo de operar, sus negocios y sus crímenes. Mi foco de interés en este trabajo era otro: la *verdad* política. La criminalidad de los criminales tiene, en términos políticos, escaso interés: todos los mexicanos conocen la lista de atrocidades de las que aquéllos son culpables. Indagar, siquiera de forma superficial, en la incapacidad del Estado para frenar esa espiral violenta, encontrar a

---

[4] La mayoría de víctimas de las distintas violencias en México son hombres jóvenes, según las estadísticas. Luis Astorga, *"¿Qué querían que hiciera?" Inseguridad y delincuencia organizada en el gobierno de Felipe Calderón*, Grijalbo, México, p. 191, 2015.

[5] Cannon Bernáldez, https://cannonbernaldez.com.mx/el-azul/.

los culpables y someterlos a la justicia me pareció desde el principio de este proyecto una tarea más sensata, o más prudente. En esa incapacidad radica su culpabilidad. Tras los acuerdos de paz en Colombia, se estableció un tribunal, la Jurisdicción Especial para la Paz (JEP) cuyo mandato consiste en extraer confesiones de todos los participantes en el conflicto a cambio de beneficios penales (se cometieron atrocidades de parte y parte: guerrilleros, militares y otros). Quién hizo qué cosa, cuándo la hizo y, sobre todo, por orden de quién. Muchos han temido en Colombia que los testimonios de los militares ante el tribunal especial salpicaran a generales y otros altos mandos del Ejército. También a empresarios y a terratenientes. Al igual que en México con los narcotraficantes, la verdad de los guerrilleros tiene poco interés político: sus crímenes se conocen de sobra. Y al igual que en Colombia, México —así como todos los países azotados por el crimen organizado— tiene pendiente contestar una larga lista de preguntas: ¿de dónde viene la incapacidad de sus mandatarios de evitar la catástrofe? ¿Por qué son incapaces de organizar unas fuerzas de orden público eficaces? ¿Qué resistencias se dan? ¿Quién se beneficia de ello? ¿Cómo se tejen las sociedades de socorros mutuos que se establecen entre políticos, empresarios, policías, militares y jueces en amplias zonas del continente y que hacen imposible por lo demás el establecimiento de un Estado de derecho, la primacía del imperio de la ley? ¿Por qué resulta tan difícil reformar a fondo ejércitos y policías?

Los militares, salvo excepciones, ya no defienden posiciones políticas ni padecen tentaciones intervencionistas en la mayor parte de América Latina. Esto es, han dejado de ser el recurso de última instancia de las oligarquías de todo continente cuando las cosas se ponían feas, como sucedió en repetidas ocasiones en el siglo XX. Pero al igual que los cuerpos de policía, sí tienen intereses corporativos que defender. Aborrecen la injerencia de los poderes civiles. Tampoco éstos, por lo general, han mostrado excesivo celo o interés o conocimientos para intervenir en los asuntos de los militares.[6] Numerosos expertos han señalado que se ha investigado y reportado en abundancia sobre los comportamientos excesivos de los uniformados, pero no se ha prestado casi atención a la falta de capacidad en asuntos militares de las autoridades civiles, diputados, senadores y partidos políticos. No saben, no quieren y seguramente no pueden. A eso se suma que los altos mandos de los ejércitos desean autonomía en sus decisiones, de manera destacada en la forma en la que gastan el presupuesto asignado, así como en las promociones, el escalafón y el rango.[7] Y como cualquier organización, una vez creada, sufre una inercia que se podría llamar de autopreservación: el militarismo, aunque sea de baja intensidad, es una tradición que se alimenta a sí misma. Sin contar con aquellos grupos que, más por interés crematístico que político, contribuyen con su corrupción a mantener el *statu quo*.

La pérdida del sentido de misión original —la defensa del territorio frente a un ataque extranjero— también contribuye a este lamentable estado de cosas. La práctica inexistencia de riesgo de invasión por parte de un país vecino, la distribución de los presupuestos, el gasto en material bélico y los lugares físicos a los que se destinan los buques, las aeronaves o el armamento de tierra muestran a las claras que la seguridad interior se ha convertido en la principal tarea de los ejércitos en todo el continente. Algunos países lo reconocen en sus legislaciones. Otros no. Pero en ninguno arraigó nunca la doctrina que impide a los militares intervenir en asuntos de seguridad en territorio nacional,

---

[6] Ernesto López, "Control civil sobre los militares. Argentina, Brasil y Chile en perspectiva comparada", *La administración de la defensa en América Latina*, Instituto Universitario General Gutiérrez Mellado de Investigación sobre la Paz, la Seguridad y la Defensa (UNED), Madrid, 2008.

[7] Jordi Díez, "Legislative Oversight of the Armed Forces in Mexico", *Mexican Studies*, vol. 24, núm. 1, University of California Press, febrero de 2008, en https://online.ucpress.edu/msem/article-abstract/24/1/113/61388/Legislative-Oversight-of-the-Armed-Forces-in?redirectedFrom=fulltext.

conocida como *Posse Comitatus*. En Estados Unidos —de forma paradójica, puesto que durante décadas ha fomentado el empleo de los militares para combatir a las respectivas delincuencias nacionales en América Latina—, este principio goza de rango de ley. La *Posse Comitatus Act* de 1878 impide de forma general que el presidente emplee a militares como policías en territorio nacional, con excepciones muy bien definidas.

La confusión de tareas entre policías y militares constituye un enorme problema. Los militares no están entrenados ni disponen de las herramientas necesarias para asumir la seguridad interior. No ven delincuentes. Ven *enemigos*. Su misión no es capturar a un malhechor o procurar que no se cometa un delito. Su objetivo es matar y sobrevivir.[8] Carecen de la capilaridad en el territorio que necesitan los policías para operar y prevenir. El solapamiento entre militares y policías —sus roces y sus desavenencias, las desconfianzas mutuas, la falta de colaboración entre ellos— tampoco contribuye a la reforma

---

[8] Este problema no es nuevo ni se limita de forma exclusiva a América Latina. El 12 de agosto de 1845, un grupo de manifestantes protestaba ante el Hotel de Prusia, en Leipzig, donde el príncipe Johann, hermano del rey de Sajonia, cenaba con dignatarios locales. La tensión fue en aumento y se llamó tanto a los guardias municipales como a los militares del Ejército Real de Sajonia, estacionados en la guarnición de la ciudad. Ambos grupos llegaron al mismo tiempo a la plaza del hotel. El comandante militar envió de vuelta a los guardias civiles con la excusa de que no hacían falta. "No sólo fue un insulto [...] sino también un serio error táctico, porque mientras que los guardias municipales estaban acostumbrados a manejar tumultos de este tipo de forma flexible y (relativamente) proporcional, los militares no", escribe Christopher Clark, *Regius Professor* en la Universidad de Cambridge. Se encresparon los ánimos, el comandante perdió el temple, dio orden de disparar y se produjeron numerosos muertos, varios de ellos con tiros por la espalda cuando huían de los soldados que se les aproximaban. El incidente se enmarca en los acontecimientos que desembocaron en las revoluciones de 1848 en toda Europa. Christopher Clark, *Revolutionary Spring. Fighting for a New World, 1848-1849,* Penguin Random House, Reino Unido, pp. 221-222, 2023.

y la profesionalización de estas últimas. Dicha superposición está ya plenamente aceptada e incluso demandada por los ciudadanos en muchos países ante la corrupción rampante y la ineficacia de los cuerpos policiales. ¿Cómo podría ser de otro modo? ¿Cómo resistir, legítimamente, la demanda de mayor seguridad por parte de los ciudadanos sin recurrir al Ejército? ¿Cómo argumentar? ¿Y qué hacer con los militares si no se les dedica a la seguridad pública? ¿Quién quiere vivir en un estado de inseguridad permanente?

Al contrario de lo que se suele asumir, no todos los conflictos sociales tienen solución. O dicho con más precisión: no todos los conflictos sociales tienen *necesariamente* solución. Resulta difícil arreglar un problema sin causar otro, y muchas veces resulta obligado, entre dos males, elegir el menor.[9] Por centrar el ejemplo en el inexistente Ministerio de Defensa único en México, aunque el razonamiento se podría extender sin dificultad a muchas otras cuestiones en muchos otros países de América Latina. ¿Sería importante que se creara un solo mando, y civil, en México? Sí.

¿Se puede implementar esto sin poner en riesgo muchas cosas? Probablemente no.

¿Lo ha intentando algún presidente? No.

¿Podría hacerlo? Seguramente no.

¿Vale la pena intentarlo o forzarlo? Quién sabe.

Esos son los límites de este libro.

Tampoco la pregunta "¿quién manda aquí"? tiene una respuesta sencilla. El poder en América Latina conforma un entramado complejo de influencias visibles e invisibles —como en todas partes—, de intereses que a menudo entran en con-

---

[9] No puede uno aquí dejar de acordarse de la célebre sentencia de Robert Cecil, marqués de Salisbury y primer ministro británico, conservador, a finales del siglo XIX: "¿Cambiar? ¿Por qué? ¿Acaso las cosas no están ya bastante mal?" No todos los historiadores están de acuerdo con la veracidad de la frase, o con su atribución.

flicto —como en todas partes— y de actores legítimos e ilegítimos (también como en todas partes). La diferencia estriba en la extraordinaria capacidad de estos últimos en América Latina para imponer sus reglas, controlar partes importantes del territorio, ejercer la violencia y, en general, trastocar y aun perturbar el sistema político de un país entero y las vidas de sus ciudadanos.

Las democracias latinoamericanas llevan muchos años operando en condiciones insostenibles a mediano plazo. Los altos índices de homicidios, las desapariciones forzadas y las atrocidades cometidas tanto por grupos criminales como por las distintas fuerzas del orden son síntomas de un sistema profundamente disfuncional. Sin cambios sustanciales, algunas democracias corren un riesgo cierto de colapso cuando llegue la próxima crisis de envergadura. Las instituciones encargadas de garantizar la seguridad y la justicia han sido incapaces de cumplir su mandato. La ineficacia y, en muchos casos, la complicidad con el crimen organizado, han llevado a una situación en la que la ciudadanía ha perdido la confianza en sus gobernantes y en el sistema judicial, perpetuando un ciclo de violencia y desconfianza. En 2023, sólo el 48% de los ciudadanos apoyaba la democracia frente a otras formas de gobierno, una disminución significativa desde el 63% en 2010.[10] En Ecuador el porcentaje de ciudadanos que prefiere un sistema democrático se reduce al 38 por ciento.

¿Cómo poner punto final a esta larga y dolorosa historia de esperanzas rotas, recetas ineficaces y políticos incapaces? Más en concreto, ¿tienen solución los problemas de inseguridad en América Latina? ¿Están los países condenados a un bucle de sufrimiento para el resto de la eternidad? ¿Se sabrá alguna vez qué pasó en Ayotzinapa? ¿Quién o quiénes fueron los asesinos de los 43 estudiantes? ¿Cuánto dura la eternidad? ¿Cuánto dura la

---

[10] Latinobarómetro 2023, en https://www.latinobarometro.org/latContents.jsp.

eternidad para una madre con un hijo desaparecido? La eternidad, por desgracia, se alarga hasta que la verdad se vuelve imposible de establecer. Mucho más tiempo, en todo caso, de lo que probablemente duren las imágenes de decenas de miles de desaparecidos y centenares de miles de muertos —cada uno, víctima de una violencia específica, de una injusticia propia, de un dolor injustificable—, imágenes, digo, impresas en frágiles fragmentos de papel arroz y hojas de té, en un azul que parece desleído —aunque en realidad se llama azul de Prusia—, imágenes que nos preguntan cosas para las que no tenemos respuesta.

*Sierra de Guadarrama, Madrid, agosto de 2024.*

## AGRADECIMIENTOS

Es costumbre, escribió alguien[1], acabar un libro con alguna fórmula mediante la cual se revela que el texto que el lector tiene entre sus manos responde, en realidad, al trabajo de otras 10 o 15 personas. La tarea del autor se habría limitado a distorsionar las opiniones de aquéllas y a plagiar sus ideas, además de insertar aquí y allá un puñado de referencias equivocadas o falsas. Sirva lo anterior de pliego de descargo para aquellos a quien cito a continuación en agradecimiento. Como también resulta costumbre añadir, todos los errores que pueda contener este libro son responsabilidad mía. Por mucho que se repita, la afirmación anterior no deja de ser obvia: los hubiera corregido de haber sido consciente de ellos, como hice con las hartas inexactitudes que me fueron señaladas por aquellos que sí las vieron. *Ditto* con las opiniones: las que contiene el texto son mías y no tienen por qué coincidir —ni en parte ni en su totalidad— con las de las personas que se citan a continuación.

En México, Juan Carlos Ortega, editor en Penguin Random House, fue el primero que me propuso un proyecto hace siete años, cuando este libro aún no era ni la sombra de lo que ha

---

[1] Roger David Dawe, *The Collation and Investigation of Manuscripts of Aeschylus*, prefacio, p. viii, Cambridge, 1964, cit. en Isaiah Berlín, *Flourising. Letters, 1928-1946*, Henry Hardy (ed.), prefacio, Chatto&Windus, Londres, p. xxix, 2004.

acabado siendo. Yo le dije que no a lo que me planteó. Él, sin embargo, sí tuvo la gentileza de aceptar la idea que me rondaba a mí. Estuvo al principio y al final, cuando con su trabajo —junto con su equipo: correctores, maquetadores, ilustradores— consiguió llevar el libro a puerto. A Luis Enrique López, que propició ese encuentro y otras muchas cosas. Enrique Calderón, director literario de Penguin Random House en México, estuvo detrás del proyecto todo el tiempo. Miguel Aguilar, director literario de Debate, Taurus y Random House en España, apoyó la idea desde que supo de ella, aunque no por mí, como habría tenido que ser tras tantos años de amistad. Pese a ello, no me guardó rencor —una prueba más de su buen talante—, y decidió publicarlo también en España. Su aliento y su paciencia —"me debes un libro"— resultaron fundamentales, puesto que abandoné el trabajo cuando volví a la dirección de *El País* en junio de 2020. Sólo cuando recibí un mensaje suyo —"hay que editarlo un poco, pero el libro está"— supe que el libro, en efecto, estaba. Alma Delia Fuentes colaboró con documentación al inicio de este proyecto y me puso sobre pistas muy valiosas.

Javier Lafuente, subdirector de *El País* en América, tuvo la mala fortuna de ser el primero en leer el manuscrito. Lafuente tiene múltiples talentos y lleva muchas vidas. En una de ellas es editor. Como tal, me hizo una serie de observaciones sobre la estructura del libro. A nadie le suelen gustar este tipo de observaciones. Pese a las naturales resistencias, al final no tuve más remedio que hacerle caso. El libro se benefició enormemente de ello. Al igual que del profundo conocimiento que tiene Javier de todo el continente tras los años pasados como corresponsal en Bogotá y luego en México (y después en Harvard como *Nieman Fellow* reflexionando sobre lo anterior). Espero que me perdone haber ignorado algunos de sus consejos. El principal de ellos fue incluir Venezuela en ese relato.

Al periodista mexicano Salvador Camarena le debo mucho. Empleó numerosas horas en corregir a fondo el texto que le envié. Planteó preguntas relevantes. Su buen juicio sobre las corrientes de fondo de la política mexicana se tradujo en numerosas objeciones a algunos de los planteamientos iniciales del libro. Su memoria de los hechos me ayudó a cubrir lagunas y a corregir algún episodio especialmente embarazoso. Esta última tarea le resultó quizá más fácil por el hecho de que disfrutamos de una sólida amistad desde hace más de 30 años, compartimos *depa* un tiempo en Ciudad de México en los años noventa del siglo pasado y conoce de primera mano a muchos de los actores principales de este libro. También algunos sucedidos, de los que fue testigo o protagonista. Asimismo leyeron el manuscrito, en alguno de sus sucesivos estados, Neus Caballer, Alejandro Martínez Peón y Pablo Ordaz. Nubia Macías, con su larga experiencia en el mundo editorial como directora durante 10 años de la Feria Internacional del Libro (FIL) de Guadalajara y luego en Planeta, me orientó con acierto a la hora de elegir el estilo con el que comencé a escribir los primeros párrafos.

En Bogotá he tenido la enorme fortuna de disfrutar durante años de la amistad de Diana Calderón y de Rafael Pardo. Las conversaciones con ambos, en cenas y almuerzos, enriquecieron de forma inconmensurable mi conocimiento de Colombia. Calderón, una de las grandes comunicadoras del país, dispone de una visión panorámica de la vida política colombiana sólo comparable a la amplitud de sus contactos. Nunca he publicado nada sobre Colombia sin que ella lo leyera antes. El arranque del capítulo 7, "Muchachos, mañana les mando por sancocho", se apoya en gran medida en el libro que Pardo escribió sobre su experiencia como ministro de Defensa en el gobierno de César Gaviria.[2] Para mí fue muy importante su opinión sobre toda la parte colombiana, de la que Rafael fue protagonista hace tres décadas y luego relator *de primera mano*. Su mensaje después de

---

[2] Rafael Pardo Rueda, *De primera mano: Colombia 1986-1994, entre conflictos y esperanzas*, Cerec, Bogotá, 1996.

leer el manuscrito —"No tengo reclamo ni objeción alguna; es literal"— me quitó un enorme peso de encima. Carla Jiménez, quien fuera directora de *El País* Brasil, se encargó con enorme profesionalidad de repasar el capítulo brasileño (y de señalar hasta los errores más minúsculos, cuyo descubrimiento sólo resultaba posible para alguien tan concienzudo como ella). Sus sugerencias mayores de aportar contexto en determinados pasajes fueron también muy apreciadas.

Un agradecimiento muy especial a Martín Caparrós, cuyos libros alimentaron durante años mi pasión por lo que él llama Ñamérica. Martín se tomó la revisión del manuscrito como se toman, en apariencia, todas las cosas: con mucha seriedad —uno no sabe nunca si finge un poco o no—, con rigor y con unos conocimientos colosales sobre el periodismo, la escritura, la vida y el continente americano imposibles de igualar. Resulta que Martín y yo no vivimos lejos uno del otro y la tarde-noche que dedicamos, gracias a su hospitalidad y la de Marta Nebot, a repasar sus objeciones al texto fue probablemente el momento más gratificante de todo el proceso de escritura de este libro.

Aprecio más allá de lo indecible las largas conversaciones que he tenido la suerte de mantener con Alma Guillermoprieto, en ambos lados del Atlántico. De esas charlas, de ella misma, de su actitud ante la vida, de sus libros, de sus textos en *The New Yorker* y *The New York Review of Books*, he aprendido mucho de técnica periodística, claro, pero también lo que para mí resulta más importante: de claridad moral en un continente —y en una profesión— en la que ésta no abunda. Entre otras cosas, Alma me aconsejó "enfáticamente", como se encargó ella de remachar, cambios en el título del libro. Naturalmente, le hice caso sin dudar un segundo.

Uno no sabe que no sabe escribir español hasta que alguno de sus textos cae en manos de Álex Grijelmo. Corrigió todas las erratas, arregló las faltas de concordancia, señaló las inconsistencias del manuscrito y, en general, me dejó avergonzado por mi escasez de recursos lingüísticos. Sugirió asimismo, en numerosas ocasiones, alternativas más elegantes a las que yo había utilizado. Las acepté todas sin dudar. No se puede pensar en mejor editor que Grijelmo, cuya pasión por el español —plasmada en numerosos libros y en sus últimos años como responsable de Edición de *El País*— resulta admirable.

Gracias especiales a la artista mexicana Cannon Bernáldez. Su trabajo *El Azul* se erigió en el eje vertebrador y moral del epílogo. En general, todo el trabajo de Cannon sobre la violencia y las víctimas de ésta en México resultaron determinantes en la dirección final que tomó este libro. Ése es, supongo, el gran poder del arte: expresar lo que resulta imposible de expresar con palabras, llegar —y traspasar— los límites del lenguaje, desnudar la obscenidad de lo indecible. En última instancia, este libro intenta responder algunas de las cuestiones que su obra plantea de forma silenciosa.

Nada de lo anterior habría sucedido sin Antonio López Vega, historiador y profesor titular de Historia Contemporánea en la Universidad Complutense de Madrid (UCM). En primavera de 2023, cuando este proyecto estaba completamente abandonado, López Vega me invitó a dar la conferencia de cierre del curso académico del Instituto Universitario de Investigación Ortega y Gasset, para la que, con su consentimiento, utilicé fragmentos del borrador de este libro, en un tiempo en el que yo había abandonado este proyecto. A López Vega le entusiasmó el resultado y un par de semanas después repetimos la experiencia en República Dominicana en un acto similar. A partir de ahí, ya fue sólo cuestión de acabar el libro, espoleado cada semana por Antonio, quien nunca cejó en su persistencia. El profesor José Juan Toharia se sumó a ese equipo (de dos), encargado de que no volviera a aparcar la redacción del libro. A Toharia le debo también 30 años de amistad, consejos y apoyos, profesionales y de los otros. Begoña López y Paco Hortal me proporcionaron —a veces solo, a veces con López Vega y con Toharia— refugio espiritual y espléndido alimento terrenal en su horno de asar de Los Molinos, antes, durante y después de la redacción de *¿Quién manda aquí?*

Comidas, cenas y copas con Javier Risco, en México y Madrid, dejaron huella en mi mirada sobre los conflictos mexicanos. También alrededor de comida y vinos se celebraron muchas cenas en casa de Carlos Puig en Ciudad de México. Por ahí pasaron personajes destacados de la política mexicana, a los que invitábamos con regularidad. Algunos aportaron cosas interesantes, otros no tanto. Mucho más aprendí de las tertulias posteriores hasta altas horas de la madrugada —cuando el invitado ya se había ido— con los amigos periodistas que conformaban aquel grupo singular: Gabriela Warkentin —a quien por otra parte le debo y le agradezco tantos asuntos profesionales y personales desde hace tantos años—, Daniel Moreno, Diego Petersen, María Scherer, Katia D'Artigues o el propio Salvador Camarena.

Amelia Guardiola y José María Izquierdo han estado presentes en mi vida durante tres décadas. Guardiola era la subdirectora de la Escuela de Periodismo UAM/*El País* cuando yo cursé el máster en 1992. Izquierdo asumió pocos años después la dirección adjunta del periódico, con lo que se convirtió en mi jefe en la Redacción, un papel que a mí no me resultó fácil al principio compaginar con el de amigo. La amistad de ambos en estos 30 años ha sido para mí un tesoro invaluable.

Gracias infinitas también a Marta Riesgo y a Javier Ferradal. Ellos saben bien —aunque la modestia les lleve a fingir que no— cuánto les debo, y cuán importante ha sido su apoyo en estos últimos años.

Vicente Jiménez, Gregorio Rodríguez y Pedro Zuazua constituyen un grupo aparte. Formaron parte de mi equipo profesional cuando dirigí el *El País* por primera vez (2006-2014). Al contrario de lo que se podría haber esperado, los vínculos que nos unían, en lugar de debilitarse progresivamente con el tiempo al acabar aquella etapa, se transformaron en algo más sólido, más importante, más emocionante y a la vez más difícil de definir. Me han proporcionado apoyo, ideas, valores y principios. Una manera de mirar la realidad que clarea, aquí y allá, en este libro. También nos hemos divertido mucho, como resulta natural.

Gracias a mis hermanos, Amelia y Pere (y a mis cuñados, Alicia y Jose). Durante muchos años sintieron, quizá con razón, que mi dedicación al periódico me alejó de ellos. He intentado compensar con creces esa falta en los últimos tiempos.

Y finalmente —pero no por ello menos importante—, a Cosmin Mihai Ciobanu, por todo.